Shunde Economic and Social Development
Research Report

顺德经济社会发展研究报告

(2012—2016)

高 钧 编著

中山大学出版社

·广州·

版权所有 翻印必究

图书在版编目（CIP）数据

顺德经济社会发展研究报告（2012—2016）/高钧编著．—广州：中山大学出版社，2018.6
ISBN 978-7-306-06321-2

Ⅰ．①顺… Ⅱ．①高… Ⅲ．①区域经济发展—研究报告—顺德区—2012—2016 ②社会发展—研究报告—顺德区—2012—2016 Ⅳ．①F127.654

中国版本图书馆 CIP 数据核字（2018）第 059717 号

出 版 人：王天琪
策划编辑：金继伟
责任编辑：王　璞
封面设计：曾　斌
责任校对：周　玢
责任技编：何雅涛
出版发行：中山大学出版社
电　　话：编辑部 020 - 84110771，84111997，84110779，84113349
　　　　　发行部 020 - 84111998，84111981，84111160
地　　址：广州市新港西路 135 号
邮　　编：510275　　　　　传　真：020 - 84036565
网　　址：http://www.zsup.com.cn　　E-mail：zdcbs@mail.sysu.edu.cn
印 刷 者：广州家联印刷有限公司
规　　格：787mm×1092mm　1/16　16.5 印张　392 千字
版次印次：2018 年 6 月第 1 版　2018 年 6 月第 1 次印刷
定　　价：68.00 元

如发现本书因印装质量影响阅读，请与出版社发行部联系调换

目　录

综合篇

经济新发展　格局有变化
　　——从十强县(区)排行看顺德竞争力 ················· 李　明 等/2
立足优势　开放合作　互利共赢
　　——顺德对接南沙自贸区建设对策研究 ················· 高　钧 等/19
顺德与周边区域合作发展研究 ························· 肖仁伟 等/35
城市升级引领产业转型
　　——顺德城市化与产业发展的互动研究 ················· 高　钧 等/46
集约利用资源　拓展发展空间
　　——顺德工业用地集约利用现状与对策研究 ············· 师建华 等/62

经济篇

经济发达地区能源消耗调查与节能对策研究
　　——以佛山市顺德区为例 ··························· 安　静 等/74
构筑轨道交通　引领城市蝶变
　　——轨道交通对顺德发展的影响分析 ················· 马　瑞 等/90
摸清经济大数据　把握发展主动权
　　——顺德区第三次全国经济普查基本单位变动分析 ······· 李　明 等/102
以改革开放创新促进经济结构调整
　　——顺德经济结构变化趋势的影响因素研究 ············· 刘刚桥　卢剑忱/114

产业篇

顺德跨境电子商务发展机遇与策略研究 …………………………… 宋　卫 等/128
顺德区电子商务产业集群发展研究 ………………………… 马小红　谢金生/140
顺德家电业转型升级策略研究 ………………………………… 陈盛千 等/155
顺德文化创意产业发展研究 …………………………………… 谢金生 等/174
加快传统制造业转型升级　切实增强经济发展支撑能力
　　——顺德家具制造业优化转型升级发展研究 ……………… 李　明 等/183

社会篇

顺德区未就业劳动力状况研究 ………………………………… 杨志学 等/194
推动老龄化事业全面协调可持续发展
　　——顺德人口老龄化发展趋势及对策研究 ………………… 高　钧 等/213
顺德全面建成小康社会解决短板问题研究 …………………… 马　瑞 等/230
顺德法律援助事业发展研究
　　——基于法律援助工作调查分析 …………………………… 刘刚桥 等/245

综合篇

经济新发展　格局有变化

——从十强县（区）排行看顺德竞争力

李明　高钧　符茂　刘刚桥　肖仁伟

本文以统计数据为基础，对顺德、南海、昆山、张家港、江阴、常熟、萧山、武进、太仓、柯桥10个县（区）的经济竞争力进行科学评价与动态比较。通过分析顺德经济竞争力水平，认清顺德所处的环境和地位、优势和劣势，为科学制定经济社会发展战略、促进顺德经济更快更好地发展提供参考。

一、十强县（区）总体竞争力分析

（一）构建评价指标体系

1. 城市竞争力指标体系设计

城市竞争力的评价主要是看该城市经济的整体实力是否雄厚，产业结构是否合理，经济是否稳定、健康、高速地发展，经济水平发展所处阶段是否有利于改善人民生活等。

（1）根据国际国内相关学者的体系模型和十强县（区）的统计数据，我们将十强县（区）城市竞争力指标体系设置一级评价指标6个，如图1.1所示。

（2）在一级评价指标下，共设置了22项二级评价指标，分别以1～9代表对一级评价指标、二级评价指标重要程度的评价（由同等重要依次到至关重要），由此分别得到目标层A与准则层B、准则层B与子准则层C之间的判断矩阵，由判断矩阵经过计算，得到各准则层中的一级指标对目标层A的权重影响，以及子准则层中各指标对目标层A的最终合成权重，如表1.1所示。

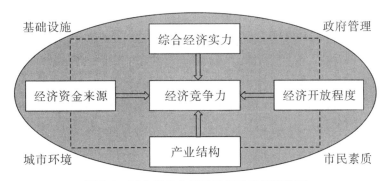

图 1.1 城市竞争力影响因素及其相互关系

表 1.1 城市竞争力指标体系及权重

A	一级评价指标 B	二级评价指标 C	B 权重	C 权重
城市竞争力指标体系	综合经济实力指标	GDP（国内生产总值）（亿元）（C1）	0.263	0.131
		金融机构人民币存款余额（亿元）（C2）		0.044
		社会消费品零售总额（亿元）（C3）		0.044
		职工平均工资（元）（C4）		0.022
		全社会固定资产投资额（亿元）（C5）		0.022
	产业结构指标	第二产业占 GDP 比重（%）（C6）	0.211	0.063
		第三产业占 GDP 比重（%）（C7）		0.095
		工业总产值（亿元）（C8）		0.021
		利润总额（亿元）（C9）		0.032
	基础设施指标	每万人拥有公共汽车（辆/万人）（C10）	0.158	0.023
		人均邮电业务量（元/人）（C11）		0.014
		每人电话数（户/人）（C12）		0.029
		人均工业用电量（千瓦时/人）（C13）		0.032
		人均供水量（立方米/人）（C14）		0.017
		人均公共图书馆图书藏量（册/人）（C15）		0.014
		每万人拥有的医院床位数（张/万人）（C16）		0.029
	政府管理指标	人均地方财政收入（元）（C17）	0.105	0.0525
		人均地方财政支出（元）（C18）		0.0525
	开放程度指标	进出口总额（亿美元）（C19）	0.211	0.070
		实际利用外资（亿美元）（C20）		0.141
	城市环境指标	人均建成区绿地面积（公顷/万人）（C21）	0.052	0.035
		人均公路里程（公里/万人）（C22）		0.017

2. 指标数值无量纲处理

为了便于将十强县（区）竞争力进行方便、科学的比较，指标体系中的22个二级指标均采用了定量指标，同时为了让二级指标具有可比性，对其进行了无量纲处理。为此，采用了改进的功效系数法，这样城市竞争力指标体系中22个二级指标的折算得分均在60～100分之间。

（二）2014年十强县（区）总体竞争力测算及评价

根据对竞争力指数进行测算，2014年十强县（区）总体竞争力数值分布在66.77～94.18。其中昆山总体竞争力最强，竞争力指数为94.18，与其他城市相比，领先优势较为明显；顺德总体竞争力排名第三，仅次于昆山和江阴，竞争力指数为83.14，领先南海（第四名）、张家港（第五名）、常熟（第六名）幅度不大；柯桥竞争力最弱，总体竞争力指数为66.77，如表1.2所示。

表1.2　2014年十强县（区）总体竞争力指数及排名

指标	顺德区	南海区	昆山	张家港	江阴	常熟	萧山	武进	太仓	柯桥
C1	11.53	10.63	13.10	10.88	12.43	10.42	9.65	10.13	7.86	8.06
C2	3.85	4.40	3.94	3.43	3.77	3.40	3.88	3.19	2.64	2.80
C3	4.38	4.40	3.97	3.39	3.97	3.90	3.45	3.38	2.73	2.64
C4	1.53	1.39	1.73	2.09	2.15	2.05	1.72	2.13	2.20	1.32
C5	1.35	1.77	1.87	1.75	2.20	1.52	1.87	2.13	1.32	1.40
C6	4.49	3.78	6.82	5.65	6.17	4.62	5.46	6.04	4.30	6.30
C7	9.01	9.50	6.59	7.80	6.59	8.37	6.27	6.35	7.64	5.70
C8	1.78	1.65	2.10	1.67	1.80	1.53	1.55	1.58	1.26	1.48
C9	2.98	3.20	2.96	1.94	2.81	2.14	2.33	2.28	1.92	2.18
C10	1.99	2.24	2.30	1.49	1.38	1.38	1.71	1.57	1.39	1.55
C11	1.28	1.29	1.40	0.84	0.95	1.00	0.95	0.89	1.00	0.95
C12	2.71	2.90	2.66	1.74	1.80	1.86	2.15	1.79	1.90	1.93
C13	1.92	2.16	2.67	3.20	2.48	2.16	2.26	2.25	2.41	2.58
C14	1.70	1.45	1.37	1.04	1.02	1.10	1.60	1.25	1.18	1.55
C15	1.09	0.99	1.40	1.25	1.23	1.26	1.24	0.84	1.20	0.85
C16	2.41	2.23	2.70	2.90	2.18	2.21	2.03	1.74	2.48	1.98
C17	4.21	4.13	5.25	4.08	4.52	3.91	3.75	3.70	3.43	3.15
C18	4.32	4.27	5.25	4.28	4.76	4.07	3.83	3.88	3.51	3.15
C19	4.82	4.65	7.00	4.95	4.66	4.58	4.34	4.20	4.34	4.30
C20	11.63	11.61	14.10	11.12	11.86	12.89	13.98	12.12	9.44	8.46

续上表

指标	顺德区	南海区	昆山	张家港	江阴	常熟	萧山	武进	太仓	柯桥
C21	3.14	2.10	3.33	2.94	3.38	3.50	2.63	2.44	3.49	3.15
C22	1.02	1.06	1.67	1.11	1.20	1.66	1.20	1.70	1.49	1.29
合计	83.14	81.8	94.18	79.54	83.31	79.53	77.85	75.58	69.13	66.77
排名	3	4	1	5	2	6	7	8	9	10

根据总体竞争力数值，可以将十强县（区）划分为三个层次：

第一层次：昆山。

第二层次：江阴、顺德、南海、张家港、常熟。

第三层次：萧山、武进、太仓、柯桥。

（三）2014年十强县（区）一级指标竞争力测算及评价

根据2014年十强县（区）的数据，从综合经济实力、产业结构、基础设施、政府管理、开放程度和城市环境六个一级评价指标的竞争力来看，昆山有5项排名第一、1项排名第二，常熟有1项排名第一，江阴有2项排名第二，南海、萧山各有1项排名第二，顺德有1项排名第二、3项排名第三，其他两项指标排名居中，如表1.3所示。

表1.3　2014年十强县（区）一级指标竞争力指数及顺德区排名

县（区）＼指标	综合经济实力	产业结构	基础设施	政府管理	开放程度	城市环境
顺德区	22.64	18.26	13.10	8.53	16.45	4.16
南海区	22.59	18.13	13.26	8.40	16.26	3.16
昆山	24.61	18.47	14.50	10.5	21.10	5.00
张家港	21.54	17.06	12.46	8.36	16.07	4.05
江阴	24.52	17.37	11.04	9.28	16.52	4.58
常熟	21.29	16.66	10.97	7.98	17.47	5.16
萧山	20.57	15.61	11.94	7.58	18.32	3.83
武进	20.96	16.25	10.33	7.58	16.32	4.14
太仓	16.75	15.12	11.56	6.94	13.78	4.98
柯桥	16.22	15.66	11.39	6.30	12.76	4.44
顺德区排名	3	2	3	3	5	6

从图1.2中可以看出，顺德城市竞争力在产业结构竞争力、开放程度竞争力、城市环境竞争力方面，2014年比2010年排名有所提高；而在综合经济实力竞争力、基础设施竞争力、政府管理竞争力方面，2014年与2010年排名相同。其中，顺德开放程度竞争力排名第五，无量纲分数为16.45，仅为昆山（21.10）的78.0%；城市环境竞争力排名第六，无量纲分数为4.16，仅为常熟（5.16）的80.6%。如表1.3所示。

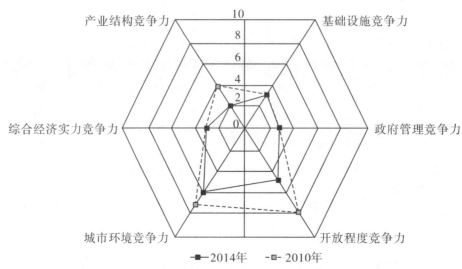

图1.2 2010年、2014年顺德区一级指标竞争力指数排名

(四)十强县(区)总体竞争力动态分析

通过对2005—2014年十强县(区)的时间序列数据进行整理、分析和计算,动态地分析了十强县(区)城市竞争力,其得分情况如表1.4所示。从竞争力变化看,2005—2014年间,昆山竞争力呈明显上升态势,2014年比2005年竞争力指数增加5.76,并逐渐拉开与其他十强县(区)的差距:2005年昆山比顺德竞争力得分高4.51,2010年提高为10.61,2014年进一步扩大为11.04。2005—2014年间,江阴、顺德、南海、张家港的竞争力指数差距不大且波动较小,基本稳定在78~84之间,尤其是近5年来,顺德与江阴竞争力指数非常接近,如图1.3所示。与2013年相比,2014年昆山、太仓、柯桥竞争力指数分别下降0.65、0.73、0.54,而萧山、南海、顺德、江阴竞争力指数增长明显,分别增加了2.41、2.22、1.68、1.57。

表1.4 2005—2014年十强县(区)总体竞争力指数

	顺德区		南海区		昆山		张家港		江阴		常熟		萧山		武进		太仓		柯桥	
	指数	排名	指数	排名	指数	排名	指数	排名	指数	排名	指数	排名	指数	排名	指数	排名	指数	排名	指数	排名
2005年	83.91	3	80.02	4	88.42	1	79.21	5	84.20	2	78.89	6	73.96	7	68.24	9	66.40	10	68.61	8
2006年	83.25	2	80.11	5	89.99	1	80.49	4	81.92	3	77.43	6	73.65	7	69.45	8	67.51	10	67.67	9
2007年	82.37	2	81.05	4	90.87	1	79.84	5	81.93	3	77.31	6	73.40	7	71.30	8	68.43	9	67.89	10
2008年	81.94	3	81.35	4	92.50	1	80.46	5	83.02	2	78.01	6	74.02	7	71.22	8	69.53	9	66.68	10

续上表

	顺德区		南海区		昆山		张家港		江阴		常熟		萧山		武进		太仓		柯桥	
	指数	排名	指数	排名	指数	排名	指数	排名	指数	排名	指数	排名	指数	排名	指数	排名	指数	排名	指数	排名
2009年	81.67	3	81.17	4	92.64	1	80.34	5	82.95	2	77.70	6	74.19	7	72.61	8	69.68	9	66.61	10
2010年	82.59	3	81.71	4	93.20	1	80.46	5	82.89	2	78.05	6	74.36	7	72.57	8	70.09	9	65.82	10
2011年	82.38	3	80.07	5	93.89	1	81.62	4	82.60	2	78.93	6	75.12	7	72.99	8	70.84	9	66.07	10
2012年	82.08	3	79.45	5	94.70	1	79.68	4	82.13	2	78.46	6	75.01	7	73.35	8	70.59	9	66.46	10
2013年	81.46	3	79.58	4	94.83	1	78.89	5	81.74	2	78.31	6	75.44	7	74.50	8	69.86	9	67.31	10
2014年	83.14	3	81.80	4	94.18	1	79.54	5	83.31	2	79.53	6	77.85	7	75.58	8	69.13	9	66.77	10
变化趋势	小幅波动	稳定	小幅波动	基本稳定	上升	稳定	小幅波动	基本稳定	小幅波动	稳定	稳定	稳定	上升	稳定	上升	稳定	上升	稳定	略有下降	稳定

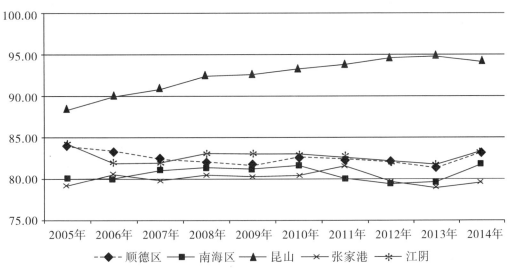

图 1.3　2005—2014 年部分十强县（区）总体竞争力指数变化情况

二、十强县（区）单项竞争力分析

（一）综合经济实力竞争力

从十强县（区）GDP排行来看，2005—2007年顺德排名第一，2008年被江阴超越，2009年被昆山超越。自2009年开始，顺德GDP一直位居昆山、江阴之后排名第三。此外，顺德人均GDP由2005年的7.4万元/人增加到2014年的19.0万元/人，增长2.59倍，仅高于南海的2.53倍，增长倍数排行第九，而同期昆山、江阴、张家港、常熟人均GDP增长倍数分别为3.50、3.37、2.96、2.90倍，如表1.5所示。

2014年顺德金融机构人民币存款余额3073.5亿元，排名第四；社会消费品零售总额775.6亿元，仅次于南海，排名第二；职工平均工资56198元，仅高于南海和柯桥，排名第八；全社会固定资产投资550.4亿元，仅高于太仓，为江阴的52.6%，排名第九，如表1.6所示。

由此可见，2005—2014年十强县（区）的经济竞争力均有所提高，但十强县（区）的经济发展不平衡。虽然2014年顺德的综合经济实力竞争力排行第三，但提升速度相对较慢，全社会固定资产投资、职工平均工资偏低是影响顺德竞争力进一步提高的重要因素。

表1.5　2005年、2010年、2014年十强县（区）GDP总量及人均GDP

县（区）\指标	2005年		2010年		2014年	
	GDP（亿元）	人均GDP（万元/人）	GDP（亿元）	人均GDP（万元/人）	GDP（亿元）	人均GDP（万元/人）
顺德区	856.1	7.4	1951.1	15.9	2419.7	19.0
南海区	728.3	6.5	1796.6	15.1	2088.9	16.5
昆山	730.0	11.2	2100.3	29.5	3001.0	39.0
张家港	705.0	8.0	1603.5	17.7	2180.3	23.7
江阴	788.0	6.6	2000.9	16.6	2754.0	22.4
常熟	678.8	6.5	1453.6	13.6	2009.4	18.8
萧山	588.0	5.0	1220.1	10.0	1727.6	13.8
武进	465.0	4.7	1163.9	11.6	1905.3	18.3
太仓	295.0	6.5	730.3	15.0	1065.3	22.3
柯桥	386.1	5.5	776.1	10.8	1138.1	17.5

数据来源：十强县（区）统计年鉴。

注：2014年昆山、张家港、常熟、太仓地区生产总值为未用"三经普"数据调整数据。

表 1.6 2014 年十强县（区）综合经济实力指标

指标 县（区）	金融机构人民币存款余额（亿元）	社会消费品零售总额（亿元）	职工平均工资（元）	全社会固定资产投资额（亿元）
顺德区	3073.5	775.6	56198	550.4
南海区	3906.8	781.5	53525	792.0
昆山	3210.8	640.4	59868	850.1
张家港	2418.9	455.1	66634	780.0
江阴	2942.2	643.1	67689	1046.1
常熟	2384.9	618.7	65976	650.4
萧山	3106.9	471.6	59700	850.9
武进	2050.3	449.1	67363	1003.1
太仓	1216.5	239.0	68707	530.4
柯桥	1468.5	210.3	52306	577.0

数据来源：十强县（区）统计年鉴。

注：除顺德、南海外，其他八县（区）存款余额公布数据为本外币。

（二）产业结构竞争力

2014 年顺德第三产业增加值比重和利润总额两项指标，仅次于南海，排名第二；工业总产值仅次于昆山、江阴，排名第三。从单位工业总产值利润来看，南海区排名第一，为 8.4%，领先优势较为明显；顺德以 6.3% 排名第二，分别领先第三至第五名的江阴、萧山和昆山 0.9、1.6、1.8 个百分点，如表 1.7 所示。

表 1.7 2014 年十强县（区）产业结构指标

指标 县（区）	第二产业增加值比重（%）	第三产业增加值比重（%）	工业总产值（亿元）	利润总额（亿元）	单位工业总产值利润（%）
顺德区	52.6	45.8	6357.4	397.9	6.3
南海区	51.5	46.4	5424.9	457.2	8.4
昆山	56.2	42.8	8708.5	393.4	4.5
张家港	54.4	44.3	5630.9	119.7	2.1
江阴	55.1	42.8	6522.5	353.7	5.4
常熟	52.8	45.0	4581.2	172.8	3.8
萧山	54.1	42.4	4718.1	223.5	4.7
武进	55.0	42.5	4950.8	208.9	4.2
太仓	52.3	44.1	2630.3	113.2	4.3
柯桥	55.4	41.7	4188.4	183.3	4.4

数据来源：十强县（区）统计年鉴。

注：1. 昆山、张家港、常熟、太仓第二、第三产业增加值比重为未用"三经普"数据调整数据。

2. 南海区统计年鉴 2014 年没有公布利润总额，表中对应数据为利税总额。

顺德三次产业比重由 2005 年的 2.8∶60.8∶36.4 演变为 2010 年的 1.8∶61.6∶36.6，到 2014 年演变为 1.6∶52.6∶45.8。从三次产业结构的变化看（见图 1.4），2005—2014 年间，第一产业比重保持下降的态势，但是下降的速度趋缓；第二产业比重始终保持在 50% 以上，10 年间下降了 8.2 个百分点；第三次产业比重总体呈上升趋势，10 年间上升了 9.4 个百分点，2008 年之后呈加速上升态势，并逐步缩小了与第二产业比重间的差距。

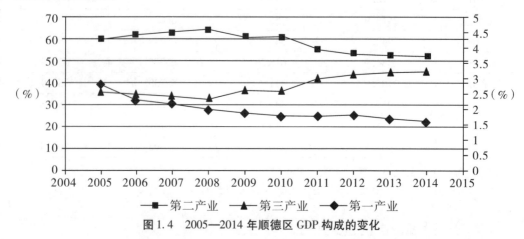

图 1.4　2005—2014 年顺德区 GDP 构成的变化

（三）基础设施竞争力

为提高居民生活水平，优化投资环境，增强地区竞争力，近年来，十强县（区）大力发展和改善基础设施水平，公共汽车数量、电话数、公共图书馆图书藏量、医院床位数等都有了较大幅度增加。2014 年顺德每万人拥有公共汽车、人均邮电业务量、每人电话数三项指标均位居十强县（区）前三名；人均供水量 278.5 立方米，排名第一；每万人拥有医院床位数 71.8 张，排名第四；人均公共图书馆图书藏量为 1.5 册，排名第七；人均工业用电量最少。虽然 2014 年顺德基础设施整体竞争力排名第三，但每万人拥有公共汽车、人均邮电业务量、人均公共图书馆图书藏量三项指标与排名第一的昆山差距仍比较明显，分别为昆山的 75.9%、81.1%、55.3%，如表 1.8 所示。

表 1.8　2014 年十强县（区）基础设施指标

指标 县（区）	每万人拥有公共汽车（辆/万人）	人均邮电业务量（元/人）	每人电话数（户/人）	人均工业用电量（千瓦时/人）	人均供水量（立方米/人）	人均公共图书馆图书藏量（册/人）	每万人拥有医院床位数（张/万人）
顺德区	13.9	5321.0	4.4	8509.6	278.5	1.5	71.8
南海区	17.4	5459.2	4.9	12343.7	—	1.1	63.9
昆山	18.3	6564.9	4.3	20266.4	171.0	2.8	84.7
张家港	6.6	918.7	2.0	28571.4	64.2	2.2	93.4

续上表

指标 县（区）	每万人拥有公共汽车（辆/万人）	人均邮电业务量（元/人）	每人电话数（户/人）	人均工业用电量（千瓦时/人）	人均供水量（立方米/人）	人均公共图书馆图书藏量（册/人）	每万人拥有医院床位数（张/万人）
江阴	5.1	2012.8	2.2	17213.7	57.4	2.1	61.7
常熟	5.2	2486.0	2.3	12222.1	82.3	2.2	63.1
萧山	9.8	1996.2	3.0	13857.7	246.9	2.1	55.3
武进	—	—	—	13685.6	131.2	0.5	42.5
太仓	5.3	2540.9	2.4	16145.8	108.9	2.0	74.9
柯桥	7.5	2031.4	2.5	18928.9	230.6	0.5	53.2

数据来源：十强县（区）统计年鉴。

注：1. 江阴市人均供水量数据为"人均城区供水量"。

2. 每万人拥有医院床位数顺德、南海、柯桥数据出自统计年鉴，其余出自沿海年报。

（四）政府管理竞争力

财政收支，尤其是财政支出，反映了政府政策的选择，体现了政府活动的方向和范围，并在一定程度上反映了政府管理水平。从总数看，2014年顺德财政收入与财政支出分别为173.9亿元、155.7亿元，仅次于昆山和江阴，排名第三。从人均值看，顺德人均财政收入与支出分别为13684.5元、12247.1元，均排名第六，并且与排名第一的昆山差距明显（不足昆山人均值的一半），低于太仓、张家港、江阴，与常熟、南海大体相当，如表1.9、图1.5所示。从动态变化看，2014年顺德财政支出占GDP比重为6.4%，在十强县（区）中排名倒数第二，比2010年6.9%下降0.5个百分点，与2005年6.3%基本持平，2005—2014年间，顺德财政支出占GDP比重围绕6%上下小幅波动，一定程度上反映了顺德政府管理竞争力变化不大。

表1.9 2014年十强县（区）财政收支情况

指标 县（区）	财政收入（亿元）	人均财政收入（元/人）	财政支出（亿元）	人均财政支出（元/人）	财政支出占GDP比重（%）
顺德区	173.9	13684.5	155.7	12247.1	6.4
南海区	166.6	13167.1	152.3	12034.5	7.3
昆山	263.7	34254.9	223.0	28969.2	7.4
张家港	162.7	17684.3	152.8	16608.2	7.0
江阴	200.7	16286.0	187.3	15200.1	6.8
常熟	147.4	13791.2	138.0	12913.6	6.9
萧山	133.9	10661.9	120.2	9574.6	7.0
武进	129.6	12464.4	124.0	11926.9	6.5

续上表

指标 县（区）	财政收入 （亿元）	人均财政收入 （元/人）	财政支出 （亿元）	人均财政支出 （元/人）	财政支出占GDP比重（%）
太仓	106.5	22302.1	97.6	20450.4	9.2
柯桥	82.0	12620.8	71.4	10991.1	6.3

数据来源：十强县（区）统计年鉴。

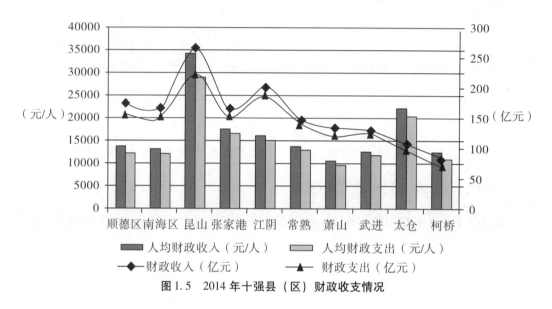

图1.5　2014年十强县（区）财政收支情况

（五）开放程度竞争力

一个地区的对外开放程度是其参与竞争的重要核心能力之一，通常以进出口总额、实际利用外资作为对外开放竞争力的衡量指标。

2005—2014年顺德进出口总额、实际利用外资不断增加，其中进出口总额由2005年的126.1亿美元，增加到2010年的186.6亿美元，2014年以265.1亿美元排名第三；实际利用外资由2005年的3.0亿美元，增加到2010年的5.9亿美元，2014年以8.1亿美元排名第六，如表1.10所示。可见，实际利用外资偏低是影响顺德竞争力进一步提高的重要因素。

表1.10　2005年、2010年与2014年十强县（区）对外经济贸易水平

指标 县（区）	进出口总额（亿美元）			实际利用外资（亿美元）		
	2005年	2010年	2014年	2005年	2010年	2014年
顺德区	126.1	186.6	265.1	3.0	5.9	8.1
南海区	50.0	166.0	218.9	2.5	6.1	8.1
昆山	332.2	821.2	847.9	11.2	17.3	12.8

续上表

指标 县（区）	进出口总额（亿美元）			实际利用外资（亿美元）		
	2005年	2010年	2014年	2005年	2010年	2014年
张家港	106.4	250.1	301.0	3.3	10.0	7.2
江阴	67.0	158.5	223.0	8.2	7.5	8.6
常熟	49.9	173.2	201.8	6.5	8.7	10.5
萧山	51.1	113.5	138.5	3.2	7.7	12.6
武进	23.3	62.5	100.0	2.0	8.5	9.1
太仓	35.8	87.0	138.0	3.0	8.1	4.0
柯桥	45.4	108.8	126.1	2.4	2.2	2.1

数据来源：十强县（区）统计年鉴。

（六）城市环境竞争力

2014年顺德建成区绿地面积4292公顷，仅次于江阴和常熟，排名第三；公路里程1803公里，排名第七。从人均值来看，顺德人均建成区绿地面积33.8公顷/万人，排名第六，为常熟的82.0%、昆山的89.9%；人均公路里程14.2公里/万人，排名最末，仅为武进的42.8%、昆山的43.8%，如表1.11所示。可见，公路里程数量较少是影响顺德竞争力进一步提高的重要因素。

表1.11 2014年十强县（区）城市环境竞争力指标

指标 县（区）	建成区绿地面积 （公顷）	人均建成区绿地面积 （公顷/万人）	公路里程 （公里）	人均公路里程 （公里/万人）
顺德区	4292	33.8	1803	14.2
南海区	—	—	1930	15.3
昆山	2896	37.6	2496	32.4
张家港	2740	29.8	1522	16.5
江阴	4764	38.7	2364	19.2
常熟	4400	41.2	3431	32.1
萧山	2945	23.5	2398	19.1
武进	2032	19.5	3457	33.2
太仓	1955	41.0	1304	27.3
柯桥	2211	34.0	1417	21.8

数据来源：十强县（区）统计年鉴。

注：柯桥区公路里程包括城区道路；因2013年区划调整，2014年减少3个镇（街），故公路里程减少。

三、顺德竞争力指标主要差距分析

（一）GDP 总量规模排行第三，但与昆山、江阴差距逐渐扩大，且人均 GDP 水平不高

从总量来看，2014 年顺德 GDP 为 2419.7 亿元，在十强县（区）中仅次于昆山的 3001.0 亿元、江阴的 2754.0 亿元，排名第三。但顺德与昆山、江阴 GDP 的差距逐步扩大，差距分别从 2010 年的 149.2 亿元、49.9 亿元，增加到 2014 年的 581.3 亿元、334.3 亿元。2014 年顺德 GDP 分别为昆山、江阴的 80.6%、87.9%。从人均来看，2014 年顺德人均 GDP 为 19.0 万元/人，落后于昆山、张家港、江阴、太仓，在十强县（区）中仅排名第五，尤其是与昆山相比差距显著，仅相当于昆山的 48.8%，如图 1.6 所示。

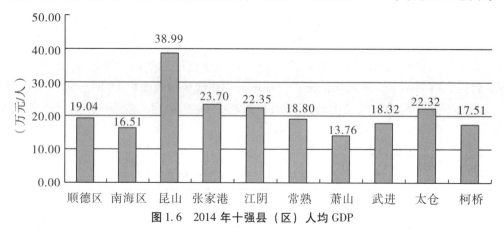

图 1.6　2014 年十强县（区）人均 GDP

（二）职工平均工资相对较低

从十强县（区）职工平均工资统计数据来看，2005—2014 年十年间，顺德 4 次排名第八，5 次排名第九，1 次排名第十，名次一直很靠后。顺德职工平均工资不仅与处于综合竞争力第一、第二层次的昆山、江阴、张家港、常熟有明显差距，甚至还落后于处于综合竞争力第三层次的太仓、武进、萧山，并且低于广东省平均水平，如表 1.12 所示。

表 1.12　2005—2014 年十强县（区）职工平均工资（单元：元）

县（区） 年份	顺德区	南海区	昆山	张家港	江阴	常熟	萧山	武进	太仓	柯桥	顺德排名
2005 年	21091	22455	23521	23364	23955	23210	27542	20704	22078	32297	9
2006 年	24587	29238	25989	26042	28952	25411	27715	25152	25503	38538	10
2007 年	28345	32082	29704	29089	33688	28732	28005	30355	30111	41546	9

续上表

县（区）年份	顺德区	南海区	昆山	张家港	江阴	常熟	萧山	武进	太仓	柯桥	顺德排名
2008年	32145	34820	33735	32964	38766	33420	31101	34308	34716	33562	9
2009年	35772	38276	37394	36597	43282	37095	33987	40977	38718	35599	8
2010年	38675	39177	41669	42518	—	41784	37653	46096	45120	30945	8
2011年	41209	44237	48158	50524	—	48945	44896	49060	51045	40935	9
2012年	45181	49854	52843	57138	—	55056	45668	53927	57037	43879	9
2013年	51261	46371	55616	60629	64460	58600	54156	58001	61812	49051	8
2014年	56198	53525	59868	66634	67689	65976	59700	67363	68707	52306	8

数据来源：十强县（区）统计年鉴。

（三）第三产业比重在十强县（区）中排行第二，但与全省、全国相比仍有一定差距

2013年，广东省、全国第三产业增加值占比均首次超过第二产业。2014年，广东省、全国三次产业结构继续调整，第三产业增加值比重进一步提高至49.1%、48.2%。虽然2014年顺德第三产业增加值比重达到45.8%，在十强县（区）中仅次于南海，排名第二，但与广东省乃至全国的平均水平均有一定的差距，如表1.13所示。

表1.13 2014年顺德区、广东省、全国GDP构成（单位：%）

县（区）比重	顺德区	广东省	全国
第三产业增加值比重	45.8	49.1	48.2
第二产业增加值比重	52.6	46.2	42.6
第一产业增加值比重	1.6	4.7	9.2

数据来源：顺德、广东、全国统计年鉴。

（四）工业经济效益处于中间水平，产业结构有待优化

工业增加值率是工业增加值占同期工业总产值的比重，反映了工业企业的投入产出效果，说明企业在生产过程中降低消耗、提高经济效益的能力。工业增加值率越高，说明企业附加值、盈利水平越高。2014年，顺德工业增加值率为22.7，在十强县（区）中排行第四，处于中间水平，与2005年相比下降3个百分点，下降速度排行第四，如表1.14所示。

表1.14 十强县（区）工业增加值率情况（单位:%）

年份 县（区）	2005年	2010年	2014年	2014年比2005年增加情况
顺德区	25.7	23.4	22.7	-3.0
南海区	27.8	25.0	22.9	-4.9
昆山	21.4	19.2	19.4	-2.0
张家港	23.1	20.7	21.1	-2.0
江阴	20.7	21.7	23.3	2.6
常熟	25.1	22.3	23.2	-1.9
萧山	19.3	16.8	19.7	0.4
武进	24.5	22.2	21.2	-3.3
太仓	26.2	22.1	21.2	-5.0
柯桥	17.9	16.7	15.1	-2.8

数据来源：十强县（区）统计年鉴。

近年来，顺德八大支柱产业增加值占第二产业增加值的比重快速上升，从2012的63.1%增加至2013年的69.6%，2014年进一步提高至75.0%。从第二产业内部结构看，结构较为单一，仅家用电器制造业和机械装备制造业的增加值就占到80%以上，2014年达到83.0%，如表1.15所示。

表1.15 2012—2014年顺德八大支柱产业增加值

增加值 支柱产业	2012年		2013年		2014年	
	绝对值（亿元）	增速（%）	绝对值（亿元）	增速（%）	绝对值（亿元）	增速（%）
家用电器制造业	385.0	8.2	475.2	21.0	544.8	7.1
机械装备制造业	268.6	21.8	309.6	13.9	353.4	14.6
电子通信制造业	42.7	-1.9	40.2	-1.7	59.9	63.9
纺织服装制造业	56.8	1.1	55.7	2.5	49.2	-6.0
精细化工制造业	35.5	14.9	35.2	-1.7	33.9	5.2
家具制造业	19.1	3.8	19.6	7.2	19.3	5.1
印刷包装业	10.0	-5.9	11.8	19.8	12.1	1.6
医药保健制造业	4.5	4.7	5.1	8.7	8.7	63.8
合计	822.3	11.1	952.3	15.0	1081.2	11.1

数据来源：十强县（区）统计年鉴。

（五）总体投资规模小，工业投资占比低

在十强县（区）中，无论是投资规模，还是投资增速，顺德与其他县（区）都有

较大差距。从总体投资规模看，2014 年顺德全社会固定资产投资 550.4 亿元，排名倒数第二，仅为江阴的 52.6%、昆山的 64.7%。从投资占 GDP 比重看，2014 年顺德仅为 22.7%，处于垫底位置，而其他县（区）大都超过 30%，武进、柯桥比重甚至超过 50%。2005—2014 年间，顺德全社会固定资产投资年均增速为 12.9%，仅高于常熟，排名倒数第二。

2005—2014 年间，尽管顺德工业投资增速在十强县（区）中处于较快水平，但由于基数低没能改变其占比偏低的状况。2014 年，顺德工业投资为 131.8 亿元，在十强县（区）中规模最小，仅为武进的 22.7%、江阴的 27.5%；顺德工业投资占总投资比重为 24.0%，略高于南海，排名倒数第二，而同期其他县（区）占比超过 50% 的就有 5 个，如表 1.16 所示。

表 1.16 十强县（区）全社会固定资产投资情况

指标 县（区）	全社会固定资产投资					其中：工业投资				
	2005 年		2014 年		投资总额年均增速（%）	2005 年		2014 年		工业投资年均增速（%）
	投资总额（亿元）	占GDP比重（%）	投资总额（亿元）	占GDP比重（%）		工业投资（亿元）	占总投资比重（%）	工业投资（亿元）	占总投资比重（%）	
顺德区	185.0	21.6	550.4	22.7	12.9	54.2	29.3	131.8	24.0	10.4
南海区	240.8	33.1	792.0	37.9	14.1	95.4	39.6	177.5	22.4	7.1
昆山	234.8	32.2	850.1	28.3	15.4	131.6	56.0	271.2	31.9	8.4
张家港	233.4	33.1	780.0	35.8	14.3	181.6	77.8	434.8	55.7	10.2
江阴	331.6	42.1	1046.1	38.0	13.6	235.2	70.9	478.6	45.7	8.2
常熟	234.1	34.5	650.4	32.4	12.0	175.0	74.8	344.3	52.9	7.8
萧山	242.3	41.2	850.9	49.2	15.0	105.9	43.7	288.8	33.9	11.8
武进	188.1	40.4	1003.1	52.6	20.4	130.2	69.2	580.3	57.9	18.1
太仓	170.9	57.9	530.4	49.8	13.4	119.9	70.2	288.0	54.3	10.2
柯桥	167.5	43.4	577.0	50.7	14.7	112.5	67.1	291.8	50.6	11.2

数据来源：十强县（区）统计年鉴。

四、顺德竞争力提升的措施与对策

（一）以提高经济发展的质量和效益为中心，努力提高人均 GDP 水平

以提高经济发展的质量和效益为中心，大力推进经济结构战略性调整，提高 GDP 的科技含量，提高全要素生产率（包括人力、物力、财力等开发利用的效率）。转变当前主要依靠投资驱动经济增长模式，注重满足人民群众需要，注重引导社会预期，大力

促进消费，走消费驱动经济增长道路。深化收入分配体制改革，通过减税让利等途径，扭转国民收入分配向着政府收入倾斜的态势，使居民收入在GDP与人均GDP中的占比获得相应提高。

（二）提高居民收入水平，创新高技能人才引育模式

实施就业优先战略，促进充分就业，促进多渠道多形式就业，推动创业带动就业，提高居民收入水平，形成合理有序的收入分配格局，形成合理的收入分配制度。贯彻落实"人才新政30条"，从人才和团队引进、存量人才培养、扶持人才创业、人才服务保障等方面进行全面立体布局，打造涵盖人才工作、学习、生活、创业的全链条式扶持政策体系，创新高技能人才的引育模式。

（三）提升第三产业贡献率，加快构建现代服务产业体系

着力实施"现代产业提升"工程，不断加快第三产业的发展，在推动传统产业改造提升的同时，充分利用现有产业基础、区位优势、交通优势和资源优势，着力培育发展潜力大、带动效应强的战略性新兴产业，加快发展现代服务产业体系。

（四）以"机器红利"和"城市升级"为契机，不断优化产业结构

依托制造业强区优势，顺应新一轮科技革命的发展潮流，实施"机器代人"专项行动计划，以"机器红利"优化生产资源配置，推动生产过程信息化、自动化和智能化，加快建设智慧工厂。贯彻落实《顺德区城市升级五年行动计划》提出的功能格局，通过统筹区域发展，进一步明确并优化生产功能、城市服务功能、生态功能以及文化功能的相对分布格局，以"一镇一业"推动各镇街特色产业改造提升。

（五）加强宏观调控，提升工业投资的质量和效益

加强对工业投入的跟踪分析，及时掌握产业发展动态，科学设置工业技术改造工作的发展目标和责任，建立相应的考核体系，强化工作推进力度。引导各镇街根据自身的产业结构特点，合理规划产业布局，防止产业结构趋同现象和低水平竞争。

立足优势　开放合作　互利共赢
——顺德对接南沙自贸区建设对策研究

高钧　师建华　刘刚桥

一、研究背景与意义

近年来，我国经济进入"经济高速增长向中高速增长过渡，结构失衡向结构优化再平衡过渡"的经济新常态。为了适应更复杂严峻的国际贸易格局，构建我国经济增长的新动力，自由贸易试验区应运而生，肩负着打造中国经济"升级版"、形成可复制、可推广经验的历史使命。自贸区的核心是营造一个符合国际惯例的、建立一个对内外资的投资都要具有国际竞争力的国际商业环境。

顺德，作为全省乃至全国的县域经济领军者，经历了30多年的迅猛发展，"顺德制造"崭露头角，"顺德模式"蜚声中外。在制造业的支撑下，顺德一直是全国县域经济的领头羊。而如今在经济新常态下，顺德经济也面临产业转型升级的关键时期。尽管顺德拥有县域经济内令人仰望的工业产值，但第三产业发展的不紧不慢成为顺德经济转型升级的一个掣肘。而濒临中国（广东）自由贸易试验区广州南沙新区片区（下文简称"南沙自贸区"），必然会承接南沙的溢出效应。随着一大批创新和商业中心进驻南沙，弥补了目前顺德转型升级中存在的金融和创新这两个"短板"。同样，广州将把南沙建设成国际航运中心的核心区域，这也意味着在港口物流上，双方可进行更进一步的合作。借势自贸区发展，顺德将迎来历史性机遇。对顺德而言，与这座未来新城在地理上实现"无缝对接"，这种无可比拟的地理优势有可能让顺德直接承接南沙自贸区的辐射，给如今正在转型发展中的顺德注入一股强心剂。对历来务实的顺德而言，如何把握住机遇来促进发展，如何打造产业外溢承接载体，对接自贸试验区，促进自贸区内外联动，已经是思考在前并行动在途的关键命题。

本研究报告通过分析广州南沙自贸区定位及地域特点及其对顺德可能产生的影响，着重结合顺德自身产业特点重点进行了自贸区建设背景下，顺德区支柱产业分析。最后，依照顺德"十三五"发展规划，整合顺德区内资源，探索如何"无缝对接"南沙自贸区，提出了对接南沙自贸区的原则和思路，并进一步给出具体对接对策，包括产业对接、基础设施对接、新型城市化对接、科技创新对接、政策制度对接、高端人才对接。希望能通过本研究报告的分析和"六个对接"加快顺德区经济社会全面发展。

二、南沙自贸区概况与发展定位

（一）南沙自贸区概况

南沙新区、自贸区位于广东省广州市，依托珠三角地区。1990年6月，南沙被确定为重点对外开放区域和经济开发区。1993年5月12日，国务院批准设立广州南沙经济开发区。2005年，南沙成为独立行政区。2012年9月6日，国务院正式批复《广州南沙新区发展规划》。2015年设立国家自贸区，这是南沙区开发建设史上的里程碑，是南沙新区、广州市乃至广东省建设发展的重大历史机遇。珠三角一体化的逐渐成熟、经济湾区的崛起、粤港澳合作的全面增强，南沙在其中既是黏合剂，又是未来的绝对核心。

南沙自贸区总面积60平方公里（含广州南沙保税港区7.06平方公里），共7个区块，分为中心板块、海港板块、庆盛板块。海港区块15平方公里。海港区块一，龙穴岛作业区13平方公里（其中南沙保税港区港口区和物流区面积5.7平方公里）。海港区块二，沙仔岛作业区2平方公里。明珠湾起步区区块9平方公里，不包括蕉门河水道和上横沥水道水域。南沙枢纽区块10平方公里。庆盛枢纽区块8平方公里。南沙湾区块5平方公里，不包括大角山山体。蕉门河中心区区块3平方公里。万顷沙保税港加工制造业区块10平方公里（其中南沙保税港区加工区面积1.36平方公里）。南沙片区重点发展航运物流、特色金融、国际商贸、高端制造等产业，建设以生产性服务业为主导的现代产业新高地和具有世界先进水平的综合性服务枢纽。

（二）南沙自贸区定位

南沙自贸区目前是广东省面积最大、地理位置最优越、最被外界看好的自贸区。南沙自贸区的总体目标是力争经过3~5年的改革试验，构建与国际投资贸易通行规则相衔接的制度框架，建立起高水平开放型经济新体制，逐步建成符合国际高标准的法制环境规范、投资贸易便利、辐射带动功能突出、监管安全高效的自由贸易试验区，为全面推动珠江三角洲转型发展、构建我国开放型经济新格局发挥更大作用。南沙自贸区的战略定位是重点发展航运物流、特色金融、国际商贸、高端制造等产业，建设以生产性服务业为主导的现代产业新高地和具有世界先进水平的综合服务枢纽，构建引领广州，乃至广东产业发展的现代产业体系，形成与国际投资贸易通行规则相衔接的基本制度框架，打造广东省对外开放的重大平台。已经全面铺开建设的七大板块将各司其职，海港区块重点建设打造国际航运发展合作区，明珠湾起步区区块重点建设金融商务发展试验区，南沙枢纽区块重点建设粤港澳融合发展试验区，庆盛枢纽区块重点建设现代服务业国际合作区，南沙湾区块重点建设国际科技创新合作区，蕉门河中心区区块重点建设境外投资综合服务区，万顷沙保税港加工制造业区块重点建设国际加工贸易转型升级服务区。

（三）南沙自贸区产业特征

1. 产业间关联度不高

南沙现有的产业关联主要体现在以大型企业为核心的产业园。例如，以丰田汽车为核心产生的汽车配套企业，而几大产业间的关联度不够高，丰田汽车现在并不使用南沙现有钢铁厂的钢板而采取区外采购。这种内部关系零散的产业关系不利于产业发展和结构的提高，整体产业链条有待整合。

2. 服务业和城市职能发展相对滞后，人才吸引力低

南沙虽然作为广州新城建设的重点，经济总量一直保持高速增长，并且在城市化进程中高新技术产业也取得了一定的成果，但南沙经济主要还是依赖工业发展，特别是重工业的发展。受空间分散和产业重型化导向的影响，南沙新区人口始终没有形成集聚发展，城市服务严重滞后产业发展，没有形成真正意义上的城市和中心城区，难以吸引大量人才落户南沙，大量就业人口往返于广州至南沙的路上。南沙就像广州的产业园，几乎所有服务都依托广州中心城区，产业与城市形成二元化发展的局势。

3. 南沙现有工业集中在东部沿海地区，表现对滨水岸线较强的依赖

南沙东部已形成以先进制造业为核心的临港产业集群，包括汽车及配套产业、物流产业、石化能源产业等。根据现状工业企业分布情况分析，现有产业都表现出对滨水岸线的较强依赖。在南沙新区发展初期，经济的发展选择产业先行的路径，在新区发展急需产业支撑的条件下，政府缺乏产业项目选址谈判的筹码，产业空间在广阔的地域内寻求土地最干净、航道条件最好的区位。因此，大部分企业自建码头、自成体系，产业间的空间组织缺乏专业化协作，企业规模在低效率基础上趋向小型化及空间分布均衡化，造成分工效益和规模效益双重损失。同时，也导致了对城市土地、岸线和基础设施的低效使用。

三、南沙自贸区建立对顺德的影响

（一）机遇

1. 南沙自贸区的建立

2012年10月10日，南沙正式成为继上海浦东新区、天津滨海新区之后，在国家东部沿海京津冀、长三角和珠三角三大经济发展引擎地区设立的又一个重要的国家级新区。顺德紧邻南沙新区，地理区位的优势使其在南沙新区战略地位提升的背景下，自身产业升级、交通建设和生活功能建设都将直接参与到南沙和珠三角的整体发展中，平台的提升、政策的利好、资源和产业的涌入，使得顺德借南沙飞跃之机迎来自身的蜕变。

特别是南沙在新的战略定位下必将迎来产业的整体转型，从重工业向现代服务业转型，南沙重工业的转移将是顺德制造业转型升级的重大机遇。

2. 独特的经济腹地，良好的粤港澳合作基础

为促进珠三角地区的腾飞，国家打造"环珠江口国际经济湾区"，以国际生产性服务业、先进制造业和高新技术产业为主导产业，旨在打造中国及国际的重要经济、金融、航运、贸易区、高新技术产业基地，成为全球第四大顶级经济湾区。通过湾区新城高端要素的集聚，珠三角正在构建匹敌世界的国际级湾区城市群。在这样一个世界级城市群中，多层级的区域竞合将取代传统的平面竞争，广州作为珠三角中心城市，正是区域竞合的统筹者和领导者，这将进一步推动港澳生产性服务业和珠三角制造业的融合，三地经济都将得到广阔的发展空间，粤港澳合作已经由低端向高端攀升，合作基础深厚、前景良好。

湾区以新城、新区的模式，将金融、信息、贸易、会展、旅游、高新技术、科技研发等高端要素功能集聚，在空间形态上与功能上将成为统领珠三角发展的重要战略空间区域；现已形成由深圳前海、珠海横琴与广州南沙三个高等级经济开发区构成的湾区"金三角"结构，是珠三角核心城市参与粤港澳合作的先行区域。南沙区是广州未来的深水海港和临港重化工业区，是广州转型为海港城市，并由商贸业、科技业和外向型加工业向重化工、汽车产业拓展的立足点。

珠江三角洲的5000多万人口和国外的广阔市场腹地是顺德产业发展的直接支撑。同时，顺德紧邻南沙国家级新区和环珠江口经济湾区，在广佛一体化和珠三角一体化发展的机遇下，顺德可在"湾区经济"发展中借南沙优势，对接南沙水陆交通和国际性服务平台，同时融入湾区产业体系，成为沿海内陆地区积极融入"环珠江口国际经济湾区"、参与粤港澳区域协作的重要节点。

3. 珠三角加快产业转型升级

珠三角加快产业转型升级为顺德产业发展提供了难得的机遇与广阔的空间。从珠三角来看，依靠出口与投资拉动的经济增长模式已经难以为继，劳动力成本上升与汇率变化使竞争优势日渐降低，正处于产业转型升级的关键时期。顺德的发展从一开始就不是走低端劳动密集型路径，根据产业升级发展规律和珠三角地区产业转型升级政策、行动的推动，顺德有望获得后发优势。

（二）挑战

1. 世界经济不确定性

世界经济不确定性给顺德产业结构优化调整带来了严峻的挑战。进入后危机时代，世界经济增长和市场需求发生新变化。金融危机的深层次影响依然存在，不确定因素依然很多，各国经济复苏仍不均衡。国际贸易保护主义抬头、贸易摩擦纠纷增多。同时，国际能源、金融市场持续动荡，新一轮科技竞争更趋激烈，全球资源、市场争夺不断加

剧，不利于南沙产业拓展国际市场、推动外需的有效增长，给顺德产业结构优化调整和新兴产业的发展带来了严峻的挑战，也加大了防范外部风险的压力。

2. 如何提升在珠三角的产业发展地位

珠三角经济格局正在发生深刻转变，如何提升在珠三角的产业发展地位是顺德面临的新挑战。从珠三角近来的发展变化来看，土地、资源、环境等要素的制约日益加剧，地区产业总体层次不高，产业核心竞争力和自主创新能力有待增强。外向型经济受到极大挑战，扩大内需的长期有效途径尚处于探索阶段。加之港澳在全球经济体系中的地位下滑，对珠三角经济增长的重要引擎作用和区域经济带动作用减弱，珠三角的经济格局正发生内在的深刻转变，持续发展需要更有力的支撑。如果珠三角不能很好地把握转型发展的机会，在全国乃至世界的经济地位将进一步弱化。

3. 穗港澳合作的制度差异，对顺德产业发展的软环境提出更高要求

积极参与穗港澳深化合作是顺德的必经之路。随着国内和世界经济形势的急剧变化，以往低层次的合作已不能满足当前需要，未来的高端合作特别是高端服务业的合作对软环境要求更高，必然会扩大制度差异带来的摩擦，并导致交易成本上升。

4. 南沙新区与顺德竞争与合作的关系

南沙新区与顺德竞争与合作的关系，使顺德面临在设区初期迅速发展壮大的限制。从区域地位上，南沙占领绝对优势，未来发展对资源的抢夺也是必然。

顺德紧邻南沙，应该在设区初期利用自己强大的制造业基础，吸引一部分资源进驻，其中不仅包括企业，还包括最重要的资金元素。因此，在近期内，顺德不仅要实现制造业的转型升级，更要实现生产性服务业的初期培育，构建由服务到生产的完整产业环境。这对顺德来说是一个紧迫的挑战。

5. 顺德自身产业转型升级和结构调整任务较为艰巨

近年来，顺德土地资源消耗殆尽，能源价格不断高涨，资源环境约束突出，城乡居民增收难度加大，改善民生任务较为繁重。顺德产业在整体向先进制造业和服务业提升的前提下，传统制造业将面临转移和重构，但以乡镇企业为特色的顺德制造业对地区依赖性较强，产业转移升级对当地从业人员的影响较大。一方面，使居民放弃原有工作或随工作搬迁，造成从业人员失业或流失；另一方面，产业升级转向技术和知识密集型产业，从业门槛增高，使原来依靠体力劳动的大部分乡镇从业人员失去劳动机会。

四、顺德与南沙自贸区对接的基础

（一）区位条件

从空间上，顺德位于珠江西岸，东连广州番禺，北接佛山禅城和南海，西邻江门鹤

山,南界中山南沙,邻近港澳,是广佛肇都市圈、粤港经济圈的重要组成部分。作为广珠交通走廊的重要节点,通南北之衢,是衔接广佛都市圈与珠中江都市圈的纽带。同时,以大良、容桂为核心的顺德东部片区与南沙新区空间接壤,与珠江口经济湾区紧紧相连,区域中心地位逐步凸显。从交通上,顺德作为珠三角西岸重要的交通枢纽,交通网络四通八达,目前已构建起"六纵七横"的高、快速路网系统,其中与南沙对接的交通设施主要有3条,直通港澳的水陆客货运口岸9个,内通外达的交通格局,形成与珠三角各市及港澳2小时交通圈。

(二) 产业发展基础

从经济实力上,顺德作为中国县域经济发展的领跑者,目前已形成以工业为主导、三大产业协调发展的格局。2014年,顺德区实现地区生产总值2764.9亿元,工业总产值6440亿元,其中规模以上企业工业产值5969亿元;固定资产投资550.4亿元;地方公共财政预算收入达到173.9亿元;外贸进出口总值265.1亿美元,其中出口总值206.4亿美元,三次产业结构为1.6∶52.6∶45.8。从产业体系上,顺德是国内著名的制造业基地,目前已形成家电、通用装备两大千亿级产业集群以及家具制造、精细化工、金属材料、纺织服装、医药保健等配套产业集群,以总部经济、电子商务、现代物流、研发设计、文化创意为代表的现代服务业不断壮大。

2014年,南沙新区实现地区生产总值1016亿元,工业总产值2800亿元,三次产业结构比重为4.8∶74.8∶20.4,形成了一定的产业基础。目前已初步形成汽车、船舶及海洋工程装备、港航物流、电子信息、精细化工、核电装备、重型机械等临港现代产业体系。随着南沙新区战略定位的升级,未来南沙将重点发展航运物流、高端制造、科技创新、金融商务、旅游健康等主导产业。

因此,从现有产业基础上,顺德与南沙在产业上的差异性为两地实现错位发展、强强联合、功能互补提供了可能性。

(三) 体制建设基础

敢为人先的顺德一直是国内改革"先行先试"的尖兵,早在1992年,就以机构改革为切入点,在全国率先推进了以行政体制改革为先导、企业产权制度改革为核心的综合改革。从2009年起,顺德在广东省内率先启动了以转变政府职能为核心、党政机构改革为切入点的大部制和"简政强镇"事权改革;2011年起,顺德全面推进行政体制改革、社会体制改革和基层治理改革,在广东省率先开展商事登记和投资领域的改革;从2013年起,顺德在国内率先发布企业经营审批事项目录,探索市场准入"负面清单"管理模式,逐步构建起符合社会主义市场经济要求的行政体制和社会管理体制,改革塑造的体制机制竞争优势逐步显现,大大提升了政治治理能力和市场社会发展活力,推动顺德经济社会的综合转型升级。

五、顺德对接南沙自贸区的对策

（一）产业对接

从顺德区相关规划对产业选择的指引来看，顺德区产业发展方向将包括：传统制造业升级，包括产品的精深加工和产业科技化发展；先进制造业引入，包括装备制造业和战略性新兴产业等；现代服务业支撑，包括生产性服务业和生活性服务业。综合发展背景、区域分析、产业现状、产业发展背景和发展定位，并结合相关规划指引，我们判断，顺德的主导产业包括：第二产业——家具制造业、家用电器制造业、纺织服装业、机械装备制造业和战略性新兴产业；第三产业——商贸物流业、金融服务业、科技服务业、房地产业和以现代商业、旅游休闲为核心的生活性服务业。

1. 传统制造业对接

（1）巩固原有基础对接高端制造。

全球制造业正面临精细化生产的趋势，掌握核心技术和高品质核心生产环节是顺德产业升级的必经之路。通过研发和生产某一关键的零部件，提升零部件的品质和竞争力，成为该零部件区域主要供应商。充分利用制造业的坚实基础，掌握核心生产技术的同时主动对接南沙汽车、船舶制造等高端制造业，打造高端配套产业制造基地。

依托丰田汽车城项目，重点发展新能源汽车，以及发动机、电子控制系统和其他关键零部件生产，强化对核心技术的突破以及自身品牌的塑造，打造国际汽车配件产业基地。

依托大岗船舶装备基地，重点发展船舶、汽车关键零部件的研发与生产制造等产业，强化南沙新区装备制造业产业配套与研发能力，同时积极培育环保、新材料、新能源等战略性新型产业，形成对船舶制造、汽车制造等产业的支持。

依托龙穴岛造船基地，重点发展船舶制造、船舶修理、船用设备和配套产品，以及大型港口作业机械、深水航道建设工程机械等众星机械装备和海洋资源勘探、海上石油钻井平台等海洋工程装备，建设世界级大型修造船基地，以及现代化海洋工程装备制造基地和南海开发综合服务基地。

依托万顷沙保税港政策优势以及其环境和空间优势，围绕船舶制造、海洋工程装备等产业，重点发展"高、精、尖"配套产业制造与研发，与龙穴岛形成良好的产业分工协作关系。同时，适度发展软件、电子信息等制造业，为新区科技研发能力的产业化提供空间，并服务于新区高端服务业和高端制造业的发展以及未来智慧新城的建设。

以汽车制造业为例，在南沙汽车产业外溢的和定位转变的形势下，积极引入南沙汽车产业的生产环节，延长汽车产业链，增加汽车原材料供应和汽车组装等生产环节，建立完善的汽车制造产业链，同时借南沙汽车总部和生产性服务的平台，扩展汽车国内和国际市场。远期在汽车制造产业链成熟的基础和珠三角以日系汽车品牌为主的形势上，引入新型汽车产业品牌，提高汽车制造产量。同时，处理好本地化和引进之间的关系，推动国际汽车产业与本土汽车产业结合，促进国际品牌快速稳固的同时，借国际汽车巨头的市场和生产技术，促进自身汽车产业集群快速成型。引入国际汽车品牌进驻，形成从零配件到整车生产的提升。

（2）借助南沙平台开拓产品市场。

借南沙国际产业服务平台和政策利好，吸引国际龙头企业入驻顺德，根据产业发展的市场需求，引导行业协会在南沙设立办事机构，为顺德的企业接单、服务外包提供便利。例如，汽车整车生产企业；搭建国际合作平台，引入外来技术培育自身产业，增加产品国际竞争力；利用南沙生产性服务平台扩展产品国际市场，打响品牌知名度。邻近南沙的大良－容桂装备机械产业集群和新兴产业集群应当整合发展，提升五沙工业园的产业配套水平，建设为顺德－南沙发展的衔接点和先头地区。

专业市场是顺德产业发展的一大特色，以家具市场、钢材市场、塑料市场和花卉市场为发展重点，已经成为珠三角，乃至华南地区不可或缺的原料和产品采购地。但随着产业类型的不断细分和功能的不断综合化，专业市场已经逐步从传统的地摊式批发转向样板展示、商贸洽谈和产品定制等更高级的综合商业业态，成为商贸展贸于一体的产业空间。顺德在自身专业市场不断成熟的同时，借南沙成立自由贸易区之机，与南沙共建国际市场平台，提升自身市场层级，构建国际性专业市场。

（3）建设产业集群协调产业分工。

根据《佛山市顺德区总体规划（2009—2020）》中产业空间发展规划，适合发展劳动密集型产业的地区包括顺德的东部和中部地区；适合发展资金密集型行业的地区包括有容桂、五沙工业区、陈村和北滘的东部地区、伦教及勒流的部分地区；适合发展技术密集型产业的地区包括有大良－容桂地区、北滘以及杏坛东部地区等。未来制造业以发展技术密集型产业和资金密集型产业为主，主要集中在东部和中部地区。

顺德产业集群空间已形成以镇街为单位的独立发展形势，区内产业空间分割明显，而且与区外临近地区产业协作紧密。因此，顺德在短时间内将延续这种集群分割的态势。同时，在产业集群建设上，以先进制造业和现代服务业作为顺德产业空间一体化的黏合剂，建设以先进制造业为核心、传统制造业为分支的顺德整体化产业集群。在产业集群作用下同时各类产业集群内部合理分工，形成垂直或水平分工，促进产业集群持续、高效发展。

（4）调整产业空间格局。

顺德主导产业将承接南沙先进制造业的外溢，发展汽车、机械装备制造业等现代制造业；同时，自身传统制造业低端制造环节逐步外移，实现产业结构的优化，在产业升级优化过程中不断巩固制造业基础和优势。

镇街独立发展是顺德的一大特色，顺德现已形成以专业镇作为集群经济的基本形式，各镇与顺德区外相邻地区通过产业集群的形式构成了相对独立的产业空间体系，这造成顺德区整体产业空间的非独立性。在近期内，镇街为主的产业发展模式难以发生根本性扭转，原有的产业集群下的运作方式仍将保持一定的延续。从长远的角度看，随着统筹力度的加大，改变原有产业集群下的运作方式，加强原产业集群的合理分工、产业集群之间的联系，实现"整体大于部分之和"，将是顺德产业转型升级的必经之路。随着《佛山市顺德区总体规划（2009—2020）》"从镇街群到大都市区"总体战略的提出，产业转型与空间整合势在必行，城镇和产业将以专业化功能区为组织模式参与区域分工。因此，顺德未来的产业转型升级除了产业链的延伸和转移，利用先进制造业重新整合产业空间也是产业高效发展的重要手段。产业转型升级和集群建设相互促进：通过产业转型升级延伸产业链，构建生产环节的契合点，增强产业集群生产和交通联系；通过集群建设打破现状产业空间分割格局，实现顺德产业的现代化和整体化。

2. 新型工业对接

（1）优势产业协同对接。

协同对接是指两区发展良好、基础坚实、产业发展成熟的共同产业、企业强强联合，进行有序化整合，形成新的产业链，实现区域内产业和企业"一体化"运作与共同发展，增强两地企业活力和市场竞争力，提升综合实力，扩大品牌和社会影响力。依据产业基础和发展方向，未来两区可协同发展的产业有高端装备、电子信息产业，在原料采购、产品开发、技术创新、市场开拓等方面加强对接，共同打造区域性高端制造业产业集群。

（2）比较优势产业互补对接。

互补对接是指两区根据各自资源禀赋差异和区域比较优势进行区域间产业分工，形成区域间产业链，实现区域产业优势互补、错位发展。结合顺德与南沙产业发展基础，未来两区可互补对接的产业有汽车零部件制造业、精细化工制造业。汽车零部件制造业方面，顺德现已形成汽车零部件产业的强大基础，以丰田合成、爱信精机、东海理化、爱三工业、矢崎、富华工程等企业为骨干，与南沙汽车制造业关联性强，可加强与产业链下游企业广汽丰田、丰田发动机、日本电装等知名企业的合作，承接转移、协作配套、特色发展。精细化工制造业方面，顺德已形成涂料、精细化工、新材料化工以及日用化工等产品体系，应充分发挥化工涂料产业优势，积极对接南沙石油化工企业，加强新产品、新材料开发与市场开拓的合作，提升地区精细化工行业发展竞争力。

（3）外溢产业梯度承接。

梯度承接是指承接其他区域向外转移和扩散的产业。基于南沙新区战略定位的变化，其现状重工业必将迎来一次较大转变，主导工业包括汽车、造船等重工业的制造环节将会向内陆地区转移，而顺德应借紧邻南沙的优势，承接南沙部分重工业转移，实现自身产业转型。

（4）打造产业对接阵地。

强化对自贸区的定点招商，以高新技术产业园区、中德工业服务园区、西部生态科技产业园、南方智谷等项目为载体，围绕产业对接的方向和重点，策划生成一批产业对接项目，建立产业对接项目库，分批规划，分步实施，为促进区域合作提供项目支撑，重点对接一批科技含量高、带动能力强、产出见效快、发展后劲大，而且符合集约、节能、生态要求的项目，打造南沙自贸区的功能延伸区。

3. 现代服务业

（1）现代物流业。

对接南沙建设国际物流枢纽目标，借助于南沙保税港区和南沙港区综合优势，依托顺德港优势，借助南沙保税港区，重点发展制造业仓储与国际中转、配送、采购、展示等物流业务。积极推进两区产业物流与物流设施的对接，加快物流园区水陆交通设施的建设与衔接，引导两地物流企业实施对接，以优惠的政策和措施引进国内外知名物流企业，建设互联互通的物流信息对接平台，吸引国内外知名物流企业开展国际货代、内外贸物流、物流信息处理和咨询服务，运用物联网技术，建设特色产业智慧物流系统，全面提升物流服务能力。利用南沙的窗口平台优势，根据产业发展的市场需求，引导行业协会在南沙设立办事机构，为顺德的企业接单、服务外包提供便利。实现两地物流资源整合，创新物流合作模式，联手打造国际物流产业链。

（2）商贸业。

促成顺德区各类商会加盟"一带一路贸易商企业联盟"，利用南沙作为21世纪海上丝绸之路的重要节点，以现代物流、电子商务为手段，强化产业与国际市场的对接，进一步打通对外贸易口岸，实施进出口贸易与投资结合的新型经贸合作项目，开创顺德企业"走出去"支持国家"一带一路"倡议的新局面。加快推进"海关无水港"等贸易便利化平台建设，通过水陆多式联运，方便进出口商在顺德当地完成订舱、报关、报检等手续，提升运输效率，降低物流成本。大力发展跨境电子商务，建设跨境电商产业园区，吸引电商企业集聚发展，打造电子商务发展示范城市。

（3）金融服务业。

南沙自贸区金融服务探索目前有以下几个方面：依托港澳，吸引国际资本，发展航运金融、特色金融等高端服务业；航运金融业重点发展融资、结算、保险、信托、租赁等业务，建设航运金融交易平台。拥有国家级新区和自贸区政策双重叠加优势，顺德应紧跟南沙金融业发展举措和制度建设。深入落实区政府印发的《关于建设顺德区产业金融改革试验区的实施意见》，加快推进新城区金融集聚中心区的规划和建设，提升区域金融中心的整体形象。大力发展特色金融，全面推进产业金融、科技金融、资本市场金融、互联网金融及征信和金融综合服务等五大创新服务载体，形成与南沙等周边互补的区域金融中心，吸引资金流动。借助南沙建设融资租赁产业园区，顺德可组建一家金融租赁公司，挂靠在自贸区，享受自贸区的政策便利，面向顺德企业开拓租赁融资服务。积极申报建设"广东省金融改革创新研究实践基地"，复制自贸区金融改革经验，推进金融改革和发展，争取更大范围在顺德先行先试。

特色金融业重点发展为珠三角加工贸易、物流仓储、电子商务等各类大型企业服务的财务中心、结算中心；通过设立风险投资、创业投资和私募股权投资等机构，建设财富管理中心；加快发展临港大宗商品的期货经纪业务。顺德可借助南沙自贸区金融服务创新，面向企业开拓租赁融资服务，降低大型设备采购的成本，帮助企业解决融资难题。

（4）文化旅游业。

顺德和南沙同属岭南文化，习俗相近，民间往来频繁，应加强同南沙的文化交流对接，促进两地文化资源互补，营造与南沙各具特色、竞融互补、资源共享的地方文化，彰显岭南水乡文化特色。充分发挥顺德美食文化、水乡文化、历史文化的优势，塑造"美食＋乡村民俗文化＋水乡"特色旅游产业链，建设美食旅游产业园区，举办美食旅游推介会。加快与南沙旅游市场的对接，整合两地旅游资源，联手开发打造区域旅游资源及高端旅游产品路线，建立两区旅游业合作机制，共同打造区域性旅游企业集团，推动两地旅游业融合发展，打造成珠三角旅游和体验岭南文化的高地。

（二）基础设施对接

以无缝隙对接为原则，统筹规划交通、公共服务等综合设施建设，为顺德承接对接南沙创造条件，提供发展的基础平台。

顺德城市交通发展面临重大转变：由注重偿还历史欠账转向适度超前，城市交通不仅为适应城市发展的需要提供保障，而且要发挥交通的引导作用，积极促进城市发展战略目标的实现；由注重数量转向质量与数量并重，不仅要满足市民的基本交通需求，而且要提供高质量、高水准的交通服务；由注重建设转向"建管"并举，不仅要加快交通建设，而且要提高综合管理水平，发挥交通设施效率；由注重解决城市中心区交通转向市域交通，不仅重视中心区交通的发展，而且要全局统筹，内外结合，重视市域交通对外辐射和衔接，既优化市域范围内的交通资源配置，又形成与周边交通融会贯通的格局。

建成多式联运的交通衔接系统。通过客运枢纽、紧凑的站点设置，为乘客创造方便的换乘条件；通过"停车－换乘"实现公共交通与个体交通的有效转换；通过综合性枢纽和连接市内的道路、轨道，将航空、港口、火车站和公路客站等对外交通设施与市内交通紧密相连；通过物流中心，重新调配货物流程，提高货运效率。

充分利用现有道路交通设施发展多层次、多模式区际客运公共交通，组织货运快速通道，以区际客、货运交通走廊组织丰富的城市生活和生产空间，通过客货分流实现南沙－番禺与顺德乃至佛山城市空间的整体性和秩序化发展。

加大有利于对接的公共服务设施统筹、规划、建设与管理，依托现有的电信网、互联网、广播电视网为基础的骨干城域网，推动两区在政务网、公众网和企业网及其各项配套建设的合作与对接，完善城市信息基础设施，构建区域信息一体化平台。加大两区环保基础设施和污染防治项目建设的合作与衔接，实现生态环境共治。大力发展以互联网、移动通信网、数字有线电视网、无线宽带网络为载体的新型服务业态，为顺德在科研教育、金融商务、医疗卫生、现代物流、产业发展、旅游管理和电子商务等方面与南沙区实现资源共享和协调发展打好坚实的基础。

（三）新型城市化对接

1. 空间对接

空间对接应按点、线、面的层次逐步展开，首先通过在边界地区打造若干具有区域战略价值的节点，提升边界区整条功能带的建设水平，进而扩展到全区空间范围。顺德应紧抓空间对接的思路，加快同周边地区空间的对接，依托紧靠广佛都市圈、珠中江都市圈、珠江口经济湾区的区位优势，围绕三个片区构筑了以新城区为中心的3条对外放射发展轴线。以大良、容桂、伦教为主的东部片区加快与番禺南沙的对接，打造东部发展轴，以勒流、杏坛、均安为主的西南片区加快与珠中江等西岸城市的对接，打造西南发展轴，以北滘、陈村、乐从为主的北部片区加快与广佛的对接，打造北部发展轴。围绕3条发展轴线，统筹规划基础设施衔接，强化交通走廊，注重培育对接战略节点，打造特色产业经济带，推进空间对接的深化。

2. 城市化对接

目前，南沙新区已初步规划包括中部、北部、南部和西部四个城市发展组团，致力于打造粤港澳优质生活圈，开拓新型城市化道路。城市作为承接产业转移、城市功能外溢的重要平台。顺德东部片区与南沙西部组团空间接壤，顺德要强化东部片区建设，深挖提升岭南水乡和特色旅游产业，主动对接南沙，融入南沙粤港澳优质生活圈，全面提升城市的功能、品位，吸引南沙的高端人才和商务人士到顺德置业和生活。

高品质的滨水居住环境、优质教育、便捷的商圈，是打造优质生活圈的基础。顺德应加快推进新城建设，凸显"滨水绿带"的特点，适时对优质教育资源提升扩容，打造高品质生活圈。继续推进以吉之岛、新一城等主体的东部商圈升级，加快碧桂湖、顺峰山公园、华侨城文化旅游综合体、德胜河北岸城市改造及重点线路街区等项目建设。对顺德新城的优质教育资源提升扩容，尽管东部片区集中了顺德大部分的优质教育资源，但顺德新城的优质教育资源一直供不应求，特别是在民办教育方面，顺德义务教育阶段的民办教育发展时间相对较长，与南沙相比有一定的比较优势，是吸引高端人才在顺德置业生活的重要元素。

（四）科技创新对接

1. 以创新需求为驱动，加强两地科技创新合作

根据《顺德新城创智城片区控制性详细规划》，中心城区大良主干路东乐路延长线规划预留与南沙对接，南沙新区被计划打造成为华南科技创新中心；顺德在区域科技创新业协调发展加强与南沙的协调与合作，共建重大科技创新平台、深化粤港澳产业合作。

顺德要依托现有的产业优势与公共创新平台，以创新需求为驱动，加强两地在区域科技创新发展方面的协调与合作，为科技人员在两地工作、生活等方面创造便利条件，共享科研力量、科技资金、税收优惠政策、科技市场、先进科研设备以及研发平台等科技创新资源，共建重大科技创新平台，通过汇聚两地的创新资源、产业链以及创新系统，形成一个跨城市、高聚集的区域创新体系及产业聚集带。

2. 依托南沙科技创新合作平台，助力顺德打造"工业4.0"

依托南沙新区粤港澳科技创新合作平台，助力顺德打造"工业4.0"计划，形成

"互联网＋"新常态。目前，南沙新区的新型机构集聚效应已经初步显现，形成了中科院系列研发机构、教育部属高校系列研发机构和国际合作共建研发机构三个组团。在国际科技合作方面，与香港科技大学霍英东研究院与德国拜罗伊特大学等共建了超轻高强材料联合研发中心等5个国际科技合作项目。可以看出，南沙新区目前的科技研发以智慧制造、软件开发、芯片设计、光电技术、网络技术、新材料技术等为主，切合顺德打造"工业4.0"的制造业转型升级需要。

顺德要主动与南沙新区主管部门合作，借力南沙的新型科研机构，举行科研项目洽谈会。通过财政通过财政补助、税收减免等方式，鼓励企业主动与南沙新区的科研机构建立联系，并在以下两个方面开展合作：一是利用南沙区数据服务中心和国家物联网标识管理公共服务平台，共建立智能生产体系，将数字化生产设备联网，提升制造过程的信息化水平，实现"物联网"和"务（服务）联网"有机整合。二是借力南沙新区霍英东研究院的软件研发力量，大力发展工业软件，实现核心软件、底层软件系统的自主开发能力，快速提升嵌入式软件、数控系统的研发能力，推动基于互联网的行业解决方案研发应用。

3. 打造"众创空间"，提供开放式综合服务平台

打造"众创空间"，提供低成本、便利化、全要素的开放式综合服务平台，吸引南沙新区高端人才。2015年1月，李克强总理在其主持召开的国务院常务会议上，明确支持发展"众创空间"的政策措施，为创业创新搭建新平台。对于顺德而言，打造"众创空间"，提供低成本、便利化、全要素的开放式综合服务平台，有助于吸引南沙新区高端人才。首先，可以依托临近南沙的大良、容桂两个镇街现有的创意产业园和企业孵化平台打造"众创空间"，重点在顺德新城片区布局，并对"众创空间"的房租、宽带网络、公共软件等给予适当补贴。其次，撬动顺德丰厚的民间资本，推动创新与创业、线上与线下、孵化与投资相结合，为小微创新企业成长和个人创业提供低成本、便利化、全要素的开放式综合服务平台。

（五）政策制度对接

1. 以经济园区为载体，梯度对接南沙新区和自贸区制度创新

目前，国内部分省市的经济园区，紧跟国家自贸试验区的改革步伐，出台或完善了一系列自主改革举措，这些举措既借鉴自贸试验区经验又融合了自身特点，有的与自贸试验区改革形成了互动。顺德应有效利用高新技术产业园区、中德工业服务园区、西部生态科技产业园等经济园区平台，发挥其载体作用，自发对接自贸试验区模式，进行自主改革和制度创新，谋划设立自贸区的对接试验区与粤港澳合作试验区，构建作为加快自贸试验区制度创新和经验成果推广的一条现实可行的路径。

2. 进一步推动投资管理便利化，提升利用外资水平

目前，顺德已开展一系列行政审批制度改革，包括工商登记制度改革、市场准入的

"负面清单"等，逐步实现投资管理便利化。未来，顺德应继续推进投资管理体制便利化改革，在负面清单、外资审批制度改革、商事制度改革、事中事后监管、构建境外投资促进体系、境外股权投资方面进行试验，以培育各类市场主体依法平等进入、公平竞争的营商环境，接轨国际通行规则。另外，南沙新区在服务业扩大开放方面，将暂停、取消或者放宽对区内工业服务业投资者资质要求、股比限制、经营范围等限制，逐步实现对港澳的全面开放。顺德未来也可在CEPA（关于建立更紧密经贸关系的安排）框架下，鼓励外资服务业企业以香港、澳门为跳板进入顺德。

3. 借鉴香港、南沙经验，打造法治化、国际化营商环境

借鉴香港在法定机构组建、企业设立程序、税收制度、市场准入与监管、投资者保护、负面清单、信息公开、电子政务、国际仲裁等经验，结合顺德实际，打造接轨国际营商环境的创新性平台。一是应该加强知识产权保护，优化本地知识产权发展环境，以创建国家知识产权试点城市为契机，探索建立华南地区国际知识产权交易中心。二是健全权力运行监督体系，明细政府与市场边界，进一步优化《顺德区政府职权清单》。三是进一步深化行政审批制度改革。推广企业登记并联审批，推动审批事项梳理优化，提高行政审批的效能。四是推进对外贸易便利化。积极向国家商务部申报认定"重点培育内外贸结合商品市场"试点，加快推进乐从市场采购出口监管中心建设，全面建立综合外贸服务体系。五是支持企业开展保税展示交易业务。

4. 加强社会治理服务体系建设，提升公共服务管理国际化水平

南沙新区提出要"构建社会管理服务创新试验区"，顺德应继续深化社会治理创新，主动与南沙实现公共服务管理与社会治理方面的对接。一是优化涉外服务与管理。提高外籍人士、港澳同胞出入境、签证和居留、就业许可、驾照申领等事项办理的便利化程度。健全外籍人士、港澳同胞服务与管理联合工作机制。二是健全社区服务体系。构建新型社区治理模式，试点推行社区管理精细化、社区服务社会化、社区运营智能化"一网三化"改革，鼓励和支持社区居民自我管理，推进社区自治。三是引入港澳先进社会组织、管理人员，采取"政府购买、第三方运营"的方式，推动社会组织发展。四是提高教育医疗的国际化水平。与知名教育机构合作建设国际课程学校，扩大现有优质民办学校教育规模。扩大医疗机构涉外服务覆盖面，加强医务团队的国际化建设，积极引进高端民营医疗机构落户。

（六）高端人才对接

作为国家第一个人才管理综合改革试验区，南沙新区将携手深圳前海、珠海横琴共同建设粤港澳人才合作示范区，这必将加速国际化人才向南沙集聚。顺德应加速推进与南沙新区的人才交流和合作，打通高端人才流动通道，积极推进人才的"软性流动"，注重对接社会管理和人才培养机制，基于工业基础与南沙共建相关人才培养基地和创新机制，形成双向互动机制，为产业发展提供坚实的"软环境"和源源不断的人才资源。

顺德要构筑国际化人才高地，关键在于完善高端人才的引进和培育体系。一是强化

顶层设计，落实《关于加快实施人才强区战略的决定》人才发展战略，加快制定人才战略的配套措施及激励政策。二是引进与培养相结合，从港澳以及海外大力引进急需的高端人才，优化人才引进机制，加大投入实施特殊人才特殊待遇政策，加快创新型后备人才培养步伐，实施"企业家提升工程、职业经理人培养工程、专业技术人才展翅工程及技能人才腾飞工程"。三是搭建人才集聚平台。加快人才载体建设，依托南方智谷谋划建设高层次人才创业园区，加快推进人才发展平台建设进程，依托产业聚才、项目招才等有效形式，实现高端人才的有效集聚。

六、结语

顺德区对接南沙自贸区，是顺德社会经济发展的一次机遇，顺德应以"主动对接，积极融入，立足特色，协同发展，突出重点，有序推进，政府推动，市场主导"的原则，根据两区资源禀赋、发展基础、经济结构的差异，按照"规划同筹、产业同兴、交通同网、城乡同体、文化同台、制度同步"的总体思路，以深化综合改革和对外开放为主导，以推动产城一体、产城融合为核心，逐步实现与南沙在发展规划、基础设施、产业项目、科技创新、城市空间、机制体制、高端人才等方面的合作与对接，提升两地的协同发展水平，推动两地在商流、物流、信息流、资金流以及人才等要素的流动，以更大范围、更宽领域、更高层次融入广佛肇都市圈、珠三角一体化进程。

参考文献

[1] 林江，范芹．广东自贸区：建设背景与运行基础［J］．广东社会科学，2015（03）．

[2] 王海峰．上海自由贸易试验区进展、问题和建议［J］．宏观经济管理，2015（01）．

[3] 杨帆．上海自贸区意义究竟何在［J］．南方经济，2014（01）．

[4] 蔡春林．广东自贸区建设的基本思路和建议［J］．国际贸易，2015（01）．

[5] 广州市人民政府．广州市国民经济和社会发展第十二个五年规划纲要［Z］．2009．

[6] 顺德区人民政府．顺德城乡土地生态利用制度综合改革试点实施意见和分工方案［Z］．2014．

[7] 顺德区国土城建和水利局．顺德区土地利用总体规划［Z］．2010．

[8] 华南理工大学区域经济研究中心．顺德区工业产业结构调整实施方案研究［Z］．2010．

[9] 佛山市人民政府．佛山市土地利用总体规划（2006—2020年）［Z］．2006．

[10] 顺德区人民政府．顺德区产业发展规划［Z］．2010．

[11] 佛山市人民政府．佛山市关于促进经济平稳较快发展的若干意见［Z］．2008．

[12] 顺德区人民政府．顺德区城市建设发展"十二五"规划［Z］．2009．

[13] 顺德区发展规划和统计局．顺德区统计年鉴（2000—2012）［Z］．2012．

［14］顺德区发展规划和统计局．2012年佛山市国民经济和社会发展统计公报［Z］．2013．

［15］广州市人民政府，佛山市人民政府．广佛同城发展规划［Z］．2009．

［16］国家发展和改革委员会．珠江三角洲地区改革发展规划纲要（2008—2020）［Z］．2008．

［17］佛山市发展与改革局．佛山市国民经济和社会发展第十一个五年规划纲要［Z］．2006．

顺德与周边区域合作发展研究

肖仁伟　高钧　刘刚桥　李明　王璐　綦恩周　岑苑君

一、项目研究的背景与基础

（一）项目背景

1. 区域经济一体化进程加速

2016年是"十三五"规划开局之年，我国"十三五"规划建议与广东省"十三五"规划建议均明确提出拓展区域发展空间，深入推进珠三角一体化发展，建设珠三角世界级城市群。随着《珠江三角洲地区改革发展规划纲要》的深入实施，珠三角、大珠三角、泛珠三角区域一体化进程进一步加快，珠江－西江经济带、粤桂黔高铁经济带、闽粤经济合作区、粤港澳大湾区等重大合作平台的建设，以及我国"一带一路"发展倡议、中国－东盟自由贸易区、广东自贸区建设、粤港澳服务贸易自由化等将成为重要的发展机遇。2015年，珠三角地区生产总值达到57667.54亿元，占广东省GDP的比重为79.2%[①]，比2014年提高0.3个百分点，其中顺德区生产总值占珠三角GDP的比重为4.47%，比2014年提高0.11个百分点。因此，顺德作为珠三角重要的组成部分，应紧紧把握珠三角地区一体化与珠三角城市群崛起的机遇，充分利用扎实的发展基础和有利的区位条件，抢占发展先机，促成顺德成为大珠三角西岸承北启南的纽带，强化珠三角地区性次中心的地位。

2. 区域合作是经济增长的新动力

2011—2015年，珠三角地区GDP年均增长8.7%[②]。区域合作是协调区域经济发展的重要措施，是资源约束条件下区域经济发展的必然选择。当前，世界经济格局正在发生变化，经济全球化不可逆转。随着新一轮技术革命孕育突破，将形成新一轮国际产业分工与转移，顺德应继续加大力度实施开放发展战略，主动参与区域经济合作，积极利

[①] 数据来源：2015年广东国民经济和社会发展统计公报。
[②] 数据来源：广东"十二五"发展报告。

用全球化机遇，更大程度、更高质量地融入全球分工体系，使区域合作成为顺德经济的新增长点和增长新动力，并以区域合作为突破口推动深化改革，主动谋划新的发展载体，主动适应开放的格局，大胆尝试开放性经济制度创新，加快推进顺德经济社会的转型升级。

3. 顺德在区域竞争中面临的机遇与挑战

随着广佛肇、深莞惠、珠中江、国际湾区、自贸区等区域经济发展步伐的加快，顺德周边地区进一步优化发展，各地纷纷设立新区和试验区，不同区域之间对资金、人才、技术、产业、市场等方面的竞争日趋激烈，顺德的发展空间进一步受到挤压，经济发展面临严峻挑战。同时，受环境、资源、人口的约束日益明显，顺德土地开发强度大、空间利用效率低、城市化水平偏低、城市软实力不足、内部发展动力不足，产业转型升级任务艰巨，对顺德构成不利的位势落差，经济社会发展面临严峻挑战。随着广州、深圳等区域主中心地位的加强，区域内将出现多个次中心，顺德应抢占发展先机，主动参与区域经济合作，充分实现"三片区"与周边地区的各领域全方位的合作，积极融入珠三角经济一体化进程。

（二）合作发展基础

顺德与周边区域不仅在地理区位方面密切联系，而且经济相依、优势互补、交通同网、市场同体、生活相通、文化同源，顺德与周边区域的合作发展具备坚实的基础条件。

1. 地缘相邻：顺德与周边区域合作发展的天然禀赋

顺德位于珠江西岸，东连广州番禺，西邻江门鹤山，南接中山南沙，北靠佛山禅城和南海，邻近港澳，是广佛肇都市圈、粤港经济圈的重要组成部分。作为广珠交通走廊的重要节点，通南北之衢，是衔接广佛都市圈与珠中江都市圈的纽带。

2. 经济相融：顺德与周边区域合作发展的内在需求

从经济发展现状上看，顺德区作为中国县域经济发展的领跑者，目前已形成以工业为主导、三大产业协调发展的格局。周边区域经济发展态势良好，而且有与顺德合作的强烈意愿，从现有经济基础来看，顺德与周边区域在经济上的相融性为区域间实现合作发展、强强联合、功能互补提供了可能性。

3. 交通同网：顺德与周边区域合作发展的基础条件

顺德作为珠三角西岸重要的交通枢纽，交通网络四通八达。近年来，顺德境内先后建成了佛开、太澳、珠二环、东新、广明等5条高速公路，加上江番高速、佛江高速等2条高速路，已形成了"三横四纵"覆盖全区10个镇街的高速公路网络，实现了境内高速公路里程由不足12公里到目前100公里（含佛山一环）的量的飞跃，境内高速公路密度达12.4公里/百平方公里，为全省平均水平的3.6倍。顺德交通的"内通外联"

为其与周边区域合作发展提供了雄厚的基础条件。

4. 优势互补：顺德与周边区域合作发展的重要前提

顺德地处广佛肇经济圈，西接珠中江经济圈、东邻深莞惠经济圈，存在相当大的区域合作空间，顺德与相邻区域间的异质性和产业的互补性是推动区域整合发展的前提条件。

顺德与周边区域的合作发展要充分利用各方的优势，周边区域具备资源优势、政策倾斜，顺德则兼备改革的先发优势、产业的雄厚基础，应扬长补短、主动进取，营造新的区域竞争与合作格局，实现互利共赢。

二、顺德与周边区域合作发展的前景分析

（一）合作发展的必要性分析

从经济数据分析看，顺德与周边区域合作发展有其必要性。

1. 经济总量增速放缓

根据各地 2002—2013 年国民生产总值数据，分别建立 Logistic 阻滞增长模型，预测经济发展情况，如图 3.1 所示。

与经济总量相仿的周边地区相比，顺德从 2011 年开始进入经济增长拐点，近年经济增长速度下降得较快，南海、番禺和中山同样早早进入经济增长速度下降时期。与此同时，广州、深圳和佛山即将到达拐点。而南沙则远未达到经济增长拐点，经济增长速度持续扩大，成为自贸区势必推动这种增长。

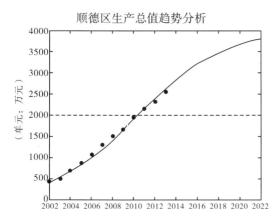

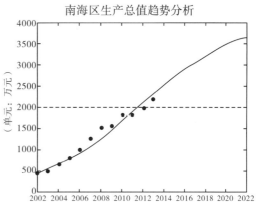

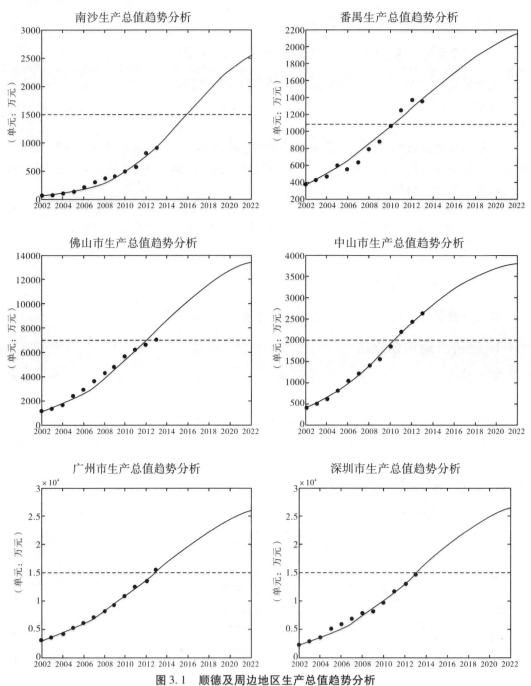

图 3.1　顺德及周边地区生产总值趋势分析

2. 经济总量占比下滑

如图 3.2 所示，近年来，顺德和南海所占广东省国民生产总值的比例经历下降后增长放缓，佛山和东莞出现连续下降，广州和深圳稳步上扬，南沙则迅速崛起。

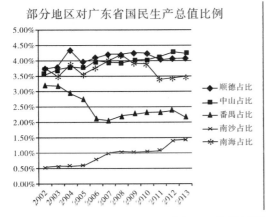
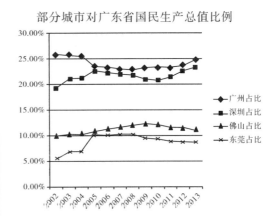

图 3.2　顺德及周边地区生产总值对比

一方面，顺德经济发展增长速度放缓，生产总值占比下滑；另一方面，周边地区经济形势呈现多元变化，经济格局悄然变化。在新常态经济发展周期的漩涡中，顺德深化与周边区域合作发展是顺应经济发展需要，是符合产业转型升级的举措，同时也能助力顺德再续改革开放的辉煌。顺德积极融入广佛同城、珠三角一体化及广东自贸区战略布局，有利于放大在开放性经济格局中的领先优势。

（二）合作发展的前景分析

1. 创新驱动引领产业升级，实现产业同兴

巩固优势产业，发展特色产业，合理处理顺德与广州、佛山、中山、江门、珠海等周边地区的产业竞争和协作关系，在珠三角一体化发展的大背景下，形成新型产业和现代服务业的良性竞争，通过信息共享和创新研发合作等形式，共建新兴产业集群和科研创新平台，形成错位发展、互惠共赢的发展格局。

（1）与周边区域融合发展，优化提升产业结构。

产业发展应适应"北融、东接、西进、南拓"的区域合作战略，向北加快与广州融合发展，向东加强与自贸区的对接，向西促进与江门协调发展，向南加强与中山合作。

（2）产业链与创新链、资金链"三链融合"。

顺德制造业发达，家具、家电等行业与周边区域已形成较为完整的产业链，并已形成较大规模的产业集群。顺德应发挥科技创新在产业发展中的引领作用，促进科技与地区经济深度融合，重点依托高新区、专业镇、研发机构、大企业，打造"众创空间－孵化器－加速器－专业园区"完整孵化链条，发展创新链、产业链、资金链"三链融合"

示范区,未来努力将自身打造成带动珠三角西岸和粤西地区发展的先进制造业基地。

(3) 走创新驱动、智能制造发展之路。

顺德产业发展应走创新驱动、智能制造发展之路,开创转型升级新"顺德模式",把握"中国制造2025"带来的新机遇。按照"企业主导、协同发展"的思路,对标德国"工业4.0",抓好"工业2.0"补课、"3.0"普及和"4.0"示范,推动企业生产智能化、传统产品智能化。建设广东智能制造示范中心,努力打造广东智造强区,成为带动周边地区经济发展的引擎。

2. 打造快速综合交通网络,实现交通同体

区域经济一体化的前提是交通运输一体化,实现交通运输一体化的关键是打破行政区划分割,以规划统筹区域交通运输基础设施建设,统筹各种运输方式协调发展,完善综合交通运输服务体系。

(1) 加快轨道外联。

北部片区以广州地铁7号线延伸线为重中之重,加快与广州南站、佛山西站的规划对接,同步开展产业策划和布局,积极融入粤桂黔高铁经济带,打通顺德与东盟、大珠三角西岸合作通道。东部片区盯紧南沙港疏港铁路、肇顺南城际轨道、广中珠澳城际铁路、中南莞城际铁路、深中通道、南沙西线地铁,谋划站点布局,全面对接南沙、中山,打通顺德与深港澳合作通道。

(2) 推进高、快速路系统建设。

构建具有较强辐射力的区域高、快速路体系,加强与周边地区尤其是广州、深圳、珠海等珠三角中心城市的联系,支持顺德产业经济与周边地区更大范围的融合发展。加快建设顺德区"三横三纵"的高速公路网络和"三横四纵"的快速路网络,满足顺德与珠三角中心城市、广佛城市中心区快速联系的要求,承担顺德与港澳、粤西北地区的长距离联系。

(3) 完善物流货运交通体系。

建立高效、快捷的货运交通体系,缓解道路货运交通压力,支持顺德经济产业向周边地区扩张。一是通过三乐路、龙洲路、五沙大道等高、快速路加强与南沙港等区域货运交通枢纽的联系;二是依托高、快速路,与周边地区统一规划、合理布局物流园区和专业货运中心,提升物流产业规模化、集约化发展水平;三是整合港口资源,强化整体运输能力,打造顺德-南沙等水上交通走廊,减轻顺德及周边地区道路货运压力。

3. 科技协同创新,科研资源共享

顺德应发挥科技创新在全面创新中的引领作用,推动跨地区、跨领域、跨行业协同创新,促进科技与地区经济深度融合。顺德及周边地区要为科技人员工作、生活等方面创造便利条件,共享科研力量、科技资金、税收优惠政策、科技市场、先进科研设备以及研发平台等科技创新资源,共建重大科技创新平台。

4. 内引外联,培育人才聚集区

顺德应加速推进与周边地区的人才交流和合作,打通高端人才流动通道,要实施更

开放的创新人才引进政策，完善人才评价激励机制和服务保障体系，注重对接社会管理和人才培养机制，基于工业基础与周边地区共建相关人才培养基地和创新机制，形成双向互动机制，为产业发展提供坚实的"软环境"和源源不断的人才资源。

5. 对接"深中通道"，承接高新产业转移

首先，对接"深中通道"谋划顺德交通新布局，细化与"深中通道"连接的交通规划。其次，借助"深中通道"建设的契机，优化政策环境、城市配套及人居环境，吸引并承接深圳高新产业外溢与转移。

三、顺德与周边区域合作发展的思路、原则与路径

（一）合作发展总体思路

把握国家推进"一带一路"建设、广东自贸区建设、粤港澳服务贸易自由化等重大发展机遇，发挥市场配置资源的主体性作用，强化政府的规划引导和宏观指导，优化三片区开发格局，统筹各镇街，协调周边地区，将内部"三片区"和外部周边地区合作发展结合起来，形成对内协调联动和对外开放互动相结合的全方位开放发展新格局，构建以产业项目、经济走廊、工业园区等为支撑的功能清晰、分工合理、各具特色、协调联动的区域合作平台，推动顺德以更大范围、更宽领域、更高层次融入广佛肇都市圈、珠三角一体化进程，建成珠三角国际湾区的服务次中心，促成顺德成为大珠三角西岸承北启南的纽带，珠江东西岸城市连接的关键枢纽，进而发展成全国先进制造业基地和区域专业服务中心，强化其作为珠三角地区性次中心的地位。

（二）合作发展原则

1. 主动对接，积极融入

借助于国家级新区、自由贸易试验区、21世纪海上丝绸之路，以及环珠江口经济湾区等重要平台，按照区域经济一体化发展的要求，主动寻求合作和发展机遇，推进与顺德周边地区全方面立体化的合作。

2. 发挥优势，协同发展

充分发挥自身的比较优势，根据要素禀赋、产业结构和发展条件的差异性，通过多种形式实现与周边地区在体制、规则、产业、市场、基础设施、人才、科技、金融等方面的合作，提升区域协同发展水平。

3. 突出重点，有序推进

制订合作发展规划，以"三片区、三轴线"作为对接的重点区域，以基础设施、

产业协作、科技创新作为对接重点领域，坚持以项目为载体，分层推进，把与周边地区合作与交流的各项工作落到实处。

4. 政府推动，市场主导

政府坚持区域合作发展的正确方向，深入实施区域协调发展的政策，推进重大基础设施、区域一体化建设，创造良好合作发展环境。充分发挥市场在区域经济发展中资源配置的决定性作用，企业作为市场主体，依法自主参与合作。

（三）合作发展路径

1. 对接空间结构，提升城市功能

顺德与周边区域空间接壤，经济相融，要实现与周边地区的有效合作，必须实现与周边区域空间布局的有效对接。首先，顺德各镇各片区要有明确定位，要与周边地区实现城市功能的有效分工与协作，并加强与周边区域在规划发展方面的统筹。其次，应依托紧靠广佛都市圈、珠中江都市圈、珠江口经济湾区的区位优势，围绕三个片区构筑以新城区为中心的3条对外放射发展轴线。围绕三条发展轴线，统筹规划基础设施衔接，强化交通走廊，培育区域合作平台，共同推进新型城镇化，实现城乡同体，提升城市功能与价值。

2. 深化产业分工，实现产业同兴

产业对接是区域合作的重点。顺德应充分发挥其制造业的先发优势，利用产业的互补性、差异性，实现与周边区域产业的错位发展、强强联合、功能互补，利用产业的不同层次性强化产业链不同环节的对接与创新，形成层级分工、错位发展的格局，即优势产业间"强强联手"，比较优势产业的"错位发展"以及紧密联系企业打造"产业链条"发展，实现顺德与周边区域的产业融合、产业同兴。

3. 衔接跨境设施，强化交通走廊

顺德与周边区域的深度合作首先要实现基础设施和公共服务共享互通。以高效交通等基础设施为支撑、串联着周边区域城市的发展走廊，具有巨大的发展潜力，将吸引优势要素的集聚。顺德应通过交通设施的衔接，强化三条发展轴线的功能，强化与周边区域空间结构上三条重要交通走廊的对接，构筑与公路、水路、铁路、轨道交通协调发展的同城体系，使顺德成为珠三角不可或缺的发展空间和功能区域，推动交通基础设施的一体化建设。

4. 培育战略节点，夯实合作基础

借助于"一带一路"建设、广东自贸区、珠江—西江经济带、武广高铁经济带、贵广高铁经济带、南广高铁经济带以及粤桂合作特别试验区、粤桂黔高铁经济带合作试验区、广州南站泛珠省会城市合作示范区等重大区域发展平台建设，深入挖掘与周边区

域的合作需求，围绕基础设施、产业投资、商务贸易、旅游、科教文化、人力资源、创新、信息化建设等方面，策划生成一批对接项目，建立对接项目库，分批规划，分步实施，为促进区域合作提供项目支撑，培养合作战略节点，深化区域合作层次。

四、顺德与周边区域合作发展的对策措施

（一）注重顶层设计，形成区域合作新常态

区域合作是顺德应对国内外挑战、实现产业转型升级、保持经济快速发展的必由之路。在广东自贸区获批、国家"一带一路"倡议开启改革开放和国家发展新格局的大背景下，顺德区委、区政府要更加重视顶层设计，在适应经济发展新常态过程中形成区域合作新常态，进行经济、政治、文化、社会体制等方面的改革，使上层建筑更加适应经济基础的发展变化，为科学发展提供有力保障。

（二）增强合作意识，创新合作发展新机制

在区域一体化发展趋势下，公共问题的跨界性与依赖性增强，顺德应与周边城市合作，倡导建立"政府推动、市场主导"的大开放联动机制，推进区域合作进程。在互利共赢、优势互补的基础上，积极探索建立跨区域合作机制。

（1）借鉴长三角城市群"城市经济协调会"的区域合作磋商模式，建立区域行政首长联席会议机制，对区域内共同关注的区域规划、经济合作、基础设施建设、产业机构优化升级、公共服务共享、旅游开发等需要政府间协调的重大问题方面展开专项交流与合作，研究区域合作规划、协调区域合作中的重大问题，协调区域内合作项目进展情况，承担沟通与协调区域发展、提供公共服务、解决区域矛盾、消除区域发展障碍的职责。

（2）定期召开"珠江湾区经济高峰论坛"，政府搭台，行业、企业唱戏，充分发挥政府、行业、企业的作用，共同探讨区域合作的问题及对策。

（3）加强规划、产业、市场、设施、服务、人才和制度等方面的对接，优势互补，合作发展，共同编制区域交通、人才、旅游发展规划等，完善顺德和周边区域的产业对接和分工协作，防止产业同化和区域内耗，优化产业结构，全力推进产业转型升级，加快构建现代产业体系。

（4）采取PPP模式，优先选择投资规模相对较大、市场化程度较高、技术发展比较成熟、收益比较稳定、价格调整机制相对灵活、合作期限较长的项目引入社会资本合作的尝试，积极吸引社会资本参与到区域合作中来，发挥市场的主导作用，促进区域间经济合作。

（三）强化交通对接，打造基础设施新互联

坚持综合提升、适度超前、无缝对接的原则，推进顺德和周边区域交通、能源、水利、信息、公共服务等基础设施的建设。

（1）重点围绕区域合作发展轴线、轨道交通建设和重大产业载体平台建设，加快区域间主干道路、桥梁、轨道交通、公共交通、交通枢纽等基础设施的建设，构建水陆综合立体交通走廊，完善顺德与周边区域"高快速路＋河港＋海港＋铁路"的水陆铁联运客货运体系。

（2）加大区域内的公共服务设施统筹、规划、建设与管理，依托现有的电信、网络、广播电视为基础的骨干城域网，推动顺德和周边区域在政务网、公众网、企业网及其各项配套建设的合作与对接，完善城市信息基础设施，构建区域信息一体化平台，大力发展以互联网、移动通信网、数字有线电视网、无线宽带网络为载体的新型服务业态，促进顺德与周边城市在科研教育、金融商务、医疗卫生、现代物流、会议展览、旅游和电子商务等方面的资源共享和协调发展。

（四）优化产业布局，明确片区发展新定位

城市是产业发展的载体，产业是城市发展的引擎。顺德要坚持开放融合理念，明晰东部、北部和西南三大片区功能定位，发挥和周边区域产业与资源的比较优势，推动区域产业协调、错位发展，营造联系紧密、分工明确、相互促进的产业发展格局，进一步推进区域产业融合发展。

（1）顺德东部片区濒临广东自贸区南沙片区，承担着顺德建设珠三角城市交汇节点和门户城市，推动顺德产城融合、城市升级的重要任务，应学习昆山主动贴近上海自贸区的做法，及早谋划产业对接，做好配套服务。

（2）顺德北部片区要主动融入禅桂新中心组团，依托佛山新城、广东（潭洲）国际会展中心等重点建设项目，服务周边，推动工业会展业发展壮大，打造国际化工业服务高地和广佛都市圈核心区龙头标杆。

（3）顺德西南片区是顺德未来工业拓展的重点区，要以建设国家高新技术开发区为抓手，加快基础设施建设和项目引进，建成顺德先进制造业发展的重大平台与载体，支持均安与中山小榄、江门的互通共融，盘活生态人文资源，积极探索一条以自然生态、人文文化为支撑的发展路径。

（五）培养共生文化，增强合作发展新动力

利用顺德成为"世界美食之都"的优势，以推动顺德美食发展为切入点，加强顺德餐饮服务业与周边地区的交流和合作，邀请周边其他地区一起推动粤菜发展，通过制定餐饮行业标准推动美食与产业融合，通过打造美食中华老字号推动顺德美食申报非物质文化遗产、开展国际美食文化交流等措施来推动顺德现代服务业的发展。

顺德要与周边区域形成持续、稳定、健康的发展格局，实现经济与自然和谐共生和绿色转型为主体的共生价值目标，促进区域共生单元间不仅形成经济共生体，更形成生态、文化共生体，凸显文化的正向引导功能，提高区域内部凝集力，减少内耗，积极发展文化创意产业，推动顺德与周边城市的旅游与文化、生态、产业相融合，景城一体、产景互动，打造发展新引擎，增强发展新动力。

五、结语

区域合作是促进区域间优化资源配置，求同存异，消除政策壁垒，找到利益契合点和重叠点，实现共同发展、双边共赢的有效途径。在区域经济一体化发展的大趋势下，各地发展不再是纯粹的竞争关系，不再是抢资源的关系，更多的是站在双赢或多赢角度上的合作关系，这是由产业和城市发展的内在需求决定的。合作就是共建市场，在市场中寻求自己的特色与优势，实现优势互补。顺德与周边区域的合作具备了必要的基础条件，也有了不少的合作项目，但合作发展的路还很长，还需在政府的主导下，充分发挥市场在资源配置中的决定性作用，持续强力推进与周边地区的融合发展，顺德才能发挥自身优势，在交通、产业、科技、人才等方面精准定位，与周边地区协同合作，促进顺德经济社会发展迈上新台阶。

城市升级引领产业转型

——顺德城市化与产业发展的互动研究

高钧　刘刚桥　马瑞　岑苑君　王璐

经历了30多年的迅猛发展，顺德区已成为全国县域经济的领军者，从传统的"两家一花"支柱产业，到如今机械装备、生物医药等"全面开花"，顺德产业升级已经初见成效，但率先发展起来的顺德也率先遇到了经济社会的深层次矛盾和问题，如土地等资源要素日益紧缺、城市建设与经济总量不匹配等，其中，城市化发展水平滞后于经济发展是当前主要问题之一。产业是顺德发展的根基，当产业发展到一定程度之后，需要以城市化来助推产业发展，而在城市化升级改造过程中，一定要通过产城互动提升城市内涵，避免城市空心化。

一、顺德城市化与产业发展的关系现状分析

（一）顺德城市化与产业发展的历程

1."产业拉城"发展阶段

改革开放以来，顺德一直走着"工业化带动城镇化"的发展道路。随着各镇支柱产业的建立，生产厂房建到哪，道路与出租屋就延伸到哪，顺德凭借这种模式长期位居中国县域经济前列。可是，这种发展模式也带来了一定的问题：土地资源紧缺、城市化水平和质量不高、城市转型滞后于产业转型，难以承载复杂的经济社会活动，在一定程度上影响了产业升级、生态人居环境改善、社会管理提升和高端要素聚集，严重制约着顺德的转型升级。

2."产城互动"发展阶段

随着后工业时代的到来和我国新型城镇化建设的深入推进，正确处理产业与城市的关系已势在必行。2011年，顺德提出"城市升级引领转型发展、共建共享幸福顺德"的战略目标，首次突破工业化时代产业带动城市发展的思维，从提高城市化质量、塑造城市特色、提高城市综合竞争力的目标入手，以城市升级、产业转型、改革创新为重点，系统推动顺德综合转型。

多年来，顺德以产业转型、城市升级为突破口，立足"产城互动"，准确把握"产

城融合"的城市经济发展内在要求，坚持以产兴城，增强城市发展活力，逐步实现从以往的"产业催生城市"向"城市引领产业"的主动转变。在顺德转型升级的现代化进程中，依托改革开放以来顺德新型工业化塑造的产业核心竞争力，依托新型城镇化形成的城市综合承载力，通过两者联动实现新跨越。产业发展推动城市化进程，城市发展水平提升为产业发展提供良好平台。共生共融，协调发展，使顺德城市具有国际竞争力。

（二）顺德城市化与产业发展的问题

1. 城市发展滞后于产业发展，市场高端人才紧缺

改革开放初期，顺德提出"工业立市"的发展道路，随着工业的大规模快速发展，一大批企业也完成了资本积累，在资源成本上涨与海外市场紧缩的双重压力下急需找到发展新路。当下，企业转型势在必行，而转型主要是向高新科技企业与资金密集型企业发展，这两种类型的企业都需要高端人才。由于长期以来，顺德城市化发展远远落后于工业发展，致使很多企业即使引进了高端人才，也会迅速流失掉，所以城市不提升，高端人才就算来了顺德，也不会长久地待下去。

2. 城市发展空间受限，影响产业升级

顺德的城市建设主要是镇街为主的模式，这造成城市建设及管理相对滞后，也引发了诸多问题，如产业发展空间受限、环境问题突出、社会管理压力大增等。目前，顺德建设土地用地比例达到49.4%。在日后的产业升级发展过程中，除了努力争取新增土地之外，还必须将现有土地资源盘活来谋求土地发展空间。

3. 城市管理落后，难以承载产业的转型发展

顺德的城市化率并不低，但长期以来，由于对城市管理缺乏足够的重视，顺德的城市管理投入不到位，管理手段也不到位，使得城市环境日益落后于深圳、中山、禅城等周边先进城市。城市发展质量不够高，城市开发深度不足，城市内涵、格局和功能等较为滞后，难以承载庞大复杂的经济社会活动，在一定程度上影响了产业升级、生态人居环境改善、社会管理提升和高端要素聚集。

二、顺德城市化与产业协调发展的实证分析

（一）顺德城市化与产业结构演变的相互作用分析

1. 研究思路

在分析近年顺德地区城市化与产业结构互相作用的基础上，我们分别选取影响城市化发展的产业结构的相关因子和产业结构演变的城市化响应因子，并建立指标体系

（2003—2013年间数据），借助SPSS 19.0统计分析软件，通过相关分析、主成分分析和回归分析等方法，建立起顺德城市化的产业结构演变支撑模型和产业结构演变的城市化响应模型，并对所建模型进行分析，揭示顺德城市化与产业结构演变的相互作用关系，以期对顺德未来的产业发展方向及城市化发展趋势和调控措施提供思路借鉴。

2. 指标体系选择

对于城市化的产业结构演变支撑模型，将城市化率（y_1）、城市建成区面积（y_2）、城市经济密度（y_3）作为模型的因变量，分别反映人口城市化、空间城市化、产业城市化的属性。其中，城市化率是以城镇人口计算的城市化水平（偏高于实际情况），城市建成区面积是反映城市建设、投资规模与人口聚集程度、基础设施建设水平等要素的综合体现，城市经济密度则反映了区域城市的经济发展质量。另外，增加城市化率、城市建成区面积和城市经济密度的主成分分析综合分（y_4）作为模型的因变量，综合分析城市化的产业结构演变结果。（见图4.1）

自变量主要选择了第一产业产值比重（x_1）、第二产业产值比重（x_2）、第三产业产值比重（x_3）、第一产业就业比重（x_4）、第二产业就业比重（x_5）、第三产业就业比重（x_6）、人均GDP（x_7）、人均外商直接投资额（x_8）、人均固定资产投资额（x_9）、人均社会消费品零售额（x_{10}）、人均地方财政收入（x_{11}）、职工平均工资（x_{12}）。这些指标直接或间接地从区域产业结构、就业结构、经济效益、经济外向度等方面对城市化产生影响作用。

对于产业结构演变的城市化响应模型，分别将三次产业产值比重（y_1、y_2、y_3）作为因变量，将城市化率（x_1）、城市建成区面积（x_2）、城市固定资产投资比重（x_3）、城市基础设施综合指标（x_4）、城市生态环境综合指标（x_5）作为自变量。其中，城市化率和城市建成区面积是从人口和空间上对产业结构演变的响应，城市基础设施综合指标与城市生态环境综合指标是根据对城市交通、供水、供气及对城市园林绿化、环境卫生、"三废"污染等相关指标进行主成分分析所得的综合得分来界定的综合性指标，分别作为反映城市化在基础设施和生态环境方面发展的指标，通过这些反映城市化发展水平的不同指标，研究其对产业的消费拉动、空间集聚、基础设施和生态环境支撑对产业结构有序演变的影响。（见图4.2）

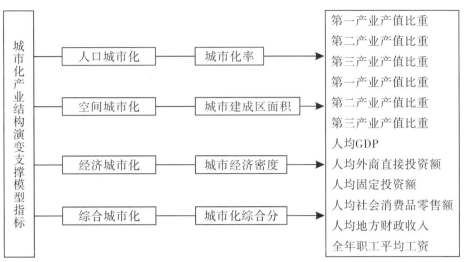

图 4.1　城市化发展的产业结构演变支撑模型指标体系

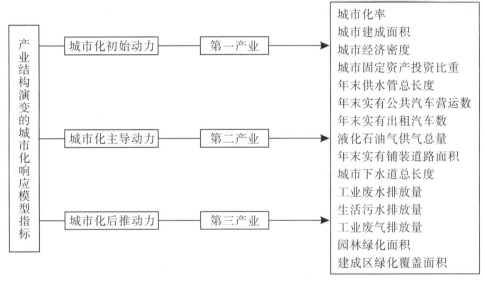

图 4.2　产业结构演变的城市化响应模型指标体系

3. 模型构建

首先，对产业结构的相关因子和城市化响应因子进行相关分析和偏相关分析，通过对相关系数以及散点图的观察，以上两个指标体系中，各因变量与自变量之间均呈现出较为显著的线性相关关系；通过进一步对产业结构的相关因子和城市化响应因子的主成分分析，根据主成分得分和贡献率大小得出分别影响城市化发展和产业结构演变的综合性指标，并进一步对各指标因子之间进行回归分析，创建回归方程。城市化发展和产业结构演变的影响因子较多，因此，本文采用的数学模型为多元线性回归分析模型，其表达式为：

$$y = a + b_1x_1 + b_2x_2 + b_3x_3 + \cdots + b_nx_n$$

上述公式中：y 为因变量的观测值，a 为常数项，b_1、b_2、$b_3\cdots b_n$ 称为 y 对应于 x_1、x_2、$x_3\cdots x_n$ 的偏回归系数。在所建立的两个模型的指标体系中（如图4.1、图4.2所示），由于各影响因子对城市化发展和产业结构演变的作用程度存在较大差异，因此，本文采用逐步回归分析方法确定进入模型的变量及相应的偏回归系数，以得到最优的回归分析方程模型。并在此基础上，通过所得出的因变量与进入模型的各自变量之间的偏相关系数分析各自变量对城市化发展和产业结构演变的影响和作用程度。

4. 模型结果分析

（1）顺德城市化产业结构演变支撑模型分析（见表4.1）。

表4.1 顺德城市化产业结构演变支撑模型

	回 归 模 型
城市化率	$y_1 = 1.351 - 0.204x_1$，$r(y_1, x_1) = 0.958$
城市建成区面积	$y_2 = 82.682 + 0.858x_6 + 2.5076 \times 10^{-4}x_7$，$r(y_2, x_6) = 0.761$，$r(y_2, x_7) = 0.940$
城市经济密度	$y_3 = 1324.153 + 7.5551 \times 10^{-3}x_9 + 3.0064 \times 10^{-3}x_{11}$，$r(y_3, x_9) = 0.975$，$r(y_3, x_{11}) = 0.778$
城市化综合分	$y_4 = 0.824 - 0.980x_1 + 1.009 \times 10^{-5}x_7$，$r(y_4, x_1) = 0.801$，$r(y_4, x_7) = 0.788$

注：四个模型均通过0.05的显著性检验，$r(y_i, x_j)$ 为因变量与自变量的偏相关系数。

1）城市化率。

在以城市化率为因变量的城市化产业结构演变支撑类型中，仅第一产业产值比重（x_1）进入了回归模型中。它与城市化率呈负相关关系，相关系数为0.958。从模型结果来看，第二产业产值比重，人均外商直接投资额及人均社会消费品零售额等变量没有进入模型，而唯一直接反映产业结构的第一产业产值比重进入模型，说明顺德工业化的发展对城市化的推动作用已经没那么突出，而第一产业产值比重下降对顺德城市化发展的拉动作用明显。另外，就业结构指标也未进入模型，说明就业结构的变化对城市化作用并不突出，就业结构变化滞后于产业结构变化，也反映出了人口、就业政策存在一定的问题，成为阻碍城市化推进的障碍性因素。

2）城市建成区面积。

在以城市建成区面积为因变量的城市化产业结构和演变支撑中，第三产业就业比重（x_6）、人均GDP（x_7）两个变量进入了模型，其中人均GDP对城市建成区面积的作用程度较高，与因变量的偏相关系数为0.940，说明经济增长是城市建成区规模扩大的主要影响因素。另外，分析被移出的变量与城市建成区面积的关系，第二产业的产值比重和第三产业就业比重，均与城市建成区面积呈现明显的正相关关系，说明产业经济发展、就业规模扩大都有利于城市的空间扩张，尤以城市的各类开发区建设最为明显，它已经成为城市空间范围扩大的主要表现形式。

3) 城市经济密度。

在以城市经济密度为因变量的城市化产业结构演变支撑模型中，人均固定资产投资额（x_9）和人均地方财政收入（x_{11}）两个变量进入了模型，偏相关系数分别为0.975和 -0.778，说明固定资产投资和地方财政收入增加对产业结构转型的拉动作用异常突出。而就业结构指标并未进入模型，并且对城市经济密度的作用程度也不高，这完全符合实际情况，因为对城市经济密度的测算主要是从城市经济总量角度来看，这与就业结构相关性并不明显，因此，就业结构指标在这里不纳入城市经济密度模型中，比较切合实际。

4) 城市化综合分。

在以城市化综合分为因变量的城市化产业结构和演变支撑中，第一产业产值比重（x_1）和人均GDP（x_7）两个变量进入了模型，两者对城市化综合分的作用程度较高。分析被移出的变量与城市化综合分的关系，第二产业的产值比重与城市化综合分呈现明显的负相关关系，说明随着第一产业和第二产业产值比重下降，第三产业产值比重上升，产业结构进一步优化，以及经济快速平稳发展都是顺德城市化发展的主要影响因素。

（2）顺德产业结构演变城市化响应模型分析。（见表4.2）

表4.2 顺德产业结构演变城市化响应模型

产业比重	回归模型
第一产业比重	$y_1 = 2.330 + 0.626x_5$, $r(y_1, x_5) = 0.974$
第二产业比重	$y_2 = 58.130 + 0.087x_2 + 19.634x_3$, $R = 0.588$, $r(y_2, x_2) = 0.243$, $r(y_2, x_3) = 0.291$
第三产业比重	$y_3 = 34.233 + 0.127x_2 - 19.456x_3$, $R = 0.666$, $r(y_3, x_2) = 0.349$, $r(y_2, x_3) = 0.294$

1) 第一产业比重。

在以第一产业产值比重为因变量的产业结构演变城市化响应模型中，生态环境综合指标（x_5）是唯一进入模型中的自变量，因变量的相关系数为0.974。这表明在第一产业产值比重变化过程中，生态城市化指标对其响应程度最为强烈。城市生态环境的好转有力推动了经济发展，最终将形成城市生态化与产业结构生态化互相促进、城市与产业共同发展的良性互动、和谐发展。另外，从第一产业产值比重与各自变量的相关系数来看，均为负值，说明第一产业产值比重与反映城市化发展的各个指标均存在一定的负相关关系，这其中尤以城市基础设施综合指标的影响最大，偏相关系数为 -0.665，这表明顺德通过加强城市的基础设施建设，进一步促进了城市经济的发展水平，由此导致第一产业产值比重随着城市经济的发展逐步降低，从另一个侧面也说明城市基础设施投资与建设也是促进城市化水平提高、拉动非农经济发展的重要支撑。

2）第二产业比重。

在以第二产业产值比重为因变量的产业结构演变城市化响应模型中，城市建成区面积（x_2）和城市固定资产投资比重（x_3）进入了最终的模型之中。其中，城市建成区面积代表了城市化在空间上变化的主要指标，反映了城市在地域推进上用地规模的变化。这一模型结果表明了随着顺德近年城市建成区面积的不断增加和城市固定资产投资比重下降，第二产业产值比重也随之减少，说明顺德产业结构调整成效显著。

3）第三产业比重。

在以第三产业产值比重为因变量的产业结构演变城市化响应模型中，城市建成区面积（x_2）和城市固定资产投资比重（x_3）两个变量进入了模型，这一结果与以第二产业产值比重为因变量的产业结构演变城市化响应模型刚好相反。模型结果表明，随着顺德近年城市建成区面积的不断增加和城市固定资产投资比重下降，第三产业产值比重也随之增加，说明顺德产业结构的转换与发展趋势良好。

（二）顺德城市化与经济增长的实证分析

1. 研究思路

从实证上检验顺德城市化发展与经济增长之间的动态关系，确定两者之间的相互作用方向以及对是否存在因果关系做出具体分析。文中主要采用2003—2013年的时间序列数据，利用EVIEWS软件，运用协整检验和格兰杰因果关系检验两种动态计量方法对顺德城市化发展与经济增长的动态效应展开分析。

2. 变量选择及数据说明

本文采用"城镇人口占总人口比重"来衡量城市化水平，这个指标简单易行，为人口学、地理学、社会学和经济学界普遍接受；采用"人均GDP"来衡量经济增长，因为人均GDP消除了人口规模的影响，用来衡量经济增长比较合理。数据来源于历年《顺德统计年鉴》及《广东省统计年鉴》。用URt表示城镇人口占总人口比重，用PGt表示人均GDP。由于2003年后顺德没有城镇人口的数据，由广东统计年鉴中得到2000年、2005年及2008—2013年的城镇人口占总人口比重，后用MATLAB中的CUBIC插值得到2003—2013年城镇人口占总人口比重。同时，为了消除可能存在的异方差，对指标进行自然对数处理，得到lnURt和lnPGt，以及它们的一阶差分，数据见表4.3。

表4.3 2003—2013年顺德人口城市化水平及人均GDP

年份	URt（%）	PGt（元）	lnURt	lnPGt	ΔlnURt	ΔlnPGt
2003	70.56	45663	4.2565	10.7290	—	—
2004	71.47	61342	4.2693	11.0242	0.0128	0.2952
2005	72.64	74212	4.2855	11.2147	0.0162	0.1905
2006	79.08	90755	4.3705	11.4159	0.0849	0.2012
2007	89.92	108896	4.4989	11.5981	0.1285	0.1822

续上表

年份	URt（%）	PGt（元）	lnURt	lnPGt	ΔlnURt	ΔlnPGt
2008	96.34	130512	4.5679	11.7792	0.0690	0.1811
2009	97.13	138264	4.5761	11.8369	0.0082	0.0577
2010	97.74	160015	4.5823	11.9830	0.0063	0.1461
2011	98.49	174855	4.5900	12.0717	0.0076	0.0887
2012	98.50	186417	4.5901	12.1357	0.0001	0.0640
2013	98.51	203946	4.5902	12.2256	0.0001	0.0899

3. 模型构建

（1）协整检验。

若两个或以上的同阶单整的非平稳时间序列的线性组合是平稳的，则这些变量之间的关系就是协整的。

1）单整检验。

在对变量 lnURt 和 lnPGt 做协整分析之前，要先确定它们的单整性。只有具有相同的单整阶数的两个变量才有可能存在协整关系。下面检验这两个变量的时间序列及它们的一阶差分是否平稳，确定两个变量的单整性。

利用 EVIEWS 6.0 对 lnURt 和 lnPGt 以及它们的一阶差分进行 ADF 检验，结果如表 4.4 所示。

表 4.4　人口城市化水平与人均 GDP 序列 ADF 检验结果

变量	ADF 检验值	临界值（1%）	临界值（5%）	结论
lnURt	−2.068065	−5.521860	−4.107833	不平稳
ΔlnURt	−7.339984	−5.835186	−4.246503	平稳
lnPGt	−1.232960	−5.521860	−4.107833	不平稳
ΔlnPGt	−4.848174	−5.521860	−4.107833	平稳

注：lnURt 和 lnPGt 都为非平稳系列，但 lnURt 和 lnPGt 同时具有一阶单整性（置信水平为95%）。

2）协整模型及检验。

本文采用 EG 检验法来检验两个变量之间的协整关系，首先用 OLS 法估计变量 lnURt 对 lnPGt 回归方程，然后检验残差项 et 是否平稳。

经检验，残差序列平稳（置信水平为95%），结果如表 4.5 所示。

表 4.5　残差的 ADF 检验结果

变量	ADF 检验值	临界值（1%）	临界值（5%）	结论
et	−3.688217	−4.420595	−3.259808	平稳

因此，lnURt 和 lnPGt 存在协整关系。

（2）格兰杰因果关系检验。

协整分析可以检验变量之间是否存在长期均衡关系，但无法确定变量之间的因果关系。下面运用格兰杰因果检验方法来检验变量之间的因果关系。

1）人口城市化与人均 GDP 序列之间的因果关系检验。

利用 EVIEWS 6.0 软件，对 lnURt 和 lnPGt 进行格兰杰因果检验，结果如表 4.6 所示。

表 4.6　人口城市化与人均 GDP 序列之间的因果关系检验结果

因果关系假定	滞后期数	F 统计值	概率
lnPGt 不是 lnURt 的格兰杰原因	1	1.09241	0.3307
lnURt 不是 lnPGt 的格兰杰原因	1	0.02814	0.8715
lnPGt 不是 lnURt 的格兰杰原因	2	3.60180	0.1275
lnURt 不是 lnPGt 的格兰杰原因	2	0.86535	0.4872
lnPGt 不是 lnURt 的格兰杰原因	3	0.36179	0.8050
lnURt 不是 lnPGt 的格兰杰原因	3	0.98975	0.6111

从表 4.6 可看出，滞后 2 期，lnPGt 不是 lnURt 的格兰杰原因的概率在 12.8%，说明人均 GDP 是人口城市化水平的格兰杰原因，即顺德经济增长对人口城市化水平提高的效应是明显的。而 lnURt 不是 lnPGt 的格兰杰原因的概率都在 48% 以上，说明人口城市化水平提高对经济增长的推动效应不够强劲。综上表明，顺德经济增长对人口城市化的效应要比人口城市化对经济增长的效应更加明显。

2）其他城市化指标与人均 GDP 序列之间的因果关系检验。

由于顺德农村人口城镇化的进程在近 10 年已达到一个相对较高的水平，在一定程度上与经济增长之间的关系没那么明显。不妨从城市建成区面积（CSt）、城市经济密度（CDt）以及城市化综合分（CIt）这三个序列与人均 GDP 序列之间进行协整检验及因果关系检验，从多个角度来说明城市化和经济发展之间的因果关系。检验过程相似，不再叙述，结果见表 4.7、表 4.8 和表 4.9。

表 4.7　城市建成区面积与人均 GDP 序列之间的因果关系检验结果

因果关系假定	滞后期数	F 统计值	概率
lnPGt 不是 lnCSt 的格兰杰原因	1	23.2814	0.0019
lnCSt 不是 lnPGt 的格兰杰原因	1	0.61530	0.4585
lnPGt 不是 lnCSt 的格兰杰原因	2	2.34221	0.2121
lnCSt 不是 lnPGt 的格兰杰原因	2	1.51049	0.3246
lnPGt 不是 lnCSt 的格兰杰原因	3	0.73986	0.6709
lnCSt 不是 lnPGt 的格兰杰原因	3	2.01343	0.4682

从表 4.7 可看出，滞后 1 期，lnPGt 不是 lnCSt 的格兰杰原因的概率在 0.19%，说明人均 GDP 是城市建成区面积的格兰杰原因，即顺德经济增长对城市建成区面积增加的

效应在短期内是明显的。滞后 2～3 期，lnPGt 不是 lnCSt 的格兰杰原因的概率从 21.2% 提高到 67.1%，说明顺德经济增长对城市建成区面积增加的影响效应随时间推移而下降。另外，lnCSt 不是 lnPGt 的格兰杰原因的概率都在 32% 以上，说明城市建成区面积增加对经济增长的推动效应不够强劲。

表 4.8　城市经济密度与人均 GDP 序列之间的因果关系检验结果

因果关系假定	滞后期数	F 统计值	概率
lnPGt 不是 lnCDt 的格兰杰原因	1	6.30032	0.0404
lnCDt 不是 lnPGt 的格兰杰原因	1	2.93844	0.1302
lnPGt 不是 lnCDt 的格兰杰原因	2	0.04790	0.9538
lnCDt 不是 lnPGt 的格兰杰原因	2	1.21939	0.3859
lnPGt 不是 lnCDt 的格兰杰原因	3	0.10514	0.9460
lnCDt 不是 lnPGt 的格兰杰原因	3	68.7697	0.0884

从表 4.8 可看出，滞后 1 期，lnPGt 不是 lnCDt 的格兰杰原因的概率在 4.04%，说明人均 GDP 是城市经济密度的格兰杰原因，即顺德经济增长对城市经济密度增加的效应在短期内是明显的。滞后 2～3 期时，lnPGt 不是 lnCDt 的格兰杰原因的概率都在 94% 以上，说明在后期顺德经济增长对城市经济密度增加的效应几乎不发挥作用。另外，滞后 1～3 期，lnCDt 不是 lnPGt 的格兰杰原因的概率都在先升后降，从 13.0% 上升到 38.6%，再下降到 8.84%，说明城市经济密度增加对经济增长的推动效应在中期不太明显，但在前期和后期都发挥了积极作用。

表 4.9　城市化综合分与人均 GDP 序列之间的因果关系检验结果

因果关系假定	滞后期数	F 统计值	概率
lnPGt 不是 lnCIt 的格兰杰原因	1	3.09063	0.1222
lnCIt 不是 lnPGt 的格兰杰原因	1	0.04930	0.8306
lnPGt 不是 lnCIt 的格兰杰原因	2	0.34443	0.7278
lnCIt 不是 lnPGt 的格兰杰原因	2	0.21190	0.8176
lnPGt 不是 lnCIt 的格兰杰原因	3	0.56701	0.7238
lnCIt 不是 lnPGt 的格兰杰原因	3	0.03858	0.9854

从表 4.9 可看出，滞后 1 期，lnPGt 不是 lnCIt 的格兰杰原因的概率在 12.2%，说明人均 GDP 是城市化综合分的格兰杰原因，即顺德经济增长对城市化综合分增加的效应在短期内是明显的。滞后 2～3 期，lnPGt 不是 lnCIt 的格兰杰原因的概率都在 72% 以上，说明顺德经济增长对城市化综合分增加的效应随时间推移而下降。另外，lnCIt 不是 lnPGt 的格兰杰原因的概率都在 81% 以上，说明城市化综合分增加对经济增长的推动效应不明显。

3）结果分析。

从实证上检验顺德城市化发展与经济增长之间的动态关系具有现实意义。

第一,根据协整检验的结果,在2003—2013年,顺德城市化和经济增长之间存在均衡关系。非平稳序列人口城市化水平和人均GDP经过一阶差分后变得平稳,均为一阶单整,两者之间的线性组合为平稳序列,存在协整关系。类似计算可得,城市建成区面积和城市经济密度分别与人均GDP存在协整关系。这些均衡关系说明,从人口、空间和产业三个层面上看,近10年来,顺德总体上不存在城市化水平明显滞后于经济增长的情况。

第二,从格兰杰因果关系检验来看,一方面,顺德经济增长对城市化水平提高的效应集中在前期。其中,滞后1期,顺德经济增长对城市化三个方面水平提高的效应明显高于城市化水平提高对经济增长的推动效应;滞后2期,顺德经济增长对人口城市化水平提高及城市建成区面积增加的效应略高于城市化水平提高对经济增长的推动效应,两者之间的因果关系不明显。另一方面,顺德总体城市化水平提高对经济增长的作用不太明显。人口城市化水平提高、城市建成区面积增加对经济增长的推动效应集中在中期,作用不太明显。原因是顺德农村人口城镇化和城市建成区面积增加的进程在近10年已达到一个相对较高的水平。然而,城市经济密度增大对经济增长的推动效应分别在前期和后期,作用明显。这说明顺德近年加快产业经济转型升级,提高经济密度,均有利于总体城市化水平提高,促进经济增长。

三、构建顺德城市化与产业协调发展的路径

(一)从专业镇经济转向城市经济

在顺德,农村城市化进程中的小城镇发展尤为突出,这种以街镇为核心的增长模式,在促进小城镇发展的同时,也带来了区一级政府宏观统筹不力、街镇"背靠背"式发展等弊端,在街镇各自为政的背景下,整个市域的城市结构框架很难说是完整的。各镇的发展最优并不能保证全区的空间效率最优,顺德的城市形象处于缺失的状态,并越来越不适应于城市竞争的需要。事实上,随着城市化的快速发展和新时期城市经济的确立,服务业特别是生产性服务将成为未来城市化的重要动力。与工业不同的是,服务业表现出明显的"中心指向"和"城市指向",只有集中在经济活动集聚的城市才能更好地发挥其作用。因此,未来的城市化将逐渐转向以城市为核心的增长,城市间的竞争日趋激烈,顺德的"街镇群"格局已不适应新时期发展的需要。跳出小城镇发展模式、以建设一个现代化大城市的目标定位日益成为顺德人的共识。毫无疑问,"城市"是顺德转型的主要方向,加快城市中心形象建立、构建统一的城市空间框架成为顺德转型期发展的重点,未来顺德的增长核心将逐步由街镇过渡到"城市"。

(二)从工业经济转向城市经济

产业是城市的基础,城市是产业的平台。不同于工业经济的是,城市经济和服务业需要大量经济活动积聚,城市才能获得发展并发挥其作用,城市经济的确立也将催生顺德的"城市"发展。事实上,缺乏一个完整的城市形象和空间框架一直是顺德发展的

障碍。在"工业立区"和"城乡一体化"格局下,由于其发展的分散,城市中心形象缺失,服务业和城市服务功能一直难以形成,从而也制约了产业的进一步高端化升级。世界经济发展的经验表明,"高度集聚"的城市化和城市经济将是现代化的强大推动力,新城带动下的增长将加速城市经济形态的形成,以适应产业结构调整和升级的需要,顺德确立了城市经济的发展方向,并逐渐改变了原有以工业园区为核心的增长模式。在这样一个背景下,谋求由"城乡一体化"向"城市化"转变、建设一个现代化城市逐渐成为顺德的战略取向。

(三) 培育城市化转型的内生动力

产业的发展与升级取决于内生发展能力的培育和可持续,而这种内生的持续发展能力涉及政府能否充分挖掘和利用本地传统的制造业优势,适时推进产业结构调整和升级,以及做出适度的战略调整、推进资源整合等。新城作为新时期政府推动服务业集聚、促进产业升级与区域转型的空间平台,其整合效应的发挥最终将有赖于顺德本地的制造业优势的充分利用以及内生动力的培育,只有根植于本地的产业基础才能避免因缺乏产业支撑而成为"空城"。

产业空间集聚的经济效应使地区间争相吸引投资和高附加值的生产活动,促使地区间竞争加剧。在生产分工越来越细化的今天,生产过程的分散并不会引起产业集聚程度的下降,总有一些具有极化效应的地点可以吸引产业活动在此集聚,这些地区通过集聚效应不断扩大规模,以增强综合竞争力。由国外发展经验来看,产业集聚是通过其知识溢出等外部性引发地区内企业提高生产效率的,以此进一步可以促进城市劳动生产率的提高,形成集聚效应来发展当地经济。

(四) 建立顺德的城市中心

集聚经济是当今世界发展的重要特征,集聚经济又分为地方化经济和城市化经济,其中,地方化经济来源于某一产业内的企业向同一地区集中,而城市化经济则来源于不同行业企业在同一地区的集中,地方化和城市化经济以及由此带来的规模效应成为经济发展和城市增长的重要因素。同时,随着全球化和区域生产垂直分离的推进,产业链开始在更大的区域范围内进行组织,低端的生产性部门倾向于分布在外围,而高端的研发部门和总部则青睐于在城市中心,在更高层次的服务业领域,强大的具有集聚与辐射功能的服务中心更是应运而生,由此进一步增强了城市中心区的吸引力。总之,从城市发展趋势来看,搭建一个产业升级和城市转型的空间平台,推动产业集聚和城市中心地位的强化对城市经济发展、现代产业体系及整体性城市空间框架的建立都将产生重大影响,并将提升城市竞争力。然而,长期以来,顺德农村城市化相对独立封闭、各自为政的发展模式,缺乏一个强大的集聚核心和服务载体是其最大的瓶颈。加快德胜新城的建设不仅有利于构建现代产业体系、推进产业高端化升级的空间载体,提升服务经济的形成和城市竞争力;同时,还将强化其中心形象和中心地位,促进顺德作为"城市"的发展,实现空间格局由街镇群向整体城市空间框架的转变。总之,在新城建设的推动下,顺德的城市化在产业发展及形态、空间格局、发展路径等方面将逐渐改变并趋于转型。

四、顺德城市化与产业协调发展的对策建议

（一）城市升级

1. 明确城市定位

城市功能定位是引导城市发展的指南针，是谋划城市中长期发展必须解答的重大课题。城市功能的合理正确定位对于一个城市的稳定、快速和可持续发展具有重要意义。顺德的城市升级不应是单纯的城市建设，而应以城市升级引领转型发展，以生态优先、适度开发、集约用地为首要准则，通过划分功能片区提升产业发展，在"全区一盘棋"的规划下，形成"一城三片区"的网络型城市发展新格局，破解"户户点火，村村冒烟"的弊病，打破镇街行政区域藩篱，集聚资源，提升区域的综合承载能力。2011年，顺德发布"城市升级五年行动计划"，从规划、建设、管理等方面制定了城市升级目标，提出用5年时间，将城市升级为富有岭南水乡特色和独特人文风情、兼容大城市产业效率和小城镇生态环境的网络型城市。根据各镇街的地理区位、产业结构、资源禀赋等将全区分片，确定各自的发展定位，使全区产业实现优势互补、联动发展；充分发挥天然河网和镇域活力优势，科学配置公共交通资源，构建中心城区和镇街都有亮点的网络型城市格局；实行城市科学化、制度化、预防式管理，提升城市管理的社会参与度和市场运作水平。

2. 打造智慧之城

2013年，住房和城乡建设部（以下简称"住建部"）公布的首批90个国家智慧城市试点名单，顺德区和乐从镇榜上有名。在新形势下推动顺德城市升级，必须转变思路，运用高科技手段为城市运营和发展提供更好的指导能力和管控能力，让城市管理变得更加智能，为居民提供一个更加健康、愉快、安全的生活环境。为此，要加快信息化与工业化深度融合，以物联网和云计算产业发展为重点，构建智慧产业体系，带动智慧城市有序全面建设，以智慧应用为导向，着力创新社会管理方式和推进智能民生事业发展，提高民众生活质量，把顺德打造成为全国智慧城市的试点示范高地。具体来说，以顺德（中国南方智谷）德胜智慧商务区为突破，以成为珠三角核心区南端重要的商务平台为定位，围绕构建"全球新一代科技创新中心"这一目标，积极推进中国南方智谷核心园区之一的德胜智慧商务区建设。以更透彻的感知、更全面的互联互通、更深入的智能化为特征，立足发达的制造业基础、依托快捷完善的交通网络，以行政、居住、高端金融和商业服务、高科技产业和生产性服务业等功能为主，秉承现代商务中心先进规划理念，积极吸引各类金融、咨询、设计、创意企业及总部基地进入，同时高标准建设行政中心、文化中心、金融中心、酒店、娱乐、餐饮、居住等配套设施，结合"三旧"改造工程，高起点、高标准规划建设德胜河两岸，将"一河两岸"打造成为顺德的文化长廊、休闲长廊、景观长廊，形成高品质城市生活带，催生新产业、新城市生活

方式，形成富有活力的城市综合体核心，以此促进产业升级和经济结构调整。

3. 产业兴城

产业是城市的生命力，是城市的根基和内核，城市是产业的载体和保障，两者相辅相成、不可偏废。城市让生活更美好，归根到底离不开经济的支撑。对顺德而言，产业发展的趋势必须实现从"工业立区"向"服务强区"的转变，要以产业升级提升城市内涵，以经济繁荣增进都市繁华。在顺德城市化进程中，城市升级不能单纯谋求建设新的中心城区，更不能因"城强产弱"等因素导致新城变"睡城"，失去城市整合资源的功能，而是要在产城互动中实现产业、城市"双升级"，从"以产促城"和"以城带产"两个维度深化"产城互动"。要引进和投资建设是对顺德发展起到引擎、示范、引领作用的重大项目，开发一批集文化、旅游、娱乐、休闲、购物、商务和居住等为一体的大型综合项目，推动顺德文化旅游及关联产业的创新发展，这对于顺德城市快速成型发展、改善顺德产业结构、提升区域形象和综合竞争力意义重大。

4. 加快高层次人才的培养和引进

大力弘扬顺商文化。依托省内外的教学资源，建设以培养本土民营企业家，提升企业发展软实力为主旨的顺商学院，与国内外知名学府合作开展集中式短期培训，联合知名培训机构举办绩效、营销、财务等能力提升训练班，建立企业老板继续学习教育新机制，推动二代企业家顺利"接班"。大力培养职业经理人，打造成职业经理人的聚集地。计划用3～5年时间，在龙腾企业、星光企业中精选培训300名民营企业家、1000名企业高级管理人员、10000名企业中层干部。出版以顺商为主题的系列丛书。

加强高端人才的引进工作。完善顺德人才入户政策，在入户管理、出入境、社会保障、子女入学、职称评聘等方面切实提供便利。深化引智工作，实施全球人才招聘制度，优化中高级人才引进政策，重点进行技术型、管理型人才团队和高级复合型人才。建立更为有效的创新分配机制，争取科技成果、专利折股、收益分成、股权奖励、股份出售、股票期权等方式对科技和管理人员进行激励。在科研项目等的经费方面给予支持和保障。

搭建国际人才互换平台。由政府选派在龙腾企业工作满3年以上的优质人才去国外同类企业实践半年以上，培育复合型、国际型高端人才。并引进相同国家的院校、企业来顺德企业实践，促进思维开阔、持续创新能力。着重在思维模式、眼界、领导力和境界上提升本地企业家的素质。

发挥本地高校人才智力支持产业发展。继续办好顺德职业技术学院和南方医科大学顺德校区，把顺德职业技术学院办成全国示范性职业学院，利用南方医科大学顺德校区的教研资源建设生物医药基地。加快推动"中山大学－卡内基梅隆大学国际联合研究院"落户顺德，为顺德培养电子与计算机领域高端人才。

(二) 产业升级

1. 进一步优化产业空间布局

构建特色突出、错位发展、分工协作、互补互促、空间集聚、布局优化的产业发展新格局，实现资源要素配置效率最大化，提高顺德区的整体竞争力，构建"高端、绿色、融合"的现代产业体系，打造"一城二核三片区"的产业空间格局，把顺德建设成为具备核心竞争力的现代产业之都。所谓"一城"，指顺德新城，重点发展高端生产生活服务业、发展总部经济和国际金融业，打造高新技术产业服务平台，建立具有国际影响力的产品交易中心和大型综合会展区；"二核"，即中国南方智谷和西部生态产业新区；"三片区"，指具有相对完整功能，内部居住、生活服务、产业和市民往来联系较为紧密的城乡发展空间，分为东部片区、北部片区、西南片区。

2. 加大产业结构调整力度

对于落后传统产业，加快采取"腾笼换鸟""退二进三"模式实施产业转移或淘汰，并引进发展先进制造业以及时尚消费、文化创意等现代服务业，促进"制造加工经济"加速向"服务经济"和"都市经济"转型；对于传统优势产业，以自主创新为动力，以信息化技术为手段，通过技术改造、研发设计、品牌提升、渠道拓展和产业链整合，促进其走上创新型、效益型、集约型、生态型发展模式。

推动传统优势产业升级步伐，加快家电、机械装备等优势产业向研究开发、技术领先、规模经营、服务创新等方向提升，引导家具、纺织服装等传统产业从制造加工环节向设计和品牌营销、供应链管理等价值链高端延伸，加快省级产业集群升级示范区和专业镇建设，推动行业并购重组，推动优势传统产业开展横向、纵向整合和跨地区、跨所有制并购重组，推动传统产业与新兴产业的深度融合、协同发展。

推动建设国家级先进装备制造业基地，加快国家级机械产业转型升级示范区建设，发挥顺德专用机械制造业的优势，积极发展以数字化、柔性化及系统集成技术为核心的智能制造装备，推动装备制造业向高端、精密、数控和成套化、重型化发展，推动环保装备、汽车制造与配件、游艇制造等高端装备制造业在顺德聚集。

3. 深化自主创新

打造"中国南方智谷"科技创新载体。加快智谷A区建设，尽快形成以高校及研究机构为载体的一批科技平台示范项目。继续完善南方智谷顶部设计，争取获得国家部委层面的支持，加强与省共建，引进世界知名科技型企业项目，推动优势科技资源的聚集。推动南方智谷B区启动区和特色园区的建设，尽快形成全球高端创新创业人才驿站、中小企业创业成长舞台，最终打造成集"创业、工作、生活、休闲"为一体的珠三角智造中心、城市科技综合体和全球新一代科技创新中心。

支持以企业为主体的技术创新。支持企业技术改造和生产设备的换代升级，支持龙腾企业建设国家级和省级企业技术中心、工程技术研究中心。支持企业由劳动密集型到资本密集型、技术密集型转变，支持龙腾企业主动承担国家、省和地方的科技攻关项目，促进科技成果的产业化，支持以企业为主体的技术创新，支持建立产业技术联盟，支持产业共性技术联合攻关，依托龙腾企业制定关键技术路线图，突破一批产业发展关键共性技术。

提升公共服务平台的服务能力。加快华南家电研究院、顺德家具研究开发院等公共服务平台的建设。深化"产、学、研"合作，引入各级各类技术平台在顺德设立服务基地，重点推进顺德中山大学太阳能光伏研究院、广东西安交通大学研究院、北京航空航天大学先进技术南方产业基地、中国科学院过程工程研究所广东纳米材料产业园等平台的建设，形成一批示范性公共技术平台。大力扶持和培育各类检测、检验、测试、鉴定等技术服务和产品质量、计量、认证和标准的技术管理服务，建设一批技术产权交易平台、科技成果与专利信息平台、检验检测认证平台和标准服务平台。

4. 大力发展现代服务业

顺德将在坚持工业立区的基础上，要全面推动"服务强区"建设，提升城市的资源整合能力。坚持承接辐射与对外辐射并重，建立差异化的特色竞争优势，以支持实体经济发展的魄力和勇气鼓励和支持现代服务业发展，大力发展顺应制造业高端延伸需求的生产性服务业，并满足不同消费层次需求的生活性服务业。以生产性服务业推动产业转型，以生活性服务业提升城市品质，整合产业优势资源，深入推进自主创新，构建战略性新兴产业和传统优势产业融合发展，现代服务业、先进制造业与现代农业协调发展的现代产业体系，全力开创产业转型的顺德模式。

参考文献

［1］顺德区人民政府．顺德区国民经济和社会发展第十二个五年规划纲要［Z］．2011．
［2］顺德区人民政府．顺德区城市升级五年行动计划［Z］．2012．
［3］顺德区人民政府．顺德区人民政府关于推动产业转型升级的实施方案（2011—2015年）［Z］．2012．
［4］崔平军．产业发展与城市化关系综述［J］．黑龙江对外经贸，2007（10）．
［5］韩峰，李玉双．城市化与产业结构优化——基于湖南省的动态计量分析［J］．南京审计学院学报，2010（10）．
［6］曾芬钰．论城市化和产业结构互动关系［J］．经济纵横，2002（10）．
［7］周彬，李震．南京城市化与产业结构变动关系研究［J］．科技与管理，2012（4）．
［8］陈立俊，王克强．中国城市化发展与产业结构关系的实证分析［J］．中国人口与资源环境，2010（3）．
［9］叶裕民．中国城市化之路［M］．北京：商务印书馆，2001．

集约利用资源 拓展发展空间
——顺德工业用地集约利用现状与对策研究

师建华 杨志学 王东山

工业是经济发展的根基,土地是经济发展的重要核心要素。近年来,随着工业发展对土地的需求日益增强,顺德土地利用与工业发展之间的制约矛盾已日益突出。据统计,2013年,顺德土地开发强度已经达到49.5%,远远超出30%的国际警戒线[①];从土地利用的质量上看,顺德同韩国、新加坡、中国台湾等国家和地区的先进工业区相比,存在较大差距。加之现阶段顺德工业生产进入"投入规模大,单位产出低,投入回报慢"的瓶颈期,产业转型升级刻不容缓。如何破解顺德有限的土地资源对未来经济发展的制约已经上升为一项我们必须面临的严峻课题。

一、顺德土地利用的现状

(一)土地总量概况

根据2012年顺德土地状况统计资料,顺德区土地总面积80656.73公顷,而且土地利用程度较高,全区已利用土地占全区总土地面积的88.94%。其中,农用地面积31706.4公顷,占土地总面积的39.31%(含耕地面积1223.93公顷,占总土地面积1.52%);建设用地面积40025.52公顷,占土地总面积的49.62%。未利用地面积8924.81公顷,占土地总面积的11.07%(见图5.1)。

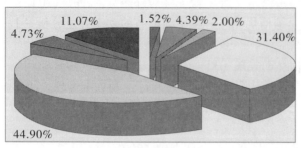

图5.1 顺德土地资源的结构分布[②]

---

① 资料来源:顺德区国土城建和水利局编制《顺德区2012年土地利用强度表》。
② 数据来源:顺德区国土城建和水利局提供《顺德区2012年土地利用现状表》。

(二) 工业用地现状

1. 工业用地规模

顺德区现有工业用地约136平方公里,约占全区总建设用地的35%;按第六次人口普查全区常住人口246万人计算,人均工业用地面积55平方米。同其他城市相比,顺德工业用地指标远超过国内工业城市和大阪等工业占比较高的国外大中城市,用地规模的继续扩张将影响城市环境的建设,用地效率的提升与现有用地的整合是顺德经济持续发展的关键。因此,为了保证城市建设品质的提升和城市发展的转型,顺德工业用地规模应采取相关措施进行合理控制和优化提升。

表5.1 顺德与部分国家(地区)工业用地规模对比①

城市	工业用地比例(%)	指数	人均工业用地面积(m^2/人)	指数
顺德(2011年)	35.00	2.3	55.0	5.5
上海市(2008年)	29.98	2.0	37.0	3.7
我国大城市	15.00	1.0	10.0	1.0
我国工业城市	25.00	1.7	25.0	2.5
美国大中城市	8.80	0.6	18.0	1.8
美国小城市	5.70	0.4	23.0	2.3
纽约	7.48	0.5	8.91	0.9
芝加哥	6.90	0.5	—	
东京都	2.64	0.2	2.55	0.3
横滨	7.34	0.5	—	
新加坡	2.40	0.2		
英国一般城市	7.00	0.5	15.2	1.5
英国工业城市	10.70	0.7	22.0	2.2
英国新城	13.90	0.9	28.2	2.8
波兰	17.20	1.1	37.0	3.7

2. 未投产工业用地情况

在现有工业用地中,已投产的工业用地面积为115平方公里,约占85%;未投产工业用地面积为21平方公里,约占15%。未投产工业用地主要包括在建工业用地和闲置工业用地,分布在各个集约工业区,其中大良五沙工业区444公顷、北滘群力围地区133公顷、陈村广隆-岗北工业区112公顷、乐从大罗-北围工业区388公顷、均安畅兴工业区162公顷、杏坛集约工业区76公顷、勒流富安工业区73公顷,这些集约工业

---

① 数据来源:顺德区发展规划和统计局编制《顺德区村级工业园区整合优化及村镇工业发展策略》。

区的未投产用地为容纳新增产业及迁并企业提供了可能。

3. 各镇街工业用地情况

从各镇街情况来看，目前工业用地规模较大的镇街为北滘、乐从、容桂、勒流、大良，其用地面积均超过15平方公里。此外，大良、乐从存在较多的未投产工业用地，用地闲置情况较为严重。

表 5.2 各镇街现状工业用地面积统计①

镇街	现状工业用地面积（公顷）		
	已投产	未投产	小计
北滘	1654	312	1966
乐从	1287	434	1721
容桂	1618	54	1672
勒流	1396	203	1599
大良	1049	493	1542
龙江	1222	114	1336
杏坛	1056	132	1188
陈村	846	164	1010
伦教	818	31	849
均安	508	172	680
合计	11454	2109	13563

（三）工业用地总产值

2011年顺德完成全部工业总产值5208亿元，按已投产工业用地115平方公里计算，地均工业总产值约45亿元/平方公里（约300万元/亩），虽略高于周边的佛山、番禺，但与深圳、广州等国内发达地区相比，仍有一定的差距，具有较大的升级潜力。

表 5.3 部分城市工业用地效率对比②

城市	工业总产值（亿元）	工业用地面积（平方公里）	单位工业用地总产值（亿元/平方公里）
深圳（2010年）	18212	293	62
广州（十区，2012年）	16126	270	60
杭州（市区，2009年）	8038	157	51

---

① 数据来源：顺德区国土城建笔水利局提供《顺德区2012年土地利用现状表》。
② 数据来源：顺德区发展规划和统计局编制《顺德区村级工业园区整合优化及村镇工业发展策略》报告第17页。

续上表

城市	工业总产值（亿元）	工业用地面积（平方公里）	单位工业用地总产值（亿元/平方公里）
顺德（2011年）	5207	115	45
佛山（2010年）	15700	398	39
番禺（2012年）	1923	67	29

二、顺德工业用地特点与问题

（一）建设用地规模大，土地后备资源缺乏

目前，顺德建设用地规模过大，建设用地指标不足，已难以承载顺德经济的可持续发展。人多地少，土地资源总量有限，后备资源严重不足，加上土地资源的开发利用相对粗放，全区土地资源日益稀缺。2012年年底土地利用数据结果显示，在顺德806.55平方公里的土地上，建设用地总量已达40025.52公顷，占土地面积的49.62%。而根据顺德2006—2020年土地利用总体规划编修方案，顺德的建设用地指标仅为352.01平方公里，这意味着顺德已提前耗尽了建设用地指标，未来10年在用地上几乎没有新的增量。随着人口的增长和经济的进一步发展，用地矛盾将越来越尖锐。

分析顺德的土地供应近年来的变化情况，会发现其走势与顺德的经济走势也呈现出正相关的关系。以2012年为例，当年工业用地供应量比上年锐减近30%，而当年也是顺德经济近年来最为困难的一年，GDP增长仅为8%，当年基本上没有大的招商引资项目上马，工业总产值同比更是出现负增长。而到了2013年，顺德经济企稳回升，当年工业用地供应量虽然比上年同期有所减少，但降幅已经收窄为11%。建设用地的增加会带动顺德经济的发展。但目前在顺德的土地存量十分有限的情况下，仅依靠增加建设用地来刺激经济增长已不具备可持续性。走"内涵式"土地发展战略，成为顺德经济走出发展瓶颈的重要选择。

（二）土地利用效益低，利用方式比较粗放

改革开放之后，顺德又逐渐形成了"市－镇（街）－村"的分权体系，并建立了以镇（街）为导向的财政分配体制。该制度极大地激励了镇一级政府和各村集体的生产积极性，让顺德出现了村、镇（街）两级工业区齐头并进发展的格局。这种分散的工业布局形成了"村村点火、户户冒烟"的态势，也成为今日顺德工业用地利用粗放、空间无序的根源。

20世纪90年代推行企业产权改革之后，为促进工业用地的集中发展，顺德开始推动建设集约工业区，每个镇街各自建设了1~2个集约工业区，镇域经济迅速扩张，开始涌现北滘、容桂等制造业发达的小城镇。但这种努力并没有彻底扭转当年留下的土地粗放利用的问题。顺德区大多数工业区及相对集中的村级工业点都是1995—2005年顺

德工业快速发展时期的产物，总体而言，工业用地空间星罗棋布。而2005年以后，受土地资源的制约，顺德工业用地增长逐渐放缓。分散的工业用地给城市环境和城市形象的塑造带来了较大的压力。

（三）工业用地分布不平衡，土地浪费明显

从各镇街情况来看，目前工业用地规模较大的镇街为北滘、乐从、容桂、勒流、大良，其用地面积均超过15平方公里。其中，北滘镇拥有1654公顷工业用地，均安的工业用地最少，仅有508公顷，不足北滘的1/3。而且，上述工业用地大部分掌握在村居手中。统计显示，顺德镇级以上工业区用地约38平方公里，占全区工业用地比例约38%；村级工业点用地约72平方公里，占全区工业用地比例约62%。

东高西低：相对而言，勒流及105国道沿线镇街工业用地集中程度相对较高。从产值分布来看，工业区总产值呈现"东高西低"的现象。总产值大于100亿元的工业区主要分布在东部105国道沿线，总产值小于20亿元的工业区或点则散布于中部或西部地区。从镇街分布看，北滘镇地均工业产值最高，达每亩634万元；而以商贸业著称的乐从镇地均产值最低，每亩只有26万元，二者约相差24倍。

两极分化：顺德利用23%的工业用地创造了74%的产值。根据调查，工业用地地均总产值大于45亿元/平方公里（全区平均水平）的工业区/点共计26平方公里（占比约23%），其工业总产值达到3866亿元（占比74%），地均工业总产值高达149亿元/平方公里；相应地，工业用地地均总产值小于45亿元/平方公里的工业区/点共计约89平方公里（占比约77%），其工业总产值仅1342亿元（占比26%），地均工业总产值仅15亿元/平方公里，远低于全区平均水平。

另外，相对于村级工业区，镇级以上工业区效率较高。镇级以上工业区用地面积为38平方公里，产值2713亿元，地均总产值约71亿元/平方公里；村级工业区用地面积77平方公里，产值2495亿元，地均总产值仅32亿元/平方公里，不到镇级工业区的一半。

（四）资源紧张，高新企业带动作用不强

单纯的土地投入，已不能明显带动经济增长，而技术进步和科技创新是经济增长的主要动力。若土地不能与技术创新、人才、有技能的劳动力相协调，土地投入还有可能带来经济的负增长。高新科技企业往往有着占地少、产值高、附加值高、发展前景好等特点，对本地的转型升级起着关键作用。

从表5.4的数据可看出，顺德高新科技企业数量和产值的绝对值上落后于深圳、广州甚至江苏的昆山，说明顺德的高新技术产业带动和引领作用不强，新兴产业孕育缓慢，"领头羊"作用没能凸显。

表 5.4　顺德与国内部分地区 2013 年高新技术产品产值对比一览[①]

地区	高新技术企业数	高新技术产品产值	占规模以上工业总产值比例	R&D 与 GDP 比重
顺德	220 家	2850 亿元	52%	3%
深圳	2800 家	14000 亿元	63%	3.81%
广州	1389 家	7443.4 亿元	42%	2.27%
江阴	333 家	2229.1 亿元	36.3%	2.5%
昆山	559 家	13183.04 亿元	43.4%	2.2%

注：以上数据来自于各地统计公报或政府报告。

（五）土地产权较复杂，集体用地流转困难

顺德在"村村点火、户户冒烟"的模式下，顺德村集体用地被划分成为无数个小型地块，每个企业从事的行业、发展的水平不同，同时，集体工业用地存在着用地手续不全、牵涉村民利益、租期过长等多种问题，特别是大量集体流转用地由于权属复杂，存在大量长租和流转情况。

数据显示，顺德全区国有工业用地约 46 平方公里，占比 40%；集体工业用地约 69 平方公里，占比 60%。其中，集体流转用地约 19 平方公里，集体出租用地约 50 平方公里；集体出租工业用地短租情况较少，这种结构进一步放大了整合升级的难度。

三、顺德土地利用的对策建议

（一）激发土地活力，拓展发展空间

顺德地少人多，土地资源紧缺，因而其对土地集约和合理利用问题一直高度重视，并采取积极措施提高土地资源的利用率。尤其是工业用地业集约利用措施可概括为 16 个字："挖潜存量，立体发展，设立门槛，创新制度。"

存量挖潜。存量挖潜是指在土地利用过程中，充分挖掘存量土地供给，并以存量土地的数量作为判断本区能否新增建设用地供给新产业进驻与原有产业规模扩大，以及新增建设用地数量的依据。

第一，重点清理存量土地。各镇街要将清理存量土地作为该区土地集约利用的重点，并对闲置土地管理进行详细的规定，以遏制土地闲置状况的发生。

第二，充分挖掘区内工业存量建设用地。顺德区工业存量用地集约利用的潜力很大，目前量大、面广的工业存量建设用地是可以挖潜的最大一笔"沉睡的资产"，也是优势所在。对此，一是鼓励企业挖潜，提高存量用地效率。充分利用各种手段激励企业利用存量用地进行项目建设，或者采取厂房加层等方法提高建筑容积率。二是完善土地市场制度，激发企业盘活存量资产的积极性。通过简化手续、实施税收减免等措施，鼓

[①] 数据来源：各地统计公报，政府工作报告和"十二五"发展规划。

励企业通过兼并、收购、合并等方式取得存量土地或厂房。

另外,加强增量土地管理,从源头上提高工业企业建设用地的利用效率。该区新增建设用地计划指标,重点支持西部生态产业园、南方智谷、顺德新城等重大建设项目及重点民生工程和基础设施建设,其他建设项目原则上必须使用增减挂钩计划指标,以此提高土地资源节约、集约利用水平。

第三,加大力度处置闲置土地。按照"以用为先、依法进行、分类处理、集约利用"的工作原则,尽快制定处置闲置土地工作方案,建立多部门联动协作的合力工作机制,对全市闲置土地进行集中处理。

第四,整合利用废弃地。这部分土地资源,非常宝贵。一是搞好规划,整合资源。在新一轮土地利用总体规划和城市规划的框架下,做好新的工业集聚区规划,整合土地资源,引导和鼓励用地企业连片开发。二是对难以单独利用的零星用地,由规划部门科学规划,通过采取一些激励性政策,引导周边业主追加投资、协同开发。三是对符合规划要求,经批准的具有一定规模的工业集聚区和小企业创业基地,特别是在废弃地整理取得建设用地基础上建设的工业集聚区,给予相应的开发优惠政策鼓励。

立体发展。挖掘存量土地可增加平面意义上的土地面积,而对空间的利用则扩大了空间维度面积。较为普遍的做法是实施立体发展策略,集中建设高标准多层厂房,除因生产工艺特殊要求外,原则上禁止建设单层厂房,以提高土地利用容积率。对部分行业用地的容积率争取规定硬性标准,同时附以一系列优惠政策,以鼓励用地者集约用地的主动性和积极性。

门槛控制。门槛控制是指为提高工业用地利用的集约程度,实现开发区形成经济增长点和技术梯度转移点的目的,根据顺德实际情况设立产业门槛和投资门槛。产业门槛筛选是看企业类型是否符合顺德区产业发展规划;投资门槛筛选则是将企业的投资强度、产业聚集和产业升级作为重要条件进行筛选,实施"招商选资",并决定其能否入驻及入驻后能否单独供地。对区内原有企业,通过政策引导,推动产业的梯度转移,有计划地把那些投资强度低、粗放利用土地、高能耗、有污染的纯加工企业转移出去,腾出空间,用于引进高产出、高附加值型企业,发展更高层次的产业。

制度创新。制度创新是指通过对"软"的管理要素的创新来提高土地利用效率,达到物理集约措施所不能达到的目的。土地集约利用过程中业已出现的新制度包括招商制度的创新和考核制度的创新。前者将创新重点集中在已有企业的增资扩股上,后者则改单纯的数量考核(合同外资量和到位外资数量)为综合考核。

(二)节约集约用地,发展新型产业

1. 向产业转移要空间

积极鼓励企业"走出去",是拓展发展空间的重要一环,也完全符合产业发展的基本规律。该区目前有相当数量的落后产业,严重制约着产业转型升级的步伐,而且这部分产业的土地利用效率非常低。

因此,建议通过提高清洁生产标准、返还部分转移后盘活土地的收益鼓励落后产业向外转移，生产环节向资源、能源市场相对丰富的地区转移。同时，发展高技术、高附加值的产业。另外，对中心城区内的部分企业也要逐步实施布局调整、搬迁改造，采取倒逼的政策机制，促其搬迁，腾出空间发展现代服务业和高新技术产业。

2. 向淘汰落后产能要空间

积极用好税收金融政策，加大对淘汰落后产能的支持力度，对按期淘汰落后产能的要实施必要的奖励；对通过技术改造向国家支持的相关行业转移的，在项目立项、信贷税收等方面给予积极支持等。

3. 向循环经济要空间

循环经济不仅有利于提高能源、原材料的利用效率，也是切实减少污染排放、缓解节能减排压力、拓展经济发展空间的一条重要途径。发展循环经济的核心是推行清洁生产，将污染预防原则应用于生产全过程，通过不断改善管理和技术进步，提高资源利用率，减少污染物排放，从源头上降低生产和服务对环境的危害。

4. 向增量等量淘汰要空间

坚决控制高耗能、高排放的新上项目。新上项目实行等量、超量淘汰制度，对新增污染物排放量项目，必须在完成减排计划任务之外，再累计削减一定比例的同类污染物排放量。同时，要充分借助市场手段，减少现有企业的污染排放。要提高排污费征收标准，落实超标准耗能加价制度，提高企业的排污和耗能成本，督促企业加大节能减排力度；通过加大对节能降耗和治污减排的奖励力度，激励企业自觉采取措施节能减排。

5. 向结构调整要空间

一方面，加强产业结构调整。着力提高产业发展的技术水平，大规模加快企业技术改造步伐，通过技术改造实现内涵式提升；要将结构调整与节能减排、淘汰落后产能、促进产业转移等有机结合起来，同提高企业的技术标准和工艺水平结合起来，促进产业升级。通过"2"①改"2"，充分发挥产业孵化器作用，提升产出率；通过"2"改"2.5"②，引入电商、工业设计、生产性服务业，用地少，产出高，打造创新型城市经济。目前形势下，限制"2"改"3"③，以避免工业用地流失。

另一方面，加快工业用地的升级改造。在提升工业结构的同时，促进落后企业土地流转，拓展环境容量空间，提高经济发展的集约度，这是问题的关键所在。完善工业用地公开出让制度。根据《顺德城乡土地生态利用制度综合改革试点实施意见和分工方案》的要求，建立城乡统一的工业用地公开出让平台，将投资强度、产业聚集、产业升级作为重要条件，实施"招商选资"。制定相关的财税支持政策。为配合工业用地的升

---

① 2 指生产加工业，即工业，如制造业、建筑业等。
② 2.5 指生产性服务行业，即保持工业生产过程的连续性、促进工业技术进步、产业升级和提高生产效率、提供保障服务的服务行业。
③ 3 指不生产物质产品的行业，即服务业。这里特指生活性服务行业。

级改造，应研究制定鼓励不符合发展要求的工业企业搬迁、淘汰财税优惠及支持政策，加快村级工业园区的升级改造。

（三）建全土地制度，完善推出机制

1. 完善土地推出制度

根据《顺德区经济和社会发展规划》和《顺德区土地规划》的要求，制定完善的工业用地招标、拍卖、挂牌的标准规范，比如，土地用途、地块大小、投资强度、容积率、密度、产出率、开发周期以及对社会经济的影响，应综合考虑土地招标条件，不以投标价格高低为取舍标准。同时，明确投标单位或企业应具备的资质和条件。另外，土地推出途径应多样化，电子政务网站、互联网、各种媒体、新闻发布会等渠道，保证土地推出信息的广泛传播，让有条件的单位获得投标机会。

2. 完善土地使用审批制度

在土地使用审批过程中，应成立土地招标专家审核小组。专家成员可来自不同行业或不同部门，具有一定的社会代表性，以保证土地审批的公平、公正。专家审核应经过充分的论证，超过2/3的专家认可才能进入终审环节。终审成员由决策者和相关权威专家组成，一般2～3人即可。严格执行土地使用审批程序和保密原则，避免人为因素影响土地使用审批的公正性。

3. 创新村级工业区管理体系

针对村级工业用地转租情况严重导致工业用地价格高企的情况，建议取消其组织上独立存在的资格，将其划归到相近的集约工业区统一管理，作为隶属于该集约工业区的子工业区。这样一来，对于保留发展和升级改造的村级工业区来说，能够对其进行更为科学的统一管理；而对于控制发展的村级工业区来说，该种处理方式虽然暂时没有达到空间集中的目的，但取得了组织上的集中，对未来空间上的集中是具有重大意义的。

另外，要实现工业用地的空间集中，就必须突破各村行政壁垒，使得用地空间与用地收益脱离，在镇街及更高层面上实现工业用地的空间集聚，实现由"村域经济为主导"向"镇域经济为主导"的增长模式转变。农村集体工业用地指标应在镇街范围内平衡，实现跨村域的全镇街集体经济用地集中开发，但仍保持"集体收租、企业赚利、政府收税"的三层利益分配格局，可以考虑各集体经济组织以土地面积所占比例进行租金分红。该种经济模式既调动了村集体参与工业化的积极性，保证了基层单位的经济活力，又将规划控制权提升到镇一级，增强了政府的宏观调控能力。

4. 完善土地管理制度

加大土地使用的执行力度。成立土地使用执行小组，对获得土地使用权的单位应提交开工建设计划安排，并由土地使用执行小组对其进行定期检查督办。土地执行小组不但在土地基础建设期进行督办与检查，而且对项目建成后的土地使用指标也要监督与控制，比如产出率、产业孵化、社会经济环境影响等。在项目运行过程中，对不符合土地设计与社会经济发展要求的项目，导入项目退出程序。建立土地的项目使用数据库管理系统，以储存土地使用情况的动态资料，便于科学管理与监督。同时，土地使用的动态情况应及时向社会公开，获得社会监督，以提高土地使用的效率和效果。此外，建立土地使用奖罚制度。对符合土地经济设计要求的项目进行一定的奖励，否则给予惩罚。奖励方式如减免税费、延长出让年限、政策鼓励等。

5. 完善土地使用退出机制

对高污染、高排放和产能过剩项目用地或企业原因导致低效利用的土地，通过政府回购、项目置换等方式，收回土地使用权，开展再利用、重新出让或安排新建项目，以此提高顺德区用地开发利用水平。

（四）设计利益盘活机制，允许土地增值收益共享

在传统的盘活模式中，政府利用土地收储制度垄断了土地增值收益，这样的方式忽略了原产权人本应享有的土地发展权，导致公平和效率的缺失，在实践中越来越难取得原产权人的合作。因此，大部分城市政策在此方面有所突破，通过设计不同的利益分配机制，旨在允许原产权人共享土地增值收益，以激励其盘活意愿。土地增值收益在政府和原产权人之间进行共享，体现利益分配机制的公平性，同时也提高了土地盘活工作的效率，这也将是未来城市存量土地盘活政策制定的基本方向。

四、结语

本研究的实践意义在于体现顺德区经济高速发展下土地集约利用存在的问题，希望未来能深入探讨区域产业结构调整与土地集约利用的互动影响机理。总结顺德经验，探索深度挖掘土地资源潜力、节约集约用地，通过推进"三旧"改造，促使土地政策改革，推动产业结构优化升级。

参考文献

[1] 顾颖敏，周浩，黄朝禧. 武汉市低碳经济发展和土地集约利用的耦合关系研究 [J]. 国土资源科技管理，2013（2）：35-39.

[2] 顺德区国土城建和水利局. 顺德区2013年土地利用现状表 [EB/OL]. （2014-08-27）[2015-10-09]. http：//js. shunde. gov. cn/data/main. php?id=2467-7190411.

[3] 顺德区发展规划和统计局. 2013年顺德统计年鉴 [EB/OL]. （2013-06-18）[2015-10-09]. http：//sg. shunde. gov. cn/page. php?Sid=10&Tid=2&Fid=1.

[4] 昆山统计信息网. 经济运行平稳，转型升级加快——2011年昆山经济运行分析 [EB/OL]. （2012-02-15）[2015-10-09]. http：//www. kstj. gov. cn/page. aspx?SysID=20122151330005432888209.

经济篇

经济发达地区能源消耗调查与节能对策研究

——以佛山市顺德区为例

安静　杨志学　吕顺

一、研究背景

能源是人类生存、社会进步与经济发展不可或缺的重要物质基础，对于经济社会发展和人民生活水平的提高具有显著的推动作用。党的十八大报告中提出了"推动能源生产和消费革命，控制能源消费总量，加强节能降耗"的具体要求，为能源企业推进生态文明建设指明了方向。

广东顺德作为全国十强县之一，是珠江三角洲经济大走廊的重要区域之一。2012年的国内生产总值达2338.79亿元，顺德经济正步入工业化中后期，处于轻、重工业并举阶段，工业占据经济增长的主要地位，2012年，顺德能源消费总量达到了993万吨标准煤，单位GDP能耗为0.4吨标准煤/万元。大量的能源消耗伴随着严重的环境污染和生态危机。但是，目前顺德的产业结构比较单一、产业延伸不足、服务业比重偏低，并且增长缓慢态势的问题依然比较突出。顺德的能源需求，尤其是电力需求随着经济的发展而不断增加，能源供需失衡、基础设施建设滞后、高消耗低产出、环境污染加剧等矛盾突出。

因此，要制定科学合理的区域能源政策与产业政策，就必须密切结合顺德地区经济发展的实际情况，对顺德区能源消耗状况进行深入研究，旨在为准确判断和预测顺德经济运行形势，制定科学的能源发展规划与产业政策，促进区域经济的可持续发展，在降低能源消耗，促进产业结构调整和推动经济增长等方面为政府提供决策参考，为顺德区发展规划的编制和实施提供支撑和依据，同时，也为其他地区制定相关政策提供决策参考。

二、调研过程

（一）调研对象

为了便于了解顺德区能源消耗的真实情况，课题组组织调查团队于2013年5月至7

月共 3 个月的时间内,发动了 200 余名师生,深入顺德 10 个镇街,以 500 多位居民户和 100 多家规模企业为主要调查对象,采用走访、问卷、现场采访、人员介绍、个别交谈、亲临实践、书报刊物、统计报表等多种调查方法,收集了顺德 10 个镇街的 100 多家规模以上企业历年的经济数据与工业用电数据,以及顺德 500 户居民家庭用电消费的数据,掌握了顺德规模企业和居民家庭能源消耗的真实情况,同时,还结合相关研究主题开展座谈访问。本次调查共收回有效问卷 500 份,调查结束后,课题组组建了调查数据录入小组,对有效的调查数据进行汇总整理,并利用数据处理软件 STATA 对数据进行了统计分析。

(二) 调研程序

(1) 2013 年 5 月 1 日至 2013 年 6 月 1 日:确定课题框架、课题研究资料准备,针对顺德区能源消耗的特点,在预调研的基础上形成调查问卷。

(2) 2013 年 6 月 1 日至 2013 年 7 月 15 日:组织学生深入顺德 10 个镇街的 5000 个居民家庭和 100 多家企业进行问卷调查。同时,各子项目参与人结合顺德区经济促进局和顺德区规划统计局提供的相关数据及研究主题进行资料的收集与整理。

(3) 2013 年 7 月 15 日至 2013 年 8 月 1 日:各参与者根据自己的研究主题,结合调研资料及相关数据,在进行统计归纳和分析的基础上,运用多元回归模型和灰色关联模型对相关的数据进行分析,并撰写子项目调研报告。

(4) 2013 年 8 月 1 日至 2014 年 9 月 1 日:讨论并完成各子项目分报告。同时,撰写项目总报告,邀请相关教授专家对报告进行评价,并根据专家意见修改调研报告。

(5) 2013 年 9 月 1 日至 2013 年 9 月 30 日:进一步修改完善调研报告并提交报告终稿。

三、顺德区能源消耗状况调查分析

(一) 顺德能源消耗的基本构成

目前,顺德的能源构成主要有电力、石油及成品油、原煤及煤炭制品、液化石油气、热力等 9 种。如图 6.1 所示,2011 年顺德区能源消耗总量达到 96.33 亿吨标准煤,其中电力消耗占能源总消耗的 42.65%,排第一位;其次是石油及成品油消耗占能源总消耗的 38.91%,排第二位;焦炭、其他石油制品等其他能源占总耗能的比重不足 1%。可以看出,顺德目前的能源消耗以电力为主。

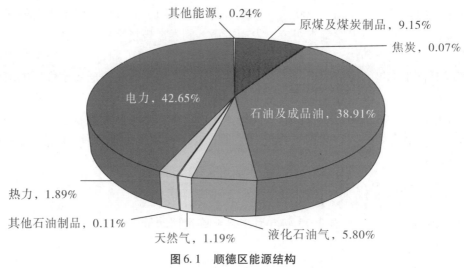

图 6.1　顺德区能源结构

数据来源：顺德区经济和科技促进局。

（二）顺德电力能源消耗的基本情况

1. 顺德电力消耗以大工业用电居首，对电力的需求增加

能源消费结构是指电力消耗占能源总消耗的比重，主要反映在能源消耗中电力消耗所占的地位。从图 6.2 可以看出，2005—2012 年，顺德区电力总消耗占能源总消耗的比重从 2005 年的 51.68% 下降到 2012 年的 49.56%，总的趋势是不断下降的；而从顺德区能源消耗结构曲线的变化可以看出，虽然总的趋势是不断下降的，但顺德能源结构中电力消耗占总能源消耗的比重仍然较大，而且变化相对平稳。

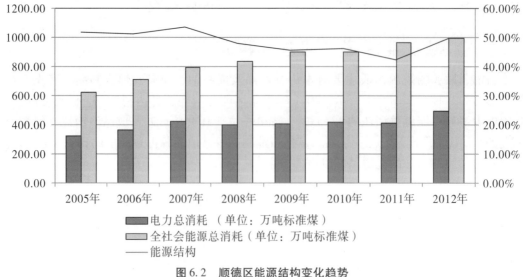

图 6.2　顺德区能源结构变化趋势

数据来源：顺德区经济和科技促进局。

顺德区的电力供应主要由省网电和地方电构成。2012年，全区社会累计用电量142.72亿千瓦时，同比增长3.28%。其中大工业用电量居首，占用电总量的48%。第一、三产业和居民用电量增长迅速，住宅、农业和商业用电量增长较大，分别为16%、3%和9%（见图6.3）。受到世界金融危机和国内经济放缓的影响，大工业出现负增长，增长率为-1.37%。这反映出目前顺德区制造业开工不足，用电量下降而商业用电（含服务业）则有相对稳定的增长。

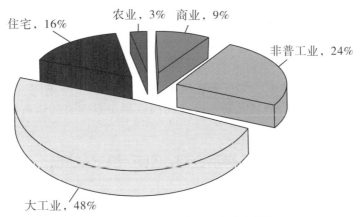

图6.3　2012年顺德区用电分类结构

数据来源：顺德区经济和科技促进局。

顺德区的商业用电占总用电的比例维持在5%～6%之间，说明在用电结构中，商业用电所占比重很小，主要还是工业用电。在工业用电与商业用电的比重方面，从图6.4可以看出，2009—2012年，顺德区工业用电量占全区总用电量的比值达到60%～70%，从变化趋势反映工业用电量占总用电量的比例逐年下降，从2009年的69.28%下降到2012年的66.55%（2010年略有上升）。这反映出随着顺德产业结构的调整，第三产业迅速发展，对电力的需求量在不断增加。

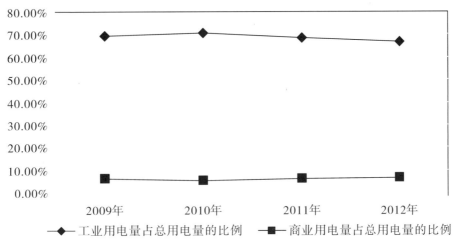

图6.4　顺德工业用电与商业用电比重变化

数据来源：顺德区经济和科技促进局。

2. 电力需求的增加，导致电力供需矛盾突出

近年来，由于顺德区经济持续在高位增长，导致电力消耗量居高不下，耗电量的年平均增长率一直保持在6%以上，用电负荷激增。自2004年以来，用电最高负荷连年增加，电力供需矛盾越来越突出，到2006年上半年，供需矛盾达到了顶点，电力负荷缺口一度超过40万千瓦。负荷紧张时，客户需安排每周错峰用电3～4天，错峰力度比佛山其他地区都要大。

近年来，顺德共投入了超过60亿元进行电网建设，有效地缓解了电力供应"卡脖子"的情况。但2011年全省受到西部干旱、电源不足的影响，顺德区出现了30万千瓦的最大负荷缺口，企业生产受到影响。2006年，顺德的用电负荷仅为168.9万千瓦，2010年已增长到242.9万千瓦，累计增长达43.8%。"十二五"期间，全社会对电力的需求仍然保持着较为旺盛的增长态势，快速的用电增量对现有的供电能力形成了巨大压力。

3. 电力设施薄弱、电网结构不合理，引起结构性缺电

受国家调控政策影响，区域内多个地方小电厂被关停，网供电目前是顺德电力供应的主要来源。同时，在全省统一调度的模式下，地区的用电状况对大电网的依赖性更强，而本地电力调节能力弱化。对本地区而言电力设施的不完善，也是造成局部"卡脖子""窝电"的重要因素。如顺德区与南海区相比，2012年顺德区最高用电负荷为269万kW，220 kV变电容量容载比1.44，低于南方电网的设计导则1.6～1.9的要求；110kV变电容量容载比1.96。而同期南海区2012年最高用电负荷335万kV，220 kV变电站11座，容载比1.73；110 kV变电站57座，容载比2.2，反映出顺德区的电网规模明显落后。

从电网建设的投资总额来看，2011年昆山市电网建设投资11.6亿元，南海区电网建设投资9.67亿元，而顺德电网建设投资10.8亿元，仅为昆山的93%，略高于南海。随着经济形势的变化和本地区产业转型升级的需要，以及一批大项目如乐从钢铁世界、浦项、梅赛尔以及"三旧"改造项目的陆续上马，用电需求仍将十分旺盛，因此，顺德仍需加大电网建设的投资力度，逐步为广大市民构筑起一张坚强、可靠的电网。

（三）顺德能源消耗对经济增长的影响分析

为了科学合理地了解和掌握顺德区能源消耗与经济增长的关联变化，根据调研得到的能源和经济运行数据，利用灰色关联模型和多元回归模型，从相关性、供求关系、经济影响力、变化趋势等四个方面进行比对分析，分析结果如下。

1. 能源消耗与经济增长相关性较强，能源的总体利用效率高

电力消耗弹性系数是研究电力消耗量增长与国内生产总量增长之间关系的指标，是

观察电力消耗增长与经济增长之间关系的宏观性指标。① 电力消耗弹性系数越大,意味着经济增长利用电力效率越低,反之则越高。

表6.1　顺德电力消耗弹性系数

年份	能源消费年均增长率	国民经济年均增长率	电力消费弹性系数	能源消费弹性系数
2006	14.70%	23.90%	0.57	0.62
2007	12.77%	22.70%	0.65	0.56
2008	10.16%	22.29%	0.33	0.46
2009	9.57%	19.28%	0.32	0.50
2010	7.68%	18.78%	0.28	0.41
2011	7.54%	17.34%	0.24	0.44
2012	6.90%	16.05%	0.39	0.43

数据来源:顺德区经济和科技促进局。

如表6.1所示,2006—2012年间的电力消耗弹性系数,除了2007年略有上升外,其余年份该系数一直都在平稳下降,并且均小于1。可以看出,顺德区电力消耗增长率远低于顺德经济的增长率。这说明随着能源价格的上涨、科学技术的进步,管理的改善以及第三产业的发展,顺德经济增长利用电力的效率较高,能耗在不断下降。②

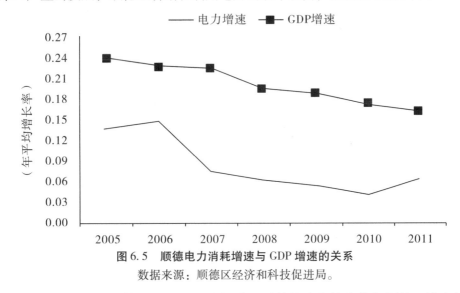

图6.5　顺德电力消耗增速与GDP增速的关系
数据来源:顺德区经济和科技促进局。

如图6.5所示,从总体上看,电力消耗弹性系数的阶段性变化与顺德经济发展的阶段性基本保持一致。GDP增速与电力消耗增速存在基本一致的波动周期,电力消耗与经

---

① 电力消耗弹性系数=电力消耗年增长率/国内生产总值年增长率。该系数小于1表明电力消耗增长率低于国内生产总值增长率,大于1表明电力增长率高于国内生产总值增长率。

② 根据《佛山市顺德区生态区建设规划(2012—2020)》(征求意见稿),顺德区在2012年的单位GDP能耗为0.57,已经达到上级的指标要求,多元回归模型的自变量x_1、x_2分别为电力消耗量和其他能源消耗量,因变量为GDP。

济增长具有较强的相关性。

2. 经济增长与能源消耗正相关，电力是推动经济发展的主动力

根据顺德区国内生产总值（GDP）与电力及其他能源消耗进行多元回归分析。[①] 结果见表6.2。当回归分析[②]中的判定系数（Adjusted R Square）为0.934736，说明GDP的变动中，93.48%的部分可以由电力消耗的作用来解释。回归方程显著性水平很高，GDP与电力消耗和其他能源消耗两个变量之间的线性关系是显著的。

表6.2 模型回归结果

	df	Multiple R	R Square	Adjusted R Square	Significance F
回归分析	2	0.976413	0.953383	0.934736	0.000469
回归系数	Coefficients	标准误差	t Stat	P-value	—
Intercept	-1850.28	438.8538	-4.21616	0.008359	—
电力总消耗	3.765971	1.457592	2.583693	0.049211	—
其他能源消耗	4.402238	0.810436	5.431938	0.002867	—

数据来源：顺德区经济和科技促进局。

可以看出，GDP与电力消耗和其他能源消耗呈正向变动关系。具体地说，电力消耗每增加1万吨标准煤，将使本年度GDP增加3.766亿元产值；而其他能源消耗每增加1万吨标准煤，将使本年度GDP增加4.4022亿元产值。

3. 第二产业与经济增长的关系密切，能源效率仍有改善空间

顺德正在从工业大区走向工业与服务业并重的城市发展道路。一直以来，顺德以第二、第三产业为其主导产业，尤其是第二产业。从产业结构方面看，第二产业与经济增长之间的关系最为密切，对顺德经济增长的影响也较为稳定，在经济发展中起着稳定器的作用。第三产业与经济增长的紧密度仅次于第二产业，正在稳步发展。

表6.3 顺德区经济增长影响因素的灰色关联系数[③]

	紧密程度
第一产业比值	0.625
第二产业比值	0.715
第三产业比值	0.694

---

① 在研究中，回归模型共计算两次，第一次得到的多元回归方程通过了F检验，但未通过t检验，主要原因在于x_1、x_2''存在多重共线性，因此对多元回归模型进行了调整。以下为第二次计算的结果。

② 回归分析是确定两种或两种以上变数间相互依赖的定量关系的一种统计分析方法，计算结果详见附录。

③ 说明：灰色关联分析的参考序列为GDP，比较序列为：第一产业、第二产业、第三产业、电力消耗总量、能源消耗总量、单位能耗、能源消费结构；单位能耗的计量单位为万吨标准煤/亿元，该指标越小越好；能源消耗结构是指电力在总能源中所占的比重。

续上表

	紧密程度
电力消耗总量	0.731
能源消耗总量	0.684
能源利用效率	0.652
能源消耗结构	0.728

数据来源：历年顺德统计年鉴。

从表 6.3 中的关联度排序可以看出，7 个变量序列中与经济增长关系关联度最大的是电力消耗总量，其次为能源消费结构、第二产业比值。这说明顺德的经济增长属于能源消费驱动型，能源消费总量的增加比能源利用效率的提高更能促进经济增长；与经济增长关联度较高的是第二产业占国民经济比值和能源消费结构，显示出第二产业是顺德的支柱产业，也是能源消耗最大的产业，今后要加快顺德经济发展必须率先从改善能源利用效率和调整产业升级开始。

从能源消费方面看，电力消耗总量、能源消费结构与经济增长的综合关联程度达到 0.731 和 0.728，显示出他们与经济增长存在显著的正相关关系。电力是顺德经济增长的一个主要能源，对经济的增长有着突出的贡献。能源利用效率的关联序在七大影响因素中排第六，说明顺德的能源利用效率仍有改善和提高的空间。

四、顺德规模企业能源消耗状况调查分析

（一）规模企业能耗下降，能源利用效率有所改善

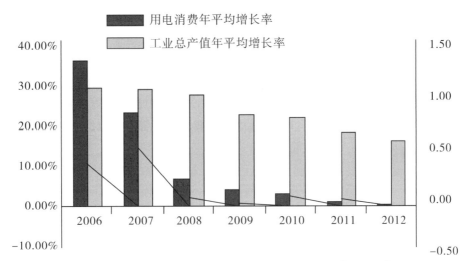

图 6.6　顺德区规模以上企业 2006—2012 年电力消费弹性系数
数据来源：顺德区经济和科技促进局。

图 6.6 反映 2006—2012 年间，顺德区规模以上企业的电力消耗年平均增长率、工

业总产值年平均增长率和电力消耗弹性系数的变化情况。2006年以来,顺德区规模以上企业的电力消耗弹性波动幅度较大,特别是在2007年和2008年,此后的几年里,呈平缓下降趋势。2012年电力消耗弹性系数下降至-0.03,说明经济增长速度高过电力增长速度。[1] 2006年以来的数据表明,电力消耗弹性系数的阶段性变化与顺德经济发展的阶段性基本保持一致。工业总产值的增速与电力消耗增速存在基本一致的波动周期,电力消耗与经济增长具有较强的相关性。但电力消耗弹性系数波动性很大,电力消耗与经济增长同向但并不同步。工业总产值的增长率从28.55%下降到15.28%,而电力消耗的年平均增长率从2006年的35.08%大幅度下降到2012年的-0.53%,首次出现负增长,说明顺德政府在保证经济高速增长的同时,十分注重节能减排工作。同时,除了2006年电力消耗弹性系数是大于1外,其余年份的电力消耗弹性系数一直都在平稳地下降,而且均小于1,说明顺德区电力消耗增长率远远小于经济的增长率,电力效率较高。

(二)规模企业能源消耗促进产值的提高,能效尚有提升空间

自2005年以来,顺德区规模以上企业工业总产值增加的同时,能源消耗总量在稳步地下降,2012年单位产值能耗与2005年的值相比为37.12%,反映出规模以上企业能源利用效率的稳步提升。从表6.4的灰色关联模型的分析结果来看[2],规模以上工业企业能源消耗量与规模以上企业工业总产值的灰色综合关联度较高,达到0.870,显示了规模以上企业的能源消耗与规模以上企业工业总产值存在显著的正相关关系。这说明规模以上企业的能源消耗的增加会带来规模以上企业工业总产值的提高,即规模以上企业的能源消耗的增加会带来企业的发展和经济的增长。但是,规模以上工业企业能源利用效率的灰色综合关联值为0.521,低于能源消耗量灰色综合关联度值,说明对于推动经济发展而言,能源消耗的依存程度大于能源利用效率。这反映出尽管顺德区规模以上企业的能源经济效率和技术效率有了一定程度的提高,但能源利用效率方面还有提升的空间。

综上所述,由于顺德政府合理实施产业结构的优化调整,加大了对"高耗能、高污染、高排放、低产出"企业的整治力度,规模以上企业呈现出产值增加、能耗降低的良好态势。但也要清醒地认识到,目前规模以上企业的产值提高是以能源消耗的增加为前提的,而且规模以上企业的单位能效还有提升空间。

---

[1] 除了2006年电力消耗弹性系数是大于1外,其余年份的电力消耗弹性系数一直都在平稳下降,并且均小于1。
[2] 灰色关联分析的数据来源于顺德区经济和科技促进局。

表6.4 顺德区规模以上企业工业总产值的影响因素的灰色关联度

	规模以上工业企业综合能源消耗量	规模以上工业企业能源利用效率
综合关联度	0.870	0.521
紧密度	1	12

数据来源：顺德区经济和科技促进局。

五、顺德与国内其他地区能源消耗情况的比较

（一）与广东省及其他省份相比，顺德电力对GDP贡献较明显

广东省的GDP增长与电力消耗的相关系数为1.166，而顺德区的相关系数为3.77，高于广东整体水平约3倍，说明顺德的电力利用率高于广东全省平均水平。在同样水平的电力消耗条件下，顺德的GDP要高于广东平均的3倍以上。江苏省在1985年到2007年之间电力消耗每增加1%，GDP增加4.115%；而顺德从2005年到2012年之间电力消耗每增加1%，GDP增加3.77%，虽然略低于江苏省的数值，但总体水平仍较高。与同样为制造业大省的浙江省比较，浙江工业用电量对经济增长的弹性系数为1.73，顺德的弹性系数[①]则是1.55，顺德工业用电对于工业产值的贡献度要高于浙江省。

（二）与国内其他的发达县市相比，顺德的单位能效处在较高水平

2012年，顺德每消耗一度电，可以增加16.39元的经济产出（见表6.5）。无论是在珠三角内部还是在与全国其他经济发达县市进行的对比中，顺德的单位用电产出均处于领先行列。这一方面说明顺德的产业结构比较合理，高耗电、低产出的企业较少；另一方面也一定程度地说明了顺德的电力利用效率较高。

表6.5 顺德与国内其他经济发达地区单位用电产出对比[②]

地区	GDP（万元）	电力总消耗（万千瓦时）	单位用电产出（元/千瓦时）
顺德区	23387900	1427200	16.39
广州市	106044800	7008910	15.13
深圳市	95109100	6774152	14.04
佛山市	56515200	5213579	10.84

---

① 弹性系数从电力消耗的角度不仅可以表述经济增长的质量，而且能够表述电力的节能情况。弹性系数越小，说明在产出增长一定的前提下消耗的电力越少，电力利用率就越高；反之则相反。

② 表中各项结果由2008—2012年的数据估算得到。

续上表

地区	GDP（万元）	电力总消耗（万千瓦时）	单位用电产出（元/千瓦时）
珠海市	12025800	1098247	10.95
江门市	15503700	1705578	9.09
晋江市	10700000	1289157	8.30
宜兴市	6000000	750000	8.00
东莞市	42462500	5699664	7.45
江阴市	15300000	2087312	7.33
慈溪市	7577000	1104518	6.86

数据来源：历年广东统计年鉴、浙江统计年鉴、江苏统计年鉴。

（三）与佛山市其他四个区相比，顺德用电效率处于较高水平

在佛山五区之中，顺德与南海在GDP、电力总消耗、工业用电量以及工业增加值上，都处于最高的水平。

在单位电耗GDP产出上，佛山市为14.07元/千瓦时，高明、顺德、禅城三区高于全市水平。高明以18.83元/千瓦时位居佛山第一；顺德为16.39元/千瓦时，位居第二；禅城为15.80元/千瓦时，位居第三；南海、三水以11.59元/千瓦时和11.55元/千瓦时排在第四、第五（见图6.7）。

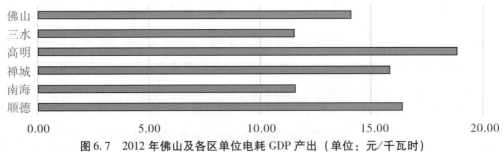

图6.7 2012年佛山及各区单位电耗GDP产出（单位：元/千瓦时）

数据来源：历年广东统计年鉴。

在单位电耗工业增加值上，三水以12.46元/千瓦时居于佛山第一，高明以12.14元/千瓦时位列第二，而顺德以12.12元/千瓦时位列第三。这三个区基本处于同一水平，相差不大。而禅城与南海的单位用电工业增加值水平较低，其中禅城以8.57元/千瓦时排在第四，南海仅为7.80元/千瓦时，排在最末（见图6.8）。

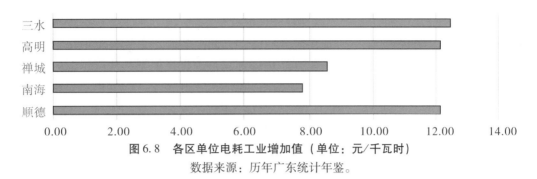

图 6.8 各区单位电耗工业增加值（单位：元/千瓦时）

数据来源：历年广东统计年鉴。

总之，在佛山五区中，顺德不仅经济总量占据第一的位置，而且单位用电 GDP 产值也较高，排在第二。南海与顺德的对比中，差距明显：双方在 GDP 总量以及工业增加值较为接近的情况下，顺德的电力消耗明显少于南海。这种差距在单位电耗工业增加值上体现得尤为明显。因为电力消耗的大部分为工业用电消耗，工业增加值与工业用电消耗的关系又非常紧密。而相比于南海 7.80 元/千瓦时的单位电耗工业增加值来说，顺德（12.12 元/千瓦时）体现出了很高的电力利用率。

六、政策建议

（一）继续加大电力设施投入力度，增强规划的前瞻性

研究表明，电力供应是顺德经济增长的重要驱动力。要保持顺德的经济增长，就必须不断扩大电力等能源的供应。因此，政府应继续加大对电力设施的投入力度，并增强规划的前瞻性，以充分保障产业和经济发展对能源的需求。

（1）根据电力发展规律和顺德区经济社会发展需要，科学预测电力需求，编制电网建设规划，适度超前安排电网建设。

（2）根据全区国民经济和社会发展的客观需要，认真分析电力需求、电网布局、供电能力等实际情况，会同区电网企业做好中长期计划的修编完善和年度建设计划的工作。

（3）注重建设高压、超高压和特高压骨干电网的同时，加快建设与人民生活密切相关的中低压电网项目，改善能源民生。

（4）全区有关部门要将电网规划纳入其工作规划中，将变电站布点及高低压线路通道，在用地指标、林地指标、土地预留、土地征占用等方面给予保障，对已明确的变电站用地和线路通道予以保护。

（二）开辟电网，建设绿色通道，加快全区电网升级改造

电力部门要主动扎实做好项目前期工作，完成各项审批要件，重在科学合理地组织工程实施，加强质量管理，确保"十二五"期间电网设施的优质高效建设。在区级层面上，要加快电网建设项目的核准进程，缩短审批周期，限时办理审批文件。相关部门要各司其职、密切配合，予以积极支持。

在区级层面上,要加快电网建设项目的核准进程,缩短审批周期,限时办理审批文件。对同时具备核准条件的多个电网项目,可"打捆"编制一个项目申请报告上报或核准。具体"打捆"项目由电力能源管理部门确定,不再单项编制环评报告、水保方案。变电站在原址建设不需新增土地、未造成新的环境影响和水土流失的,可不另办用地预审和水保方案。

相关部门要各司其职、密切配合,对涉及电网建设的项目应尽量简化办事程序,予以积极支持。如环保部门要及时准确地对项目建设所在地环评执行标准及环评报告出具初审意见,协助加快电网建设项目环境影响报告的报批工作。规划建设部门要加快对变电站选址和输电线路路径选择的审核工作,及时办理项目选址意见书、建设用地和建设工程规划许可证。国土资源部门要保障电网建设用地需求,做好土地预审和征收拆迁工作等。

(三) 加强用电需求侧管理,积极探索企业直供电模式

随着近年来顺德产业结构逐步转向高产值、低消耗的发展模式,对清洁能源,特别是电力的依赖加大,目前大多数企业已经放弃自发电模式,转而采用高效的电力能源。因而,不断加强用电需求管理,应是当前电力部门的主要工作方向之一。

1. 加强用电需求侧管理

电力需求侧管理[1]是改善用电方式、促进经济可持续发展的重要措施之一。2012年10月31日,财政部经济建设司、国家发展和改革委员会经济运行调节局共同发布《财政部国家发展改革委关于开展电力需求侧管理城市综合试点工作的通知》(财建〔2012〕368号),确定佛山五区为电力需求侧管理首批试点城市。[2] 顺德应借此契机,尽快出台《电力需求侧管理实施细则》,加大力度实施电力需求侧管理,开拓能效市场,引导用电户合理、有序用电。

要充分利用价格杠杆调节需求侧的用电行为,对工业用户实施峰谷电价,引导其尽可能在低谷时用电,合理避开高峰时段用电。除了实施用电侧的错峰管理外,还要积极动员发电侧地方电厂提高能源使用效率,建设能效电厂。通过行政补贴等多种方式,调动电厂发电积极性,减少电力供需矛盾。

2. 积极探索企业直供电模式

通过实施发电企业向大用户直供电模式,可以减少发供电过程中电网输、配电环节的线路损耗,降低大用户企业的销售电价,提高效率、降低成本、实现资源的优化配

---

[1] 电力需求侧管理(power demand side management,DSM)指达到节约能源和保护环境的目的,实现低成本电力服务所进行的用电管理活动。其主要内容是对终端用户进行负荷管理,使用电负荷平均化,提高终端能源使用效率及实现综合资源规划等。引自《电监会:今年电力缺口超2000万千瓦》,人民网,2012年7月4日。

[2] 《国内首批"电力需求侧管理"试点城市确定》,电缆网,2012年11月5日。

置，对发电企业的长期发展具有十分重要的意义。目前，我国已遴选了部分企业开展试点。①

考虑到电力作为自然垄断产品的特殊属性，建议顺德结合自身的实际情况，在上级有关主管部门的统一部署下，有计划、有步骤地在企业直供电方面进行探索。初期试点不宜大面积铺开，应证明其在整体上的经济性和可行性，并取得成熟经验的基础上再进行推广。

（四）继续推进顺德转型升级，加大新能源的开发利用

要解决电力紧缺，保证经济的可持续发展，还必须大力开发利用新能源。新能源的开发和利用，虽然短期成本较高，但是长期将占优势，能大量节省能源，大幅减少污染，提高人民生活的质量，获得显著的经济和环保效益。近年来，顺德以太阳能产业为先导，引进国内外新能源环保大项目，形成产业聚集效应，同时积极整合提升本土产业的能源环保产业发展路径，在新能源的开发利用方面取得了很大成绩。目前，顺德的太阳能产业在国内已形成一定影响，一批新能源建筑工程项目已经投入使用，并产生了积极的示范效应。但是，由于顺德的新能源环保产业才刚刚起步，相对于江苏、浙江、山东的新能源环保产业，由于消费者认识误区以及太阳能产品本身的局限，导致顺德生产太阳能热水、热电产品的企业普遍规模小，竞争实力不强。特别是随着《顺德区促进太阳能光伏产业发展暂行办法》到期，顺德新能源产业的发展，仍需要政府的大力引导和培育。

建议政府应出台相关补贴措施，鼓励引导消费者使用太阳能产品。同时，在发展新能源产业的过程中要注重对生态的保护，以达到资源开发和环境保护的双赢。

（五）加大产业调整力度，构建能源节约型的产业结构

要构建既符合顺德资源状况，又具备持续发展能力的资源节约型的产业结构，从根本上缓解顺德资源紧缺的问题。顺德电力负荷经常出现缺口的原因，一方面是电力供应量确有不足，另一方面也是电力利用得不充分。对于顺德这样一个产业大区而言，对能源的需求和耗损是非常大的。因此，只有建立合理的产业结构才能实现能源的有效配置和利用。第二产业单位产值电耗由于目前已处于较低水平，应注重维持此水平。在对现有企业注意保持并降低目前的单位产值电耗的同时，尤其应关注在引入新企业或新增项目时注重对其能耗、电耗的控制。要总结推广大良、陈村、杏坛、均安等镇街优化产业结构，发展绿色经济，节能降耗增效的做法和经验，促进顺德区经济发展方式的根本转变。

---

① 国家电力监管委员会、国家发展和改革委员会、国家能源局：《关于完善电力用户与发电企业直接交易试点工作有关问题的通知》（电监市场〔2009〕20号）。

（六）引导居民参与节约用电行动，建立可持续发展的长效机制

要发挥政府的监督和引导作用，正确引导社会公众广泛参与节约用电行动，努力提高全民的节电意识。还要充分发挥报纸、广播电视、网络等媒体的作用，大力宣传电网建设的意义，及时报道电网建设中的先进单位和个人，努力营造人人关心电网建设、人人支持电网建设的社会氛围。通过普及利用能源的科学与法律知识，提高利用能源的责任感，正确引导公众参与能源的综合利用。

建议政府加大对先进的、环保的、可持续发展的社会发展理念和生活理念的引入力度，推动节能在生产和消费领域的激励机制的形成，增强企业家、社会公众的节能环保意识，自觉地进行节能，从而建立绿色生产、适度消耗、环境友好和节约能源的长效机制。

参考文献

[1] 邓聚龙. 灰色控制理论 [M]. 武汉：华中理工大学出版社，1985.

[2] 刘思峰. 灰色系统理论及其应用 [M]. 北京：中国科技出版社，1999.

[3] 徐博，刘芳. 产业结构变动对能源消费的影响 [J]. 辽宁工程技术大学学报，2004（5）：499-501.

[4] 曾波，苏晓燕. 中国产业结构变动的能源消费影响：基于灰色关联理论和面板数据计量分析 [J]. 资源与产业，2006（6）：109-112.

[5] 李明玉，李凯，郁培丽，等. 能源节约视角下辽宁省产业结构实证分析 [J]. 东北大学学报（自然科学版），2009（1）：145-148.

[6] 高新才，仵雁鹏. 中国能源消费与经济增长的灰色关联分析 [J]. 求索，2009（3）：5-7.

[7] 苏宣明. 我国能源消费与经济增长的灰色关联分析 [J]. 冶金能源，2007（6）：8-10.

[8] 梁进社，郑蔚，蔡建明. 中国能源消费增长的分解：基于投入产出分析方法 [J]. 自然资源学报，2007（6）：853-864.

[9] 刘爱芹. 山东省能源消费与工业经济增长的灰色关联分析 [J]. 中国人口、资源与环境，2008（3）：103-107.

[10] 梁进社，洪丽璇，蔡建明. 中国城市化进程中的能源消费增长：基于分解的1985—2006年间时序的比较 [J]. 自然资源学报，2009（1）：20-29.

[11] 曾胜，黄登仕. 中国能源消费、经济增长与能源效率——基于1980—2007年的实证分析 [J]. 数量经济技术经济研究，2009（8）：17-28.

[12] 李世祥，成金华. 中国工业行业的能源效率特征及其影响因素——基于非参数前沿的实证分析 [J]. 财经研究，2009.

[13] 林伯强. 电力消费与中国经济增长：基于生产函数的研究 [J]. 管理世界，2003

(11): 18 – 27.

[14] 汪东, 汲奕君, 孙志威, 等. 天津市能源消费与经济增长的灰色关联分析 [J]. 环境污染与防治, 2010 (12): 90 – 92.

[15] 周瀚醇. 安徽省产业结构、能源消费与经济增长的关系研究 [J]. 长春大学学报, 2013 (1): 6 – 9.

[16] 辛姗姗. 基于灰色关联分析的广东第三产业内部结构优化 [J]. 市场经济与价格, 2013 (3): 45 – 48.

构筑轨道交通　引领城市蝶变
——轨道交通对顺德发展的影响分析

马瑞　高钧　王璐　刘刚桥

根据《珠江三角洲地区改革发展规划纲要（2008—2020）》，珠三角城市群将建设"三环八射"的城际轨道交通网。近几年顺德城镇交通系统的快速发展，城市化步伐也在不断加快。构造以轨道交通系统为导向，城市生态环境优先发展为根本的城市空间结构，保证城市经济、环境的可持续发展是城市规划所要解决的关键。

一、顺德轨道交通的规划建设格局

轨道交通系统是城市公共交通系统中的一个重要组成部分，泛指在城市中沿特定轨道运行的速度快、中运量公共交通工具，是采用轨道结构支撑和导向车辆的公共运输系统，包括国家铁路、城际轨道和城市轨道交通三个级别（见图7.1）。

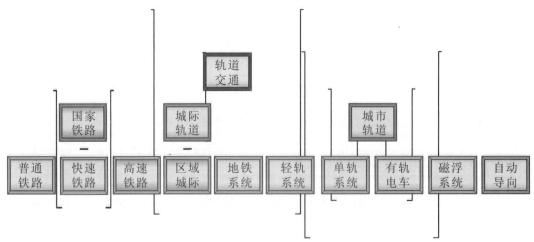

图7.1　轨道交通系统组成示意

顺德城市轨道交通建设起步较晚，20世纪末期，一直以陆路交通与水路交通为主。随着区域经济一体化发展，顺德开始筹划城市轨道交通建设。未来顺德区域轨道线网将由"4条城际轨道+5条城市轨道+6条有轨电车"组成。

（一）城际轨道交通

珠三角城市群的城际轨道交通网是以广州为核心，贯穿广深、广珠两条主轴线，并以中山小榄—虎门联络线为骨架，形成放射与环状相结合的网络。根据《2009—2020年顺德交通规划》，顺德区域轨道线网明确路经顺德的城际轨道共有4条，分别为广珠城际、广佛环线、广佛江珠线和肇顺南城际线。

（二）地铁交通

根据《佛山市城市快速轨道交通建设规划（2009—2020）》，未来佛山将规划1、2、3、6、7五条轨道线路，2020年前建设三条线路，分别为1号线（在建）、2号线一期工程、3号线一期工程。广佛地铁2号线也就是广州地铁7号线的延长线，是广州首条规划地铁线路进入顺德，线路将从广州南站西延至顺德陈村北滘地区。该地铁线路建成，将有望成为广佛一体化的"大动脉"。

佛山地铁3号线起自狮山东站，终点为顺德学院站，是佛山市轨道南北向主干线，在顺德境内串联起佛山新城、北滘新城、大良老城和顺德东部新城片区等节点，可加强东部新城内部及北部片区的联系，并快速通达禅城、南海。3号线路覆盖伦教、大良和容桂等片区，可直接加强大良容桂组团间的联系，并可兼顾容桂内部新老城区间东西向交通需求。

（三）有轨电车

根据客流需求走廊分析，顺德规划重点在中心城区引入中运量公交模式，鉴于现代有轨电车造价低、绿色环保，推荐采用有轨电车形式。规划重点在顺德中心城区（伦教、大良、容桂）和东平新城（南片区）。

中心城区：4条中运量公交线路。其中，中运量1号线——由广珠城际顺德站至广珠城际顺德学院站，连接东部新城顺德站片区、大良旧中心区、德胜新区、东部新城逢沙新区；中运量2号线——东西贯通大良老中心区连接富安工业区，并南延连接广珠城际线顺德大学站和顺德港；中运量3号线——连接东部新城与马岗片区；中运量4号线——由容桂至德胜新区，东西贯穿容桂并北延连接德胜新区。

东平新城：2条中运量公交线路。其中，中运量5号线——由禅城石湾公园经东平新城至顺德北滘莘村；中运量6号线——由乐从西良教村经乐从镇政府、东平新城至北滘西滘村。

二、顺德轨道交通发展面临的机遇与挑战

未来10年将是顺德发展轨道交通的战略机遇期，围绕建成珠江三角洲一小时城市圈核心要求，充分发挥轨道交通先行的引导作用，加快基础设施一体化进程。

（一）建设"都市圈一体化"为顺德轨道交通发展提供机遇

随着珠三角区域一体化和广佛都市圈融合，都市圈向心化发展和区域协作关系不断加强。依托重大举措构筑区域经济社会协调发展战略，形成了以产业、资本为核心的空

间布局,广佛区域发展优势进一步发挥,协调能力进一步提升,广佛城市圈进一步增强。随着区域进一步融合,顺德对外的区域性交通需求增长迅猛,区域客运逐步呈现通勤化特征,而广珠城际轨道偏离顺德城市中心,难以适应顺德区域化发展的要求,亟须城际轨道体系来补充和完善。

(二)城市化整合为顺德轨道交通带来发展契机

为实现城市升级的战略目标,打造"宜居顺德"城市,建设开放的现代综合交通运输体系势在必行。近年来,通过强化佛山新城、顺德新城"双核",带动各城镇发展,不断地推动着网络型城市形态的构成。这为顺德轨道交通建设大发展带来了重大机遇,也为顺德加快轨道交通的可持续发展提供了广阔的前景。随着城市化发展、城市空间整合,未来顺德中心趋势将进一步加强,外围各街镇亦快速城市化,亟须构建现代城市交通体系来适应其城市化整合发展的要求。

(三)经济社会发展瓶颈促进轨道交通加快发展

随着城市经济社会的快速发展,城市化、机动化迅速扩张,城市化呈现加速发展的趋势,到2014年,顺德城镇化率达到98%以上,城市化快速发展带来了城市功能、社会环境和空间布局的极大改变。区域布局发展不平衡,资源性约束日趋突出,投资密集导致土地、能源等价格迅速上升,城市土地资源急剧减少,能源供应日趋紧张,传统的增长方式难以为继。与其相伴的是机动车高速度增长、高强度使用、高密度聚集,机动车数量迅猛增长使道路设施迅速饱和,城市交通的拥堵越来越严重,拥堵的范围越来越大,交通安全事件频发,生态环境恶化,引发了日益严重的交通拥堵、水质污染、空气污染、建设拆迁等"城市病"。轨道交通作为一种具有大运量、低污染、低耗能、低噪声、高速度、低成本、占地少、全天候等独特优势的公共交通方式被国内外许多城市所采用。以轨道交通建设与发展,改善交通出行结构、集约利用交通资源,成为顺德缓解交通拥堵、系统解决城镇人口、资源与环境协调发展的有效途径。

三、开发利用顺德轨道交通的思路与构想

利用顺德地处珠三角中部核心的区位优势,顺德轨道交通通过"北联、南拓、东引、西建",实现与周边等地对接。利用轨道交通建设,引导城市空间发展、优化城市用地布局,打造"一城三片、双核四轴、十字绿廊"开放式的城市空间结构(见图7.2)。以北部与东部片区的优先发展,带动西部与南部片区轨道交通网络的建设,打通佛山对接广州、中山、江门等地的重要门户节点,充分发挥其在广佛肇都市圈、珠中江都市圈的核心站点作用,促进产业结构转型升级,提升城市经济活力,提升城市环境品质。建立由点到线、由线及面、外联内通的轨道交通格局,构筑30分钟都市生活圈。

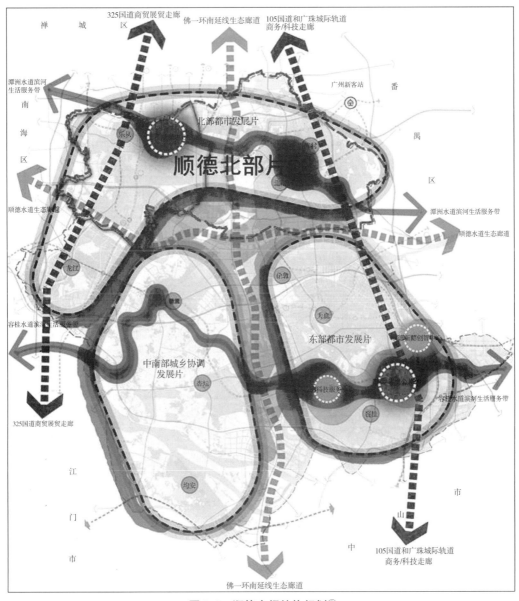

图 7.2　顺德空间结构规划①

（一）借助轨道交通，重构区域产业格局

1. 建立"三轴三组团"产业空间发展策略，推动各镇特色产业功能区建设

当前规划中的顺德轨道交通网络，主要集中于北部片区，从轨道规划的走线和北部片区三个城镇的区位来看，佛山新城（乐从）居于北部片区的中心，在南北与东西贯

---

① 《佛山市顺德区总体规划修编》（2009—2020）。

通的中心位置，多条规划的轨道交通线路均经过。考虑到当前的北部片区南北向交通网络较为密集，而东西向交通网络较为匮乏，未来北部片区应致力于打造"一心带两翼"的核心轨道圈。"一心"即以东平新城为核心；"两翼"是指向西翼的广佛环线，将东平新城、乐从等地连贯起来，以及向东翼的佛山地铁3号线延线与广州地铁7号线延线，将陈村、广州南站等地联结起来。西翼主要包括佛山新城、乐从老城区、乐从家具商贸区和北围工业园四个主要核心片区，东翼主要包括北滘新城、北滘工业园、陈村新城、花卉世界四个核心片区。陈村、北滘形成的东翼片区成为对接广州南站最直接主要的动力源和桥头堡，而东平新城（乐从）则是北部片区功能的最核心承接载体。

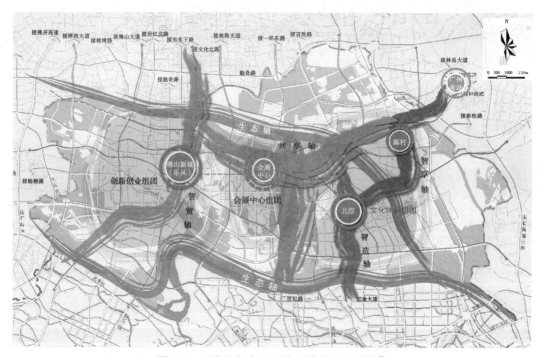

图7.3 顺德北部产业一体化策略空间结构①

　　依据轨道交通网络布局，在北部三镇规划"三轴三组团"的产业空间发展策略。②"三轴带"分别指依托广州7号线延长线的"智享+智造轴"、依托广佛环线形成的"共享轴"和依托乐龙路、佛山大道形成的"智贸轴"（见图7.3）。其中最为关键的是联系乐从、北滘、陈村的"共享轴"，并依托佛山3号线串联佛山新城、会展中心、北滘工业园与北滘新城，承接佛山中轴南延与南站效益外溢，联合了产业与政治最强心。进一步沿主轴延伸出"智贸轴"，以乐从家具商贸与北围为主体，形成贸易中心，并积极与龙江、勒流等进行产业对接。"智享+智造轴"以陈村的特色生态与文化，集合创意产业，成为直接对应南站的活力点，以北滘的家电等特色制造业，依托产业升级和转型推动区域的产业结构调整。

---

① 顺德区北部片区一体化概念规划。
② 顺德区北部片区一体化概念规划。

在产业组团方面，形成"会展中心组团、创新创业组团、文化休闲组团"三大板块。以国际会展中心为依托，融合创新创业、会议展览、旅游休闲等产业功能，会展中心将成为华南（佛山）国际智造博览会、佛山"互联网＋"博览会、顺德家电博览会、慧聪家电展、华南高端装备零部件交易会、顺德国际汽车博览会等专业展览的永久展馆，并加快引入其他国际性的展会，打造工业技术和产品专业展示平台。"文化休闲组团"则融合专题展览馆、演艺中心、文化书城、创意设计坊等功能，引入国际化的文化娱乐和体验式消费综合体，创造"生活与产业"双核驱动的全新发展模式，打造区域休闲娱乐新中心，建设优质生活体验之都。要充分利用顺德在特色产业的资源，大力发展工业旅游，把乐从家具长廊、花卉世界、慧聪家电城等现有景观串珠成线，形成以工业旅游为带动，融合花卉、美食及顺德文化体验为一体的休闲产业带。

2. 借助轨道交通，实现顺德与周边等地的产业对接，带动多地的产业协作与升级

北部片区，承接广州产业外溢转移，带动顺德新兴产业和第三产业发展。顺德北部片区是广佛产业同城化发展的重要联系纽带。顺德北部地区应在不断巩固和发展现有特色制造业的基础上，依托广佛原有的服务业集聚优势和广州南站区域性交通枢纽功能，积极承接广州的服务业外溢，协调规划与发展总部经济、金融保险、商务会展、商贸、休闲旅游、文化创意等服务业。沿着广佛环线以及广州地铁7号线延线的开发，使广州在南部形成产业带，这条产业带从海珠区经番禺区到达南沙。在这条产业带上，将会形成基于知识经济和信息发展的新兴产业，顺德正处于广州南拓产业流的正方向，南拓将会给顺德带来新的发展机会。

东部片区，实现顺德与南沙、中山等地的产业对接，带动三地的产业协作与升级。顺德东部片区位于顺德传统的中心城区，是顺德发展的先发地区，其经济总量较大、产业基础扎实、经济活动频繁、居住人口密集、文化氛围浓厚、行政服务高效。东部片区与中山、南沙、番禺接壤，既是珠江东西两岸的交汇点，也是广佛、深圳、港澳三个珠三角城市群核心极的辐射聚焦点，区位优势十分优越。

东部片区的发展，应借助肇顺南城际轨道发展，实现顺德与南沙自贸区的无缝对接，开发建设"一带一路"经济走廊。例如，顺德通过对其产业结构进行适当的调整，增加重化工业、钢铁工业、造船工业上下游产业；针对南沙其他产业如汽车产业的布局，促进汽车配套产业的发展；针对以南沙科技资讯园区信息产业为重点的高科技工业和信息服务业，配套发展高新技术产业。

利用轨道网络，加大顺德南部与中山北部的经济联系，共同做大、做强两地已有优势产业，如家电、小五金、照明灯饰等产业。通过两地企业强强联合，进行有序化的整合，形成新的产业链，实现区域内产业和企业的"一体化"运作与共同发展。在产业的原料采购、产品开发、技术创新、市场开拓等方面加强对接，依靠两地的资源禀赋优势，共同打造区域家电、小五金、照明灯饰等产业集群。

3. 以重大项目带动周边发展，并注重产业的多元化发展

当前，规划中的顺德轨道交通线路有两条直接贯通西南片区三街镇，形成"十字

型"轨道交通骨架。其中,广佛江珠城际自北部乐从,穿越龙江镇,向南通往江门、珠海等地;肇顺南城际从大良穿过杏坛、勒流、龙江等地,向西通往高明、肇庆等地。两条轨道在龙江镇中心处交汇,在带动周边经济发展的同时,直接缩短了顺德与江门、肇庆等地的距离。通过"内引外联",即顺德内部东部资源向西部的输送与开发,以及西部地区同周边地区的对接发展,使顺德西部地区尽快发展起来。

以重大项目带动顺德西南片区的发展是空间整合与城市建设中的重要战略。通过顺德高新区城市综合开发项目的建立,围绕轨道交通站点,先期集中建设大型商业、办公、服务、科研等公共设施,快速改善原有地区的城镇面貌和设施环境,利用市场的联动效应,充分发挥交通枢纽的集聚和辐射功能,提供更多的就业岗位,逐步引导土地的开发。通过该项目,将该片区打造成为佛山南端的创新产业新城、都市生活港湾,同时也推动其成为顺德承接各方资源,对接珠江西岸城市的重要桥头堡,成为顺德西南高端城市综合体。智域城项目是综合体的关键。该项目将打造出集商务办公、创新研发、休闲娱乐、安居社区于一体的商贸服务中心、高新技术孵化基地、水乡宜居新城,不仅服务于启动区的生产生活配套,引导服务机构、人才集聚,还将承东启西,带动顺德西南片区的发展。

(二)建设轨道网络,优化城市空间布局

改变轨道交通的"被动适应"状况,增强轨道交通网络在引导城市空间形态发展中的作用,这才是未来轨道交通网络作为城市交通主干网的历史任务所在。借鉴巴黎新城轨道交通的开发实例,在吸引中心城区第三产业等迁入新城的同时,大力建设轨道交通,以保证新城与主城之间的快捷联系,并在新城建设前期围绕轨道交通站点预留潜力地块供后期商业发展。

顺德应当充分依托原有城镇基础以及轨道交通的优势,开发商务、办公和产业研发等新型功能区,引领新一轮的住区建设,并通过对环境品质的打造提升土地价值,以重大项目带动区域发展,实现城市发展的跨越,开拓旅游、度假、休闲娱乐等新的城市功能。

1. 加强北部片区"东平新城"中心区建设,打造"双走廊"空间格局

顺德北部片区的城市布局,应利用轨道交通快速发展的良好机遇,加快"东平新城"这一中心区建设,着力构建以"广州大学城—广州南站—陈村—北滘—佛山新城"为主要轴向的"创新创业走廊",以"东平水道—潭洲水道"为主要轴向的"绿色生态和宜居生活走廊",加快奠定"双走廊"的空间格局,全力打造"广佛创新走廊、广府魅力水乡"的区域品牌形象。[①]

一是充分利用7号线直接联通广州南部核心区域的优势,彻底缩短广州到顺德北部的心理距离,谋划利用好广州大学城的辐射效应,全方位实践"大众创业、万众创新",打造创新创业走廊。全力支持位于北滘的美的中央研究院和位于佛山新城的佛山

---

① 关于加快推动北部片区一体化发展的调研报告。

中国科学院产业技术研究院等科研机构、高校的产学研合作，打造北部片区的创新枢纽和创新龙头。充分发挥广东工业设计城在科技创新方面桥头堡的作用，并通过市场化运作方式提高其整合六大服务平台①的能力，促进制造业与工业设计深度融合，把"顺德制造"发展成"顺德设计"。

二是利用好顺德自然生态本底。沿着广佛环线自北滘向西部的走向，以区内顺德水道和潭州水道两条重要的生态廊道为基础，结合北滘花博园中心绿地和陈村花卉世界等绿色基础，构建区域内城市发展的自然屏障，建立"绿色生态和宜居生活走廊"，形成以两条水道为依托，集花卉、美食、旅游、绿色农产品、生态新城为一体的绿色经济圈，提升北部片区的整体城市生活品质。

2. 加强东部片区"德胜容里"中心区建设，将东部片区打造成"珠江东西岸门户城市"

顺德东部片区的轨道交通建设起步较早，从当前已建及规划建设的交通网络中，可以看出，东部片区正致力于打造以德胜容里为核心，自北向南、自西向东，纵横向贯穿发展的"环状发散型"轨道交通网络。

在当前以全球化、"工业4.0"、"互联网+"为标签的新经济时代，珠三角正致力于打造世界级城市群，积极发展湾区创新经济带，城市联系不断加强，东西岸通道也更加密集。顺德继续承担先进制造业基地（升级版）的角色，其区域枢纽节点位置日益明显，北向，是广佛肇南部的强门户；南向，是珠中江北部的发展极；西向，是连接湾区的经济腹地；东向，则是联系深莞惠的桥头堡。为此，顺德需要重新审视东部片区的功能定位，利用轨道交通网络的建设，将东部片区打造成"珠江东西两岸的门户城市"。

加快东部片区的轨道外联，打通顺德与珠江东西岸城市的合作通道。以肇顺南城际轨道，向东打通广州南沙区，以南沙自贸区的建设发展，带动顺德产业的优化升级、人才技术资源的共享。以广珠城际，向南连接中山等地，并利用深中通道、港珠澳大桥，把原来顺德"珠江两岸两边都不到"的格局，变成整个珠江两岸城市湾区的一个结合关键点，打通顺德与深港澳合作通道，缩短顺德到深圳的距离，把区域一体化建设变为经济一体化，实现经济圈的外围发展。

3. 利用轨道交通延伸发展，加强顺德与其他城市的对接

广珠城轨不仅加强了顺德与广州、珠海的联系，同时，顺德和澳门的互通往来也较为便利。顺德可以考虑通过广珠城轨对接珠海横琴新区、澳门。横琴是唯一与港澳陆路相连、"一岛两制"的国家级战略新区。根据《横琴总体发展规划》，10～15年后，横琴岛将建设成为联通港澳、区域共建的"开放岛"，经济繁荣、宜居宜业的"活力岛"，知识密集、信息发达的"智能岛"，资源节约、环境友好的"生态岛"。这样的政策资

---

① 六大服务平台是指交易服务平台、金融服务平台、成果转化服务平台、人才引进及培训服务平台、共性技术研发平台、品牌推介平台。

源并非横琴新区独享，随着广珠城轨将延长至横琴口岸与澳门轻轨衔接，顺德也可以借广珠城轨搭横琴新区发展的"顺风车"。

除了借广珠城轨对接珠海、澳门，可以借广珠城轨加强和沿线其他城市的联系、往来，还可以超前一点瞄准将来开通的"珠海—北京"直达列车，对接北京，以及利用"顺德—长沙"直达列车对接湘潭。

（三）运用TOD模式，提升土地开发价值

顺德未来的发展应运用TOD的规划理念，进行统一规划与综合开发。借助轨道网络的建设，应以TOD模式引导城市发展，在车站周边设置综合发展区（CDA），给予地铁物业发展弹性。另外，要坚持整体设计和综合开发观念，进行顺德轨道交通与土地资源统一规划、整合开发。

针对当前顺德轨道交通的五个站点，进行适中或高密度的土地利用，倡导布局紧凑、功能混合，可以将居住、办公、商业等混合布置于适合步行的范围之内。如碧江站，距离广州南站只有5分钟，并且站点出口就在碧桂园西苑门口，对于碧桂园、碧江居民来说，出行方便。但是，目前在碧江站停靠的车次非常有限，时间间隔较长，如果往返广州，还要在广州南站换乘地铁线路，考虑到碧桂园的楼巴可以直接到达花地湾地铁站、广州宏发大厦等地，并且班次频繁，因而从碧江站搭乘城轨到广州南站的客流量很小。除了增加停靠车次外，可以考虑在轨道站点周围开发大中型商业中心。顺德站可以充分利用目前客运量较大的优势，在站点附近形成以美食为中心的商业区，推广顺德美食文化，形成独特的旅游文化优势项目。学院站可以考虑建成交通枢纽中心，承担广珠城际和肇顺南城际的换乘任务，可以成为顺德的一个门户枢纽，但是具体的线路走向、沿线控制、交通接驳等都要合理规划，加强与顺德中心城区的连接。同时，目前该站点附近较为空旷，可以考虑在周围开发商业、办公等功能用地以及居民住宅区，同时考虑以绿地、公园等用地来提升区域吸引力。

（四）构建立体交通，打造生态旅游走廊

1. 开发建设立体化交通网络，构筑30分钟城市生活圈

以轨道交通为核心，以主干路网为基础，主动对接白云机场、广州南站、佛山西站、南沙自贸区、深港通道等重大设施，合理配置交通枢纽、港口码头，打造立体交通网络体系，建立由点到线、由线及面、外联内通的大交通格局。

围绕轨道交通重构城市版图，加快产业结构调整，促进资源集聚发展。重点在北部片区加快广州地铁7号线西延顺德北滘段建设，借力广州南站拓宽顺德北部战略出口；加快推进佛山地铁2号线、广佛环线建设，通过多种方式筹措资金，推动征地拆迁工作，使项目早日建成；优化佛山地铁3号线建设时序和建设模式；加快布局现代有轨电车线网，构建多层次轨道交通体系，实现轨道交通对顺德全区域覆盖；配合开展广佛江珠城际轨道前期工作，进一步完善城际轨道网络。在东部片区，加快推进肇顺南城际向东部南沙区的延伸；利用广珠城际连接深中通道，打通与珠三角东西岸的连接。在西南

片区，尽快做好广佛江珠城际的轨道交通建设；建立西部沿海铁路途经顺德支线，以及南沙疏港铁路在顺德的站点设置。

通过立体化交通网络的建设，强化广佛顺整体道路体系的融合，使广佛顺中心之间实现30分钟互达，广东中心城区至顺德重要地区行程时间不超过1小时（见表7.1）。

表7.1　顺德轨道交通圈发展目标①

层级	趋势	时间目标
区域层面	依托区域设施融入区域一体化发展	顺德中心—区域枢纽：30分钟可达 顺德外围—区域枢纽：60分钟可达
广佛层面	与广佛中心的轴向联系加强	顺德中心—广佛中心：30分钟可达 顺德外围—广佛中心：60分钟可达
顺德层面	向"多组团网络状"空间结构转变	顺德外围—顺德中心：30分钟可达 顺德外围之间：40分钟可达

2. 科学布局重大交通枢纽，实现多模式无缝换乘

顺德在推进城市对外客运站场设施建设方面取得一定成绩，但同时也面临场站以公路对外客运站场为主，功能单一、布局分散，缺乏整合，且主要为对外站场，缺乏内部的客运枢纽等问题。因此，应考虑构筑布局合理、功能完善的综合交通枢纽设施，公共交通枢纽的规划应尽量依托地铁站点，实现常规公交与轨道交通的衔接换乘，同时通过将城市的部分公共交通线路延伸至公共交通枢纽站，实现城市公共交通的无缝衔接。

结合顺德城市发展要求并协调土地利用布局，优化落实城际轨道在顺德内线站位，加强顺德区内交通与城际轨道的衔接。面向全区统筹布局大型骨干交通枢纽工程，积极引导各类要素有序流动、高效集散、增强各片区对全区的辐射带动作用。重点研究设立乐从、北滘、顺德学院、龙江交通枢纽中心建设，打造集地铁、轻轨、公交、出租车及其他客运等多种交通方式为一体、实现多功能综合换乘的区域性交通枢纽站。

建立方便快捷的广佛顺轨道交通联系。完善广珠城际轨道站接驳交通体系、优化肇顺南城际线站位、优化广佛环线线位，实现与珠三角其他中心城市及广佛都市区内的区域交通设施建立城际轨道交通联系。打造"交通新走廊"，实现与省内主要中心城市的快速到达，共享"城际快生活"模式。展现在现代都市中，两地"工作＋生活"、两地"消费＋生活"的新模式。

3. 引入中运量公交系统，打造"生态旅游走廊"

顺德中心城区已形成中等规模的公交客流走廊，单纯依靠传统的地面常规公交已难以满足客流需求，需要尽快提供具有较高运能和高服务品质的骨干公交方式。借鉴新加坡轨道交通的开发利用情况，轨道交通引领作用的充分发挥与其多模式的搭接式公交体

---

① 覃矞：《顺德发展轨道交通的目的意义》。

系是分不开的,其最重要的特征和优势便是公交系统的一体化和网络化,即轨道交通与巴士、出租车等共同组成的公交系统。

中运量公交,在轨道交通建成前,作为中心城区内公交体系的骨干,满足客流走廊需求,并可为轨道交通走廊培育客流;轨道建成后,将作为轨道交通的补充,与轨道交通有机衔接,共同构建形成顺德快速公交骨干网络,提高骨干网络覆盖密度。中运量公交站点的设计,应充分发挥顺德作为"中国曲艺之乡""中国厨师之乡""中国美食名城"的优势,可以将体现这些特色的地方设定为重要的旅游景点,结合古代岭南建筑文化代表的一些名胜古迹,如清晖园、碧江金楼、西山庙等,将这些地点都设定为重要的交通站点枢纽,为乘客提供点点直达、大站快车、站站停靠多样化的运输服务,满足各区域、各类型乘客的旅游出行需求,形成全覆盖、多层次、高效率的城际道路客运体系,满足顺德经济快速发展的需求。通过公交系统的设计与建设,将顺德美食、顺德曲艺、顺德建筑等结合旅游线路呈现给世人,塑造"美食+乡俗文化+水乡"等特色的旅游产业链,打造顺德的"生态旅游走廊"。

(五)利用门户优势,建立人才集聚基地

1. 打通顺德与南沙新区高端人才流动通道

作为国家第一个人才管理综合改革试验区,南沙新区将携手深圳前海、珠海横琴共同建设粤港澳人才合作示范区,这必将加速国际化人才向南沙集聚。顺德利用与南沙新区的轨道互通优势,加速推进与南沙新区的人才交流和合作,打通高端人才流动通道,积极推进人才的"软性流动",注重对社会管理和人才培养机制,基于顺德已有的工业基础与南沙共建相关人才培养基地和创新机制,形成双向互动机制,为产业发展提供坚实的"软环境"和源源不断的人才资源。

2. 充分发挥"南方智谷"的优势

利用轨道交通的门户优势,实现高端人才的集散流动。日前,"南方智谷"落户顺德,其作为珠三角智造中心的"智核",既聚集精英,又为营造环境激发创新创业的机遇,"南方智谷"已然成为保障区域经济继续领先发展的新引擎。"南方智谷"的地址距离东部片区中心站点顺德学院站一公里,便利的轨道交通网络设施,可以使中国南方智谷总部区为顺德承揽更多的高端人才,加快吸引更多的高端人才聚集顺德,带动地方经济的发展。

3. 利用"智力中心",引进优质人才资源

要充分利用好打通"广州南站"的连接桥梁作用,以南站作为重要的枢纽口,利用好广州优势产业的外延。同时,借助广州地铁7号线的延伸,连接中国南部的"智力中心"——广州大学城,将优质人才资源引进,带动北部片区的发展。

从北部片区发展机遇来看,广州南站商务区以商业贸易、专业会展、商务服务和休闲旅游为主导产业,为顺德北部新城协同发展相关产业提供了机遇;广州大学城作为中

国南部的"智力中心",正在打造"创新之城",为顺德北部新城发展创新型、高科技产业提供了机遇;广州7号地铁线的延伸,对于顺德北部新城与广州南站商务区和广州大学城的协同发展具有十分重要的战略意义。

(六)引入国家铁路,塑造中心城市名片

1. 积极申请西部沿海铁路支线站点,打造"粤东西经济合作带"

顺德连续多年位于全国百强县区之首,但截至目前,境内尚未有一条国家铁路,这与顺德社会经济发展要求和区域地位极不适应。未来,顺德应抓住国家铁路建设的发展机遇,积极争取国家铁路的引入,适应顺德社会经济和交通发展要求,提升顺德的区域地位。

当前正在建设的西部沿海高速铁路是国家规划东北经沿海城市至海南三亚纵向沿海高速铁路的一部分。粤西沿海高速铁路由深茂高速铁路、茂湛高速铁路及西部支线(广州经佛山至江门)组成。顺德要利用建设西部沿海高速铁路的契机,充分利用其区位优势、资源优势及政策优势,积极申请将西部沿海铁路在中山站点向顺德延伸一条支线,使国家铁路系统进入顺德境内,带动铁路沿线周边区域的发展。与此同时,加强与广东省西部地区的经济合作,加快"粤东西经济走廊和通道经济"建设,打造"粤东西经济合作带"。促进珠三角与粤东西北地区之间的要素流动和产业转移,利用"总部经济"发展模式,将顺德传统产业向西部地区转移,如电子信息产业、汽车与装备制造业等产业链较长、分工合作潜力较大的产业,进一步通过粤东西的合作,通过产业链延伸,促进粤东西各城市在不同的产业链环节获得各自的经济利益,充分发挥 $1+1>2$ 的叠加效应和协同效应。

2. 充分利用"南沙疏港铁路线",增设途经顺德的站点

当前"南沙疏港铁路线"正在规划建设中,虽然该铁路途经顺德均安,但没有在顺德开辟任何的站点,从而使顺德无法真正利用该铁路,促进地方经济发展。鉴于此,在未来,顺德应积极向上申请,打开疏港铁路在顺德的站点,使海运到南沙港的货物可以直接用铁路快速运输到顺德,在带动物流产业发展的同时,使顺德南部地区成为货物运输的一个重要集散地,推动南部地区杏坛与均安的发展。

摸清经济大数据　把握发展主动权
——顺德区第三次全国经济普查基本单位变动分析

李明　高钧　刘刚桥　温仲文　孙成喜

基本单位是构成社会经济的细胞，是国民经济体系中最基本的单元。基本单位的总体状况和结构反映了一个地区的社会经济发展水平和结构特点。本报告主要将2013年第三次全国经济普查的有关资料与2008年全国第二次经济普查资料进行比较，从基本单位的角度，对顺德经济目前基本单位的总体状况、经济结构以及发展质量进行综合分析，从而反映顺德经济的发展变化情况。

一、基本单位分布状况

第三次全国经济普查（以下简称"三普"）资料显示，2013年年末，顺德产业活动单位47240个，比2008年第二次经济普查（以下简称"二普"）的25676个增长84.0%；法人单位42152个，比"二普"的22220个增长89.7%；企业法人单位39544个，比"二普"20454个增长93.3%。

（一）法人单位机构类型变化：企业法人是法人单位的主体，比重进一步提高

从机构类型分组看，法人单位中主要是企业法人。2013年年末，顺德企业法人39544个，占全部法人单位数93.8%，比"二普"增长93.3%，比重提高1.7个百分点；机关、事业法人669个，比"二普"减少29.4%，比重降低2.7个百分点；社会团体和其他法人1303个，比"二普"增长218.6%，比重提高1.3个百分点；其他法人636个，比"二普"增加55.1%，比重降低0.3个百分点，如表8.1所示。

表8.1　按机构类型分组的法人单位数

法人单位数	2013年		2008年		2013年比2008年
	单位数（个）	比重（%）	单位数（个）	比重（%）	单位数量增长（%）
合计	42152	100.0	22220	100.0	89.7
企业法人	39544	93.8	20454	92.1	93.3
机关、事业法人	669	1.6	947	4.3	-29.4

续上表

法人单位数	2013年		2008年		2013年比2008年单位数量增长（%）
	单位数（个）	比重（%）	单位数（个）	比重（%）	
社会团体和其他法人	1303	3.1	409	1.8	218.6
其他法人	636	1.5	410	1.8	55.1

（二）基本单位所有制结构变化：有限责任公司增长较快，私营企业比重下降

1. 有限责任公司数量增加最多，比重上升较快

"三普"数据显示，顺德有限责任公司企业法人单位18012个，占全部企业法人单位数的45.5%。与"二普"相比，有限责任公司企业法人增加11202家，数量增加最多，增长164.5%，比重增加12.2%。

2. 私营企业法人单位数量最多，比重下降较快

"三普"数据显示，顺德企业法人单位39544个，其中，私营企业法人单位18379个，数量最多，占全部企业法人单位数的46.4%。与"二普"相比，私营企业增加6592家，增长55.9%，在各种经济类型中占比重最高，但比重下降11.2%。

3. 外商投资企业有所减少，港、澳、台商投资企业比重下降

2013年年末，顺德外商投资企业法人单位380个，在全部企业法人单位中占1.0%，与"二普"相比，数量减少15家，比重下降0.9%；港、澳、台商投资企业法人单位891个，在全部企业法人单位中占2.3%，与"二普"相比，数量增加26家，比重下降1.9%。

各经济类型基本单位变化情况如表8.2所示。

表8.2　企业法人单位经济类型分组

经济类型	2013年企业法人单位数（个）	比重（%）	2008年企业法人单位数（个）	比重（%）	2013年比2008年比重增长（%）
企业法人单位数	39544	100.0	20454	100.0	—
国有企业	25	0.0	19	0.1	-0.1
集体企业	154	0.4	135	0.7	-0.3
股份合作	61	0.2	9	0.0	0.2
联营	120	0.3	13	0.1	0.2
有限责任公司	18012	45.5	6810	33.3	12.2
股份有限公司	303	0.8	131	0.6	0.2

续上表

经济类型	2013年企业法人单位数（个）	比重（%）	2008年企业法人单位数（个）	比重（%）	2013年比2008年比重增长（%）
私营	18379	46.4	11787	57.6	-11.2
其他内资	1219	3.1	290	1.4	1.7
港、澳、台商投资企业	891	2.3	865	4.2	-1.9
外商投资企业	380	1.0	395	1.9	-0.9

（三）企业法人单位区域分布：五成以上基本单位集中在乐从、容桂、大良

"三普"数据显示，乐从、容桂、大良企业法人单位数量最多，分别为8778个、6964个、6587个，合计22329个，占全区比重达56.5%，比重明显高于其余7个镇街。乐从企业法人单位数量比"二普"增加4799个，比重上升2.7个百分点，数量由全区第二上升至第一；杏坛、乐从、陈村企业法人单位数量增长较快，分别增长193.2%、120.6%、106.0%；容桂、勒流企业法人单位数量增长72.4%、56.1%，但比重下降较快，分别下降2.2%、1.5%，如表8.3所示。

表8.3 企业法人单位区域分布

镇街	2013年企业法人单位数（个）	比重（%）	2008年企业法人单位数（个）	比重（%）	2013年比2008年比重增长（%）
合计	39544	100.0	20454	100.0	—
顺德区	3	0.0	—	—	0.0
伦教	2395	6.1	1354	6.6	-0.5
勒流	2636	6.7	1689	8.2	-1.5
大良	6587	16.7	3392	16.6	0.1
容桂	6964	17.6	4040	19.8	-2.2
陈村	2221	5.6	1078	5.3	0.3
北滘	3293	8.3	1885	9.2	-0.9
乐从	8778	22.2	3979	19.5	2.7
龙江	2775	7.0	1448	7.1	-0.1
杏坛	2548	6.4	869	4.2	2.2
均安	1344	3.4	720	3.5	-0.1

（四）产业活动单位和企业法人单位行业分布：制造业、批发和零售业最多

"三普"数据显示，全区产业活动单位和企业法人单位分布相对集中，制造业、批发和零售业数量最多。从产业活动单位来看，制造业 17629 个，比重 37.3%，比"二普"下降 11.4 个百分点；批发和零售业 15490 个，比重 32.8%，比"二普"增加 8.0 个百分点；制造业、批发和零售业两个行业汇集了全区 70.1% 的产业活动单位。从企业法人单位来看，制造业 16795 个，比重 42.5%，比"二普"下降 14.9 个百分点；批发和零售业 13786 个，比重 34.9%，比"二普"增加 9.1 个百分点；制造业、批发和零售业两个行业汇集了全区 77.4% 的企业法人单位。"二普"以来，科学研究和技术服务业、租赁和商务服务业法人单位数增长较快，比重分别提高了 3.5%、1.7%；电力/热力/燃气及水的生产和供应业、金融业企业法人单位数比重略有减少；建筑业企业法人单位数减少了 63 个，比重下降 1.4%，如表 8.4 所示。

表 8.4 基本单位和企业法人单位行业分布

行业	产业活动单位数					企业法人单位数				
	2013年（个）	比重（%）	2008年（个）	比重（%）	2013年比2008年比重增长（%）	2013年（个）	比重（%）	2008年（个）	比重（%）	2013年比2008年比重增长（%）
总计	47240	100.0	25676	100.0	—	39544	100.0	20454	100.0	—
农、林、牧、渔业	67	0.1	—	—	0.1	57	0.1	—	—	0.1
采矿业	1	0.0	—	—	0.0	1	0.0	—	—	0.0
制造业	17629	37.3	12507	48.7	-11.4	16795	42.5	11744	57.4	-14.9
电力、热力、燃气及水的生产和供应业	66	0.1	46	0.2	-0.1	32	0.1	38	0.2	-0.1
建筑业	580	1.2	541	2.1	-0.9	444	1.1	507	2.5	-1.4
批发和零售业	15490	32.8	6373	24.8	8.0	13786	34.9	5267	25.8	9.1
交通运输、仓储和邮政业	1092	2.3	300	1.2	1.1	794	2.0	233	1.1	0.9
住宿和餐饮业	569	1.2	230	0.9	0.3	446	1.1	200	1.0	0.1
信息传输、软件和信息技术服务业	607	1.3	233	0.9	0.4	474	1.2	207	1.0	0.2

续上表

行业	产业活动单位数					企业法人单位数				
	2013年（个）	比重（%）	2008年（个）	比重（%）	2013年比2008年比重增长（%）	2013年（个）	比重（%）	2008年（个）	比重（%）	2013年比2008年比重增长（%）
金融业	904	1.9	545	2.1	-0.2	46	0.1	46	0.2	-0.1
房地产业	1374	2.9	750	2.9	0.0	1208	3.0	623	3.0	0.0
租赁和商务服务业	3545	7.5	1633	6.4	1.1	2383	6.0	873	4.3	1.7
科学研究和技术服务业	2182	4.6	370	1.5	3.1	1920	4.9	275	1.4	3.5
水利、环境和公共设施管理业	309	0.7	113	0.4	0.3	260	0.7	82	0.4	0.3
居民服务、修理和其他服务业	586	1.3	306	1.2	0.1	430	1.1	223	1.1	0.0
教育	726	1.5	574	2.2	-0.7	100	0.3	29	0.1	0.2
卫生和社会工作	497	1.1	391	1.5	-0.4	12	0.0	21	0.1	-0.1
文化、体育和娱乐业	463	1.0	136	0.5	0.5	356	0.9	86	0.4	0.5
公共管理和社会组织	553	1.2	628	2.5	-1.3	—	—	—	—	—

二、不同类型企业集聚状况

（一）按行业、登记注册类型分组的企业法人单位集聚状况

"三普"数据显示，从行业来看，国有企业法人单位主要集中在公共管理和社会组织、租赁和商务服务业、教育，三行业合计占63.4%。根据"二普"统计数据，公共管理和社会组织没有统计数据，租赁和商务服务业4个，教育没有统计数据，这三个行业是"二普"以来国有企业法人单位增长数量较多的行业。

集体企业法人单位主要集中在租赁和商务服务业、卫生和社会工作、教育,三行业合计占68.3%。根据"二普"统计数据,租赁和商务服务业27个、教育3个,卫生和社会工作没有统计数据,三行业是"二普"以来集体企业法人单位增长数量较多的行业。

股份合作、联营等其他企业法人单位主要集中在制造业、批发和零售业、租赁和商务服务业、科学研究和技术服务业,四行业合计约占各类型企业法人单位总数的八成至九成,而"二普"约占六成至九成,表明"二普"以来,股份合作、联营等其他企业法人单位行业集中度进一步提高。

(二)按镇(街道)、登记注册类型分组的企业法人单位集聚状况

1. 企业法人单位数分析

"三普"数据显示,在顺德所有镇街中,除私营、港澳台商投资企业两种经济类型外,其他经济类型企业法人单位数量最多均为大良街道,其中国有企业、股份合作、联营、股份有限公司分布于大良街道的比例较高,分别为38.8%、44.6%、68.5%、40.8%。私营企业法人单位数量最多的为乐从,占26.4%;港澳台商投资企业法人单位数量最多的为容桂,占18.6%。私营企业、有限责任公司企业法人单位数最多,并且在顺德各镇街分布不均衡,私营企业数量最多的乐从与数量最少的均安之比为11.6倍,有限责任公司数量最多的大良与数量最少的陈村之比为4.6倍。

2. 企业法人全年营业收入分析

"三普"数据显示,按镇街来看,北滘企业法人营业收入最多,为1915.7亿元,占全区的22.8%,其中股份有限公司约占北滘全部营业收入的2/3,北滘也是股份有限公司营业收入最多的镇街。容桂企业法人营业收入排名第二,为1796.5亿元,占21.4%,其中有限责任公司占容桂营业收入46.6%。乐从企业法人营业收入排名第三,为1233.2亿元,占14.7%,其中有限责任公司、私营企业分别占乐从营业收入的46.8%、46.4%,乐从是私营企业营业收入最多的镇街。大良企业法人营业收入排名第四,为934.6亿元,占11.1%,其中有限责任公司营业收入占54.8%,大良是国有企业营业收入最多的镇街。龙江、杏坛、均安企业法人营业收入排名后三位,分别为372.6亿元、333.6亿元、191.2亿元,各占4.4%、4.0%、2.3%。

3. 企业资产分析

"三普"数据显示,从企业资产来看,有限责任公司最多,为4007.7亿元,占40.6%;股份有限公司、外商投资企业、私营企业排名第二到第四位,分别为1628.3亿元、1567.0亿元、1343.5亿元,占16.5%、15.9%、13.6%。上述四种经济类型企业资产合计占86.6%。

按镇街来看,北滘企业资产最多,为2522.4亿元,占全区的25.6%,其中股份有

限公司资产约占1/2，北滘也是股份有限公司资产最多的镇街。容桂企业资产排名第二，为1866.2亿元，占18.9%，其中有限责任公司资产占54.6%。乐从企业资产排名第三，为1595.3亿元，占16.2%，其中有限责任公司、私营企业资产分别占60.1%、30.0%，乐从是私营企业资产最多的镇街。大良企业资产排名第四，为1309.6亿元，占13.3%，其中有限责任公司资产占61.4%，大良是国有企业资产最多的镇街。伦教、杏坛、均安企业资产排名后三位，分别为305.1亿元、239.4亿元、157.0亿元，各占3.1%、2.4%、1.6%。

三、单位就业人员现状

（一）第三产业就业人员比重明显上升，第二产业仍是吸纳就业的主渠道

从三次产业就业人员构成看，2013年年末第三产业企业法人单位就业人数为32.5万人，比"二普"增加12.7万人，占全部就业人数比重为25.4%，比"二普"上升6.4个百分点；企业法人单位就业人数平均规模为14.6人，比"二普"减少5.3人。企业法人单位就业人员仍主要集中在第二产业，2013年年末第二产业企业法人单位就业人数为95.6万人，比"二普"增加11.4万人，占全部就业人数比重为74.6%，比"二普"下降6.4个百分点；企业法人单位就业人数平均规模为55.4人，比"二普"减少13.2人，如表8.5所示。

表 8.5 按产业分就业人员分布状况

产业	企业法人单位就业人数				企业法人单位数			
	2013年年末（人）	占比（%）	2008年年末（人）	占比（%）	2013年年末（个）	单位规模（人/个）	2008年年末（个）	单位规模（人/个）
总计	1281403	100.0	1040297	100.0	39544	32.4	22220	46.8
第一产业	312	0.0	—	—	57	5.5	—	—
第二产业	956328	74.6	842615	81.0	17272	55.4	12291	68.6
第三产业	324763	25.4	197682	19.0	22215	14.6	9929	19.9

（二）新增的就业人员主要集中在制造业、批发和零售业等传统行业

处于转型升级阶段的顺德经济，制造业等传统行业仍是支柱产业。"三普"数据显示，制造业企业法人单位就业人数91.6万人，比"二普"增加13.6万人；占全部企业法人单位就业人数的71.5%，比"二普"下降3.4个百分点；单位就业人数平均规模为54.5人，比"二普"减少11.9人。批发和零售业企业法人单位就业人数为9.3万人，比"二普"增加4.7万人；占全部企业法人单位就业人数的7.2%，比"二普"增

加 2.8 个百分点；单位就业人数平均规模为 6.7 人，比"二普"减少 1.9 人。与"二普"相比，两大行业新增就业人数 18.3 万人，占全部新增就业人数的 76.2%，如表 8.6 所示。

表8.6 按国民经济行业分企业法人单位就业人员情况

行业	2013年年末 人数（人）	2013年年末 占比（%）	2013年年末 单位规模（人/个）	2008年年末 人数（人）	2008年年末 占比（%）	2008年年末 单位规模（人/个）
总计	1281403	100.0	32.4	1040297	100.0	46.8
农、林、牧、渔业	312	0.0	5.5	—	—	—
采矿业	11	0.0	11.0	—	—	—
制造业	915645	71.5	54.5	779235	74.9	66.4
电力、热力、燃气及水的生产和供应业	3622	0.3	113.2	3035	0.3	75.9
建筑业	37050	2.9	83.4	60345	5.8	119.0
批发和零售业	92718	7.2	6.7	45460	4.4	8.6
交通运输、仓储和邮政业	20205	1.6	25.4	10026	1.0	40.1
住宿和餐饮业	15374	1.2	34.5	12525	1.2	61.4
信息传输、软件和信息技术服务业	4317	0.3	9.1	2288	0.2	10.7
金融业	1625	0.1	35.3	4947	0.5	105.3
房地产业	25045	2.0	20.7	21582	2.1	33.9
租赁和商务服务业	42627	3.3	17.9	21946	2.1	16.2
科学研究和技术服务业	25291	2.0	13.2	7362	0.7	22.3
水利、环境和公共设施管理业	8633	0.7	33.2	4097	0.4	39.4
居民服务、修理和其他服务业	7160	0.6	16.7	4275	0.4	15.7
教育	35477	2.8	354.8	26937	2.6	55.8
卫生和社会工作	18075	1.4	1506.3	13334	1.3	98.0
文化、体育和娱乐业	4895	0.4	13.8	3603	0.3	28.6
公共管理和社会组织	23321	1.8	—	19300	1.9	38.5

（三）民营经济快速发展，吸纳了大量就业人员

从单位登记注册类型看，有限责任公司就业人数达 43.5 万人，占全部就业人数的 34.0%，比重最高；其次是私营企业 27.0 万人，占 21.1%。与"二普"相比，就业人数增加最多的是有限责任公司、股份有限公司，分别增加 148697 人、79359 人；就业人数增速最快的是其他内资企业、股份合作企业、股份有限公司，分别增长 80.1%、73.6%、71.9%；港澳台商投资企业、外商投资企业、集体企业就业人数分别减少 2.3 万人、1.8 万人和 0.8 万人，如表 8.7 所示。

表8.7 按登记注册类型分的就业人员情况

登记注册类型	2013年年末			2008年年末		
	人数（人）	占比（％）	单位规模（人/个）	人数（人）	占比（％）	单位规模（人/个）
合计	1281403	100.0	32.4	1040297	100.0	46.8
国有企业	40481	3.2	1619.2	31187	3.0	103.6
集体企业	9556	0.7	62.1	17893	1.7	40.0
股份合作企业	1521	0.1	24.9	876	0.1	12.3
联营企业	1745	0.1	14.5	1217	0.1	42.0
有限责任公司	435095	34.0	24.2	286398	27.5	41.8
股份有限公司	189793	14.8	626.4	110434	10.6	836.6
私营企业	270484	21.1	14.7	243611	23.4	20.5
其他内资企业	57580	4.5	47.2	31980	3.1	25.6
港澳台商投资企业	193331	15.1	217.0	216746	20.8	250.0
外商投资企业	81817	6.4	215.3	99955	9.6	252.4

（四）规模以上工业企业吸纳就业人数比重大，规模以下工业企业新增就业人数多

2013年全区16825家工业企业单位中，规模以上的单位只占全部工业企业单位数的11.1％，就业人数占工业企业就业人数的74.0％；规模以上工业企业就业人数为68.0万人，比"二普"增加2.1万人；单位就业人数平均规模为363.1人，比"二普"增加131.1人。规模以下工业企业，就业人数为23.9万人，比"二普"增加12.1万人；单位就业人数平均规模为16.0人，比"二普"增加2.2人，如表8.8所示。

表8.8 按工业企业单位规模分的就业人员情况

工业企业规模	2013年			2008年		
	人数（人）	企业单位数（个）	单位规模（人/个）	人数（人）	企业单位数（个）	单位规模（人/个）
规模以上工业企业	680421	1874	363.1	659576	2843	232.0
规模以下工业企业	238785	14951	16.0	117341	8526	13.8
合计	919206	16825	54.6	776917	11369	68.3

四、存在的问题

随着顺德经济的快速增长、经济转型的稳步推进，就业结构逐步改善，层次不断提

升,但在基本单位结构与发展质量、就业人员内部结构和分布上还有待进一步改善、优化。

1. 镇街之间经济发展存在明显不平衡现象

2013年年末,该区56.5%的企业法人单位集中在乐从、容桂、大良,占比分别为22.2%、17.6%、16.7%;均安企业法人单位1344个,数量最少,仅占3.4%;勒流2636个,占比6.7%,与"二普"相比下降1.5个百分点。企业法人单位的分布情况,也从一个侧面反映出该区经济发展中依然存在的明显不平衡现象。

2. 就业人数规模普遍不大

第二、第三产业就业人员中,企业法人单位就业人数1281091人,而从事第二、第三产业的企业法人单位达到39487个,单位平均就业人数仅为32.4人,低于全国38.5人("二普"数据)的平均水平。

3. 私营企业发展质量偏低

"三普"数据显示,该区私营企业法人单位18379个,与"二普"相比增长55.9%。但近年私营企业发展仍存在总体规模偏小、发展质量偏低等情况。2013年平均每户私营企业实现营业收入885.4万元,为全部企业法人户均营业收入2121.2万元的41.7%;户均资产731.0万元,为全部平均水平2480.7万元的29.5%;户均就业人数14.7人,为全部平均水平32.4人的45.4%。

4. 三资企业发展缓慢

2013年,全区共有三资企业法人单位1271个(港澳台投资企业891个,外商投资企业380个),比"二普"1260个(港澳台投资企业865个,外商投资企业395个)增加11个,增长0.9%,占全区企业法人单位3.2%,与"二普"三资企业法人单位比重(6.2%)相比,下降近50%。

5. 第三产业发展较快,就业人员增加相对滞缓

自"二普"以来,顺德第三产业增加值从2008年的517.84亿元增加到2013年的1156.67亿元,占GDP的比重从33.1%上升到45.2%,上升12.1个百分点,发展较快。但同期第三产业的就业人数从19.8万人增加到32.5万人,占全部就业人员的比重从19.0%提高到25.4%,仅上升6.4个百分点,第三产业就业人员增加相对滞缓。

6. 就业人员中高级人才匮乏,制约竞争力提升

"三普"数据显示,2013年顺德单位就业人员中具有高级职称的专业技术人数为4962人,仅占全部就业人数的0.4%,比重很低,而且集中于工程技术人员、卫生技术人员、教学人员,三者合计占比98.2%。部分行业高级专业人才匮乏更为严重,制造业作为顺德经济的基石,行业就业人员超过了全部就业人员的7成,但具有高级职称的

专业技术人才比重低于0.12%。高级专业人才匮乏,人才瓶颈的制约已逐步显现。

五、建议

1. 加强区域规划建设,引导行业合理发展

认真贯彻落实顺德区产业发展规划的要求,积极引导行业合理发展和产业规划布局,促使基本单位区域协调发展。一是职能部门审批企(事)业单位时,应按照该区的产业政策与发展规划、区域功能给予引导,促进基本单位合理布局;二是注重协调发展,在各区域间实现优势互补、各展所长、分工协作、共同繁荣,避免为争项目而进行的重复建设,以节约社会资源。

2. 鼓励企业向规模化发展,提高综合竞争力

该区企业规模两极分化,基本单位中大多是中小微企业,他们规模普遍较小,缺乏专业化,市场竞争力较弱。应当选择重点行业、有发展潜力的企业,从政策、资金、服务等各方面予以倾斜与扶持,积极推动中小微企业与有实力的大企业、大集团合作,以实现资源的优化配置,切实增强企业的核心竞争力。

3. 扶持私营企业做大做强

私营企业规模普遍较小,对扩大就业、增加居民收入、活跃市场经济、促进经济发展具有重要作用,政府部门要在政策、环境、资金、人才等方面加大、落实对私营企业的扶持力度,培育龙头企业。

4. 重视发展三资企业

发展三资企业,将会促进地区经济外向度提高,并有利于提升企业整体管理水平。近年,入驻顺德的三资企业数量增长非常缓慢,并且企业法人单位比重、就业人数数量及比重均呈现下降趋势。随着交通网络的完善,顺德投资环境已进一步改善。应抓住机遇,加大招商引资力度,争取三资企业的发展能有新突破。

5. 大力发展第三产业,尤其是现代生产性服务业

目前,第二产业仍是顺德吸纳就业的主力,但随着产业结构调整的深入,其吸纳就业的能力将逐年减弱。而第三产业是劳动密集型行业,就业弹性大,吸纳就业能力强。2013年,顺德第三产业占GDP的比重为45.2%,与广州(64.6%)等国内发达城市相比有较大差距;顺德第三产业就业比重仅为25.4%,与广州(53.9%,2012年数据)差距显著。因此,要加快优化产业结构步伐,通过提升传统服务业,大力发展现代生产性服务业,鼓励服务业创新,改善服务业创业环境等措施来促进第三产业发展,从而带动就业。

6. 大力引进培养高层次人才，推动人才队伍建设

高层次人才是引领和支撑经济社会发展的中坚力量，应结合顺德经济发展需求，招才引智和自我培养相结合，以有效的激励机制为保障，构建合理的高层次人才队伍。按照顺德"十二五"期间"现代产业之都、品质生活之城、改革创新之窗"的总体发展定位，要取得产业转型升级的重大突破，走高端化内涵式发展道路，打造最具增长潜力的现代产业之都，应创新人才引进和培养机制，尤其要抓好加快引进和培养高层次人才工作，探索"政、产、学、研"合作新模式，显著提高该区自主创新能力和产业竞争力，推动该区从"产业集聚人才"向"人才引领产业"方向发展，努力形成人才与产业、高层次人才与科技创新的良性互动。

以改革开放创新促进经济结构调整

——顺德经济结构变化趋势的影响因素研究

刘刚桥　卢剑忧

改革开放以来，顺德经济取得了突飞猛进的发展，经济实力大为提高。到 2013 年，人均 GDP 达到 16673 美元（以当年汇率计），各项社会事业也都取得了长足的发展，改革和发展事业进入了一个新的历史阶段。当前国内经济呈现出新常态，经济增长从高速增长转为中高速增长，顺德同样处于经济增长的阶段转换，经济增长放缓并趋于平稳，展望"十三五"时期乃至更长时期，理解和认识经济增长阶段转换期的特点，寻找顺德经济新阶段的增长动力，并围绕新增长点谋划和推动顺德改革与发展。本报告主要从产业结构、需求结构、就业结构以及要素结构等方面深入分析了顺德经济结构的变化趋势，为顺德制定下一阶段经济发展政策提供参考。

一、顺德经济结构调整面临的新环境、新形势

（一）发展环境错综复杂，区域竞争更趋激烈

从国际经济和政治环境看：一是外部经济政治环境多变，金融危机以及局部战事频繁，不稳定因素增多，预期全球经济将进入深度调整阶段；二是欧美发达国家"再工业化"兴起，雄厚的资本实力和先进技术优势将对顺德产业升级造成较大挤压，而制造业原有的成本优势也在逐渐消失，低端制造市场正被越南、缅甸等东南亚国家取代，这批后发国家对顺德产业发展形成了一定威胁。

从国内环境看：一是国内要素、商品价格上行趋势明显，人民币升值压力较大，民生问题凸显，经济社会发展面临较多不确定性。二是国内区域竞争加剧，一方面中西部地区依靠国家扶持政策、要素成本优势和资源优势迅速崛起，低端制造业竞争优势凸显；另一方面省内及国内其他较发达城市也正全力抢占新一轮产业发展制高点，在高端产业上与顺德竞争激烈，区域之间的人才、资源、市场竞争无时不在。

在国内外环境复杂多变、先进制造业回流发达国家、低端制造业转移欠发达国家、国内区域竞争加剧等多重压力之下，顺德要保持原有优势有效应对冲击的难度加大。

（二）产业结构不够优化，制造业转型困难重重

一是顺德制造业产业规模较大，但总体处于价值链中低端，信息化与工业化互动不

显著,技术密集型产业所占比重较低,随着资源、环境和市场压力日益增大,现有发展方式亟待转变。二是产业结构不均衡,金融、物流等生产性服务业滞后于不断扩大的工业发展需求,零售商贸、餐饮住宿等生活性服务业滞后于不断提高的居民消费能力和消费层次,服务业整体辐射能力与城市区位优势不相符、与城市经济活力不相称。三是产业增速放缓,2010—2012年顺德地区生产总值(14.50%降至8.0%)、规模以上企业工业增加值(18.0%降至9.8%)、固定资产投资(14.6%降至8.1%)三项指标的增长速度呈逐年放缓态势,表明增资扩产和挖潜改造投资不足,将削弱未来产业发展潜力。四是装备优势逐步弱化,企业品牌和渠道建设有待加强,顺德造型企业初始优势路径依赖明显,装备更新、技术改造动力不足,数字化、智能化设备比重不高。随着国内其他地区的后发优势显现,顺德部分优势制造业的装备水平正逐步丧失相对优势;此外,企业品牌和渠道建设有待加强,大部分企业品牌经营理念不突出,部分优势制造行业对渠道控制力较弱,顺德制造业利润空间受到进一步挤压。

(三)发展要素制约明显,体制机制优势未展现

一是土地资源匮乏。顺德历经多年高速发展,土地开发强度已达到48%,部分镇街可用土地很少,可利用后备资源匮乏;此外,过往开发的土地利用效率不高,附着在土地和产业之上的各种利益关系复杂、格局固化,土地整合改造难度较大,影响产业的进一步发展。二是改革优势相对减弱,新体制优势未展现开来。历经改革开放,顺德区内率先改革形成的制度比较优势已大为弱化,位处珠三角而带来的区位优势和政策优势相对削弱;另外,2009年顺德率先开展大部制改革,部门整合的基础上组织实施了新一轮的行政审批制度改革,全国率先实施商事登记改革,有效提高政府效能,大幅降低了企业进入市场的门槛。然而,目前改革的成果尚未完全展现,企业活力尚待进一步激活。

(四)城市管理水平有待提升,节能减排与环保压力加大

一方面,城市管理水平有待提升。城市管理的科学统筹水平较弱,现代管理技术和理念应用不足,基础设施管理信息化水平不高,空间布局低水平,工业、商业、居住、休闲等分区不清晰,综合信息开发利用、管理、共享和发布平台缺乏,电子政务协同能力有待加强,现代城镇服务功能未能整合提升。此外,区域交通难以满足需求,城市路网建设总量较大,但区域分布不均衡,镇街间仍存在重要道路未对接,尚未形成统一覆盖全区的快捷公交系统,对产业发展形成一定影响。另一方面,随着节能减排以及治污力度加强,政府对高能耗及落后的技术、工艺和产品实施强制淘汰,企业在引进、开发和应用节能降耗技术改进生产流程和工艺的同时,也面临着环保与发展之间的资金和技术压力。

二、顺德区经济结构变化特征与趋势分析

（一）产业结构变化

1. 三次产业结构的变化

2004—2013年，第一产业、第二产业、第三产业的比重由2004年的3.9∶57.4∶38.7演变为2008年的2.0∶64.8∶33.2，到2013年演变为1.7∶53.1∶45.2。从三次产业结构的变化看，2004—2013年，第一产业比重保持下降的态势，但是下降的速度趋缓；第二产业比重始终保持在50%以上，与2004年相比下降了4.3%，2004—2008年保持逐步上升的趋势，并在2008年达到峰值后开始出现较大幅度下滑；第三次产业比重总体呈上升趋势，与2004年相比上升了6.5%，2008年之后呈加速上升态势，并逐步缩小了与第二产业比重间的差距。到2013年，三次产业结构比重的变化趋于平缓，未来一定时间内，这一趋势将保持较为稳定的延续。

2. 制造业内部结构变化

按照生产要素密集程度，可以将制造业划分为劳动密集型、资本密集型和技术密集型产业。2004—2013年间顺德区劳动密集型产业比重上升了2.32%，其中2008—2013年间呈波动态势并小幅上升；大多数劳动密集型产业产值比重呈下降趋势，但文教工美体育娱乐用品制造业、金属制品业，分别上升了5.1%、2.84%。资本密集型产业在2004—2013年期间比重略有上升，但上升幅度逐渐递减，而且2008—2013年间资本密集型产业出现小幅下降，其中上升幅度最大的是黑色金属冶炼和压延加工业，上升了1.24%，其次是橡胶和塑料制品业，上升了0.54%。技术密集型产业在2004—2013年间下降了3.22%，其中2004—2007年间下降较快，这一时期下降幅度达到3.45%，2008—2013年间呈波动并保持相对稳定态势；2004—2013年间比重下降幅度最快的是计算机、通信和其他电子设备制造业，下降幅度达到11.65%，上升幅度最大的是电气机械和器材制造业，由2004年的44.36%上升到2013年的50.79%，上升幅度为6.44%，但2008—2013年间上升幅度减缓，2011—2013年间电气机械和器材制造业产值占规模以上制造业产值的比重均超过50%。

3. 服务业内部结构变化

生产性服务业[①]一般包括流通服务、信息服务、金融服务、商务服务、科技服务五大类别，涉及《国民经济行业分类》（GB/T 4754—2002）中交通运输、仓储和邮政业，信息传输、计算机服务和软件业，批发与零售业，金融业，租赁和商务服务业，科学研究、技术服务和地质勘查业等6个行业门类。2004—2012年间，顺德生产性服务业比重

---

① 资料来源：广东统计信息网，http：//www.gdstats.gov.cn/tjfx/t20100625_80055.htm。

先下降后上升,2008—2012年间,生产性服务业比重上升了1.30%,其中比重上升的是租赁和商务服务业、科学研究技术服务和地质勘查业,分别上升了7.31%、1.63%;生活性服务业比重在2004—2012年间顺德呈相反趋势,2012年比2008年下降了1.30%,其中比重下降幅度最大的是住宿和餐饮业,下降了3.02%,其次是居民服务和其他服务业,下降了1.94%;2004—2012年间,顺德现代服务业比重呈明显上升趋势,上升了12.61%,特别是2008—2012年上升了9.16%,上升幅度较大,但值得注意的是在2004—2012年期间信息传输、计算机服务和软件业下降了9.73%,下降趋势明显。

(二) 需求结构变化

1. 消费结构的变化

2004—2013年间,顺德区社会消费品零售总额始终保持两位数的增长速度,由2004年的176.22亿元增长至2013年的730.25亿元,年均增速17.11%。从增长趋势看,2004—2013年,顺德区社会消费品零售总额不断扩大,但增长速度逐步回落,特别是2008—2013年间增长速度下降较快,但仍高于同期顺德GDP、第三产业增加值及同期广东省社会消费品零售总额增长速度。值得注意的是2013年广东省社会消费品零售总额增长速度近10年来首次超过顺德区增长速度。

2004—2013年间,顺德城镇居民人均消费性支出由2004年的17072元增加到2013年的28971.15元,年均增长6.05%,比城镇居民人均可支配收入年均增长速度低2.86%,城镇居民人均消费性支出与城镇居民人均可支配收入之间的差距进一步扩大。而居民储蓄年末余额年均增长速度为11.96%,比城镇居民人均消费性支出年均增长速度高出5.91%,进一步说明顺德区居民消费积极性还有待进一步提高。

2. 投资结构的变化

2013年间顺德区全社会固定资产投资为499.24亿元,是2004年的3.68倍,2004—2013年均增长速度为15.57%。从固定资产投资产业分布结构变化趋势看,2006—2013年,顺德第二产业投资比重持续下降,其中2006—2010年下降了19.43%,制造业投资比重在2008—2013年间波动较大,其中2008—2010年下降了4.13%,2010—2012年上升了8.27%,达到6年来的最高值31.28%,但2013年下滑到25.08%,制造业投资比重总体趋势仍呈上升态势;第三产业投资比重在2006—2013年间上升了17.12%,其中2006—2010年上升幅度较大,上升了19.50%,其中基础设施建设投资比重在2006—2010年上升达到最高值30.39%然后下降,交通运输仓储和邮政业、水利环境和公共设施管理业固定资产投资比重均在2010年达到峰值,分别为11.01%、18.20%,然后逐步下降,这主要是为应对2008年国际金融危机,国家出台了经济刺激计划的影响。另外,房地产投资比重在2006—2013年间始终保持在1/3以上,2011年达到2008—2013年间的峰值46.65%,2011—2013年间下降了8.63%。

3. 外贸结构的变化

从贸易方式看,2008—2013年间,顺德一般贸易方式进出口比重均有所上升,其中出口比重上升幅度较大，上升了 14.74%，进口比重上升幅度较小，仅上升 1.14%。从产品结构看，2008—2013 年间，机电产品出口份额一直居于首位，占整个出口份额的 65%～80%，但出口比重呈波动态势，其中 2008—2010 年，机电产品出口比重上升了 10.56%，达到近年来的峰值，2010 年逐步回落到 2008 年水平，机电产品进口比重在 2010 年达到峰值后迅速下降，2010—2013 年下降幅度较大，下降了 17.89%；高新技术产品进出口比重在 2008—2013 年间均呈下降趋势，其中高新技术产品出口在 2009—2013 年间下降了 5.67%，下降幅度较大。从企业性质看，2008—2013 年间，内资企业进出口比重均呈持续上升趋势，三资企业进出口比重均呈下降趋势，其中内资企业出口比重上升幅度远低于内资企业进口比重上升幅度。

（三）就业结构变化

产业结构偏离度是指某一产业的就业比重和增加值比重之差，是测度经济结构效益的一种方法，其主要含义是就业结构与产业结构之间的一种不对称、不适应状态。就业结构与产业结构越不对称、不适应，两者的偏离度越高，就业的产业结构效益越低下，表明存在劳动力转出的可能性；偏离度越小，就业的产业结构效益越高，表明就业结构调整与产业结构调整较适应、产业发展较均衡。

2004—2013 年间，第一产业的偏离度明显下降，第二、三产业的偏离度都是先下降后上升，其中，第二产业偏离度在 2008 年为最低值，但 2008—2013 年上升幅度较大，第三产业在 2009 年为最低值，2009—2013 年上升幅度逐渐递减，总体上，顺德产业结构偏离度在逐步缩小，由 2004 年的 31.7 降低为 2013 年的 26.9。这说明顺德从业人员结构和产业结构不断趋于协调，产业结构的均衡性有了较大改善，但绝对值仍然较大，说明就业结构的变动还明显滞后于产业结构的优化升级，就业结构与产业结构还存在相当大的偏差。从相对劳动效率（各产业的增加值比重与从业人员比重之比，大于 1 代表生产率高于平均水平）看，2004—2013 年间，顺德第一产业偏离度均为正偏离，第二产业除 2009 年、2010 年外均为正偏离，第三产业偏离度均为负偏离，这说明第一、二产业劳动生产率相对较低，存在劳动力转出的可能性，而第三产业持续存在劳动力转入的可能性。

（四）要素结构变化

根据古典经济增长理论，要素投入量增加、全要素生产率提高和要素配置优化是经济增长的三个动因，生产要素主要包括劳动力、资本、技术、土地、自然资源等。根据柯布-道格拉斯生产函数可知，资本积累、劳动力投入的增长以及全要素生产率（TFP）的提高是经济增长的三大源泉。

1. 技术要素

随着经济的发展，全要素生产率已成为决定经济能否长期较快增长的决定因素。影响全要素生产率增长的主要因素主要包括人力资本溢出效应、科技资本、体制改革、城市化、外资效应、外贸效应、基础设施、最终消费率等，其中技术进步是影响全要素生产率增长的一个核心因素。考虑到数据的可得性，本报告选择工业增加值率、研究与试验发展经费支出、专利申请授权量反映顺德综合技术要素的变化。

工业增加值率是指在一定时期内工业增加值占工业总产值的比重，反映降低中间消耗的经济效益。工业增加值率越高，资源消耗越低，创造的附加值越高，行业的综合要素生产率越高。2007—2013年，顺德规模以上工业企业的增加值率呈下降趋势，下降了4.5个百分点，年均增速为-2.94%，其中，2011年有一个较大幅度的下降，2011—2013年间，工业产值增加值率相对稳定。

从发明专利申请数和大中型企业的R&D经费支出来看，2007—2013年间，顺德呈现出逐年递增的趋势，尤其是发明专利申请书年均增长率达到39.09%。这说明顺德的大中型企业的技术投入和技术成果近年不断提高。

2. 劳动力要素

2007—2013年，顺德劳动力投入方面呈现出不稳定的趋势，受经济状况的影响较大。特别是2009年和2011年，工业全部从业人员年平均人数出现了下滑（2009年年均增长率为-2.88%）或者增长缓慢（2011年的3.14%）的情况，但同年的社会从业人员年末数却有两位数的增长。这意味着全社会的劳动投入在增加，而工业的劳动投入却减少。

从社会年末从业人数行业分布看，2007—2013年间，第一产业社会年末从业人员数逐步减少，年均增长率为-4.44%，即投入第一产业的劳动力越来越少；第二产业社会年末从业人员数年均增长率为9.01%，其中制造业年均增长率为10.82%，但同期建筑业的劳动投入下降速度较快（-6.29%）；第三产业社会年末从业人员数的年均增长率达到了12.88%，成为吸纳劳动力的重要渠道。

从劳动力结构来看，顺德的劳动力结构呈现出高端劳动力增加的趋势。劳动生产率是分析国家或地区劳动力生产效率的重要指标，该指标值越大，说明该国家或地区的单位劳动产出越高，即劳动力的素质越高。2006—2013年，顺德工业全员劳动生产率呈现较快增长的趋势，特别是在2006—2010年期间，年均增长率达到了14.59%，2011年出现小幅下降后又加速上升。2007—2013年间，社会全员劳动生产率呈现波动态势，其中2008—2012年一直处于下降态势。这说明顺德目前的劳动力结构改善主要集中在工业，农业和服务业的改善程度不大，社会全员劳动生产率波动较大主要是受经济周期影响。

3. 资本要素

2006—2013年间，全社会固定资产保持了稳定增长，但从三次产业来看，固定资产投资的增长主要来自第三产业，第二产业的固定资产投资在2007—2013年期间仅有3.91%的年均增长率，而第三产业的年均增长率达到了16.60%。从实际利用外资来看，近年来外资对顺德经济的贡献程度有所下降。2007—2013年期间，仅有10.78%的年均增长率。

三、顺德经济结构变化的影响因素分析

（一）从产业结构看，服务业滞后、路径依赖仍是三次产业结构升级阻力

1. 服务业发展滞后于工业化发展

改革开放以来，顺德经济高速发展，三次产业结构比重由1978年的36.8∶46.1∶18.3到2013年的1.7∶53.1∶45.2。第一产业比重显著下降，第二产业、第三产业构成比重和贡献率均明显上升，产业结构不断优化，三次产业产值结构从改革开放初期的"二、一、三"演变为以第二产业为主导的"二、三、一"局面。与钱纳里等人建立的多国模型标准结构相比，2013年顺德人均GDP达到16673美元（以当年汇率计），相当于顺德经济发展水平处于后工业化阶段发达经济时期。按照赛尔奎因和钱纳里产业结构发展模式，当人均GDP大于4000美元时的工业化后期阶段，一般国家的产业结构比为7.0∶46.0∶47.0。而当人均GDP水平进入后工业化阶段时，产业结构中应是第二产业产值比下降，第三产业占支配地位，而且第三产业产值比上升并超过50%。2013年年末顺德的第三产业（服务业）占GDP的比重仅为45.2%，而同期全国、广东省第三产业增加值占比均首次超过第二产业。这说明顺德产业结构的发展与经济发展水平有一定差距，与发达国家的服务业发展经验对比，顺德服务业发展明显仍然滞后于工业发展阶段。

2. 先进制造业与高新技术产业发展不足

从不同技术类型结构分，顺德制造业中高技术产业产值比重较低，2013年高技术制造业产值仅占规模以上制造业产值的4%，高技术制造业增加值占规模以上工业比重仅为5.2%。从发展趋势看，2004—2013年期间高技术制造业产值比重下降明显，其中计算机、通信和其他电子设备制造业下降幅度较大。2013年顺德区先进制造业增加值占规模以上工业的比重为26.0%，2011—2013年顺德先进制造业增加占规模以上工业比重呈明显下降趋势，下降7%。

3. 制造业存在路径依赖

顺德是全国重要的制造业基地，拥有完善的制造业（特别是家电行业）产业链，这有助于降低制造业行业整体的生产成本。顺德本土的企业家在管理制造业方面具有丰富的经验。由于产业聚集的原因，也使得顺德本土集聚了大量的制造业人才。基于上述原因，当本土或外来的企业家需要进行投资时，处于成本、管理经验、人才等方面的考虑，他们更容易在制造业，特别是轻工业方面进行投资，这些投资进一步降低了顺德本土制造业的生产成本、丰富了管理经验和集聚了更多人才。经过多次循环加强以后，顺德在从事轻工业、传统优势产业的优势不断得以增强，从而"锁定"（lock-in）在轻工

业、传统优势产业中，其他产业，特别是新兴产业难以得到发展。从第二部分的相关数据分析也可以看出，顺德制造业内部的霍夫曼比例（轻重工业比重）不仅没有随着工业化程度加入而降低，反而不断攀升，甚至还高于全广东省的平均水平，制造业产业内部的结构已经被"锁定"，引入新兴产业变得十分困难。

（二）从需求结构看，传统消费观念、较低的城市化水平制约了消费对经济增长的拉动作用

1. 传统消费观念导致储蓄率较高、消费层次低

与我国其他大部分地区一样，顺德居民的受传统消费观念影响，储蓄率较高。在2006—2013年期间，顺德城镇居民的人均消费支出逐年增长率低于人均可支配收入的逐年增长率。这意味着，在2006—2013年期间，居民收入增长的部分更多的是用于储蓄，而不是用于消费。这也是导致2005—2010期间，顺德居民储蓄年末余额的增长水平一直高于城镇居民人均可支配收入的原因。而2011—2013年出现的居民储蓄年末余额逐年增长率低于城镇居民人均可支配收入的逐年增长率，可能是由于居民将资金用于其他投资渠道，而非用于消费（2011—2013年期间，支出的逐年增长率仍低于收入）。较高的储蓄率意味着居民用于消费部分的收入不高，消费意愿不高，第三产业消费难以推动经济增长。

2. 较低的城市化水平进一步抑制了高端消费

城镇化有助于通过推动消费层次的提升，从而拉动内需，保持经济稳定增长。据有关报道，目前顺德的城镇化率已经达到95%，在省内城市中高于广州，仅次于深圳。但目前，顺德的城镇化存在城镇化率高，城镇化水平和质量不高的问题。顺德的城镇化水平在人口、经济和社会三个方面指标的表现大部分落后于广州和深圳。特别是在经济城镇化方面，顺德的人均GDP水平低于广州、深圳，第三产业的发展更是远远落后于广州、深圳两地；在社会城镇化方面，除了每万人普通中学在校学生数指标表现较好，高于广州和深圳两地以外，城镇单位从业人员平均工资、每万人拥有床位数、人均城乡居民储蓄余额均远低于广州、深圳两地，与顺德城镇化率95%的指标值不符。这意味着，顺德目前的城镇化仍然是处于低水平的城镇化，虽然通过户籍制度改革，大部分的农民转换了身份，从"农业户口"转为了"非农户口"，但顺德的经济、社会发展仍然赶不上广州、深圳等地的城镇化水平，未能成为促进顺德本地产业转型、第三产业发展、经济增长的有力支撑。

（三）从就业结构看，存在高素质人才缺乏、"请不来，留不住"的问题

目前，顺德已经出台了多项政策，强化高层次人才服务，以吸引高层次人才留在顺德。以《佛山市顺德区优秀人才优质公共服务管理办法》为例，即针对人才户籍管理、

子女教育、配偶就业、医疗保障、出行便利、人才流动等方面的服务问题，协调组织、教育、公安、国土城建、文体旅游、医疗卫生等部门，为高层次人才配偶解决就业问题。

另外，以制造业为传统优势产业的顺德还积极强化技能型人才的培养。出台了《佛山市顺德区高技能人才培养和平台建设实施办法》，实施高技能人才评优奖励制度和完善高技能人才薪酬激励制度，吸引和留住高技术人才在顺德工作和服务。截至2012年年底，全区共有高技能人才36000多人，占技能劳动者总数的9.4%。

但从顺德的人才实际情况来看，顺德目前还存在高层次人才缺乏，人才"请不来，留不住"的情况。从表9.1可以看出，顺德的高素质人才（即拥有大专及以上学历者）的比例要低于广州，甚至还低于广东省和全国平均水平，这与顺德本身较发达的经济发展水平明显不符。

表9.1　第二次经济普查法人单位从业人员学历、职称、技术等级情况

从业人员学历	比重（%）			
	全国	广东	广州	顺德
具有研究生及以上学历者	1.3	1.2	2.1	0.7
具有本科学历者	11.4	9.2	13.8	7.6
具有大专学历者	17.6	15	18.6	13.5
具有高中学历者	31.5	34	31.6	38.8
具有初中及以下学历者	38.2	40.6	33.9	39.4
从业人员合计	100	100	100	100

说明：数据来第二次经济普查数据公报。

高层次人才已经成为制约顺德产业升级转型的主要因素。在未来，顺德要改变高素质人才"请不来，留不住"的情况，需要着力提升高层次人才待遇，完善配套措施服务措施，改善城市环境和基础设施，营造全社会尊重人才的氛围。

（四）从要素结构看，环保要求提高、土地资源稀缺是制约制造业发展的主要因素

1. 环保要求日益提升

目前，无论是顺德居民的意识还是顺德政府的相关措施，对环保的要求都在日益提升。以空气治理为例，顺德推出了"清洁空气计划"，出台了多项措施，以期通过综合整治改善顺德空气质量。另外，顺德环保部门也在加强环保执法力度，仅在2014年10月的一次全区环保大排查，就排查了企业387家，责令整改企业73家，环保立案查处企业36家，其中一家移送公安侦查。加上被称为"史上最严厉"的修订后的《中华人民共和国环境保护法》从2015年1月1日起正式实施，顺德企业所面临的环保成本势必日益提高。

2. 土地资源稀缺

顺德是一个典型的资源稀缺型城市，土地资源的紧缺已经成了制约顺德经济持续健康发展的主要障碍。国际上一般把建设用地占行政区域面积的比重称为土地开发强度，并把土地开发强度达到30%作为土地开发利用的警戒线，一旦开发强度超过了警戒线，就会影响到人们的生存环境。而顺德区人大常委会执法检查组在2012年9月提交的《关于检查〈中华人民共和国土地管理法〉贯彻实施情况的报告》显示，顺德的土地开发强度在2011年年底已达到49.49%，远超30%的警戒线，面临"无地可用"的困境。

尤其是与昆山、江阴等经济发展水平相当的城市相比，顺德的土地开发强度也是属于较高水平，是江阴、常熟两地的近两倍，与北京、上海、深圳等大城市的开发水平相当。制造业要发展，企业要扩张，必须需要土地，顺德制造业未来要发展，除了要得到顺德区政府进行"腾笼换鸟"的政策配合，将落后产能淘汰，获得额外土地供应以外，还要调整发展思路，通过集约节约用地，提高单位面积的GDP。

四、顺德经济结构调整的几点建议

（一）加快产业结构优化与升级

1. 改造提升传统制造产业，培植发展新兴产业，走新型工业化发展道路

加快高新技术和先进适用技术改造传统产业的步伐。立足现有优势传统产业，引导传统产业走拥有自主知识产权、自有核心技术、自主品牌的"三自"式发展道路，鼓励优势传统产业采用国内外先进适用技术、新工艺和新材料，对现有生产设备、工艺进行改造，实现技术领先、质量领先，使传统优势产业、产品向高端发展，以维持其可持续竞争能力。有机结合总部经济发展战略和"双转移"战略，鼓励优势传统产业转移低端生产环节，实现高端化、集群化发展。引导企业向制造和生产服务相结合的经营模式转变，加大品牌差异化营销和连锁经营的力度。

在推动传统产业改造提升的同时，着力培育发展潜力大、带动效应强的战略性新兴产业，提升产业层次。加快搭建战略性新兴产业研发平台，继续引入战略性新兴重大项目和鼓励本土优势企业进入新兴产业领域，抢占产业发展制高点。重点发展高端新型电子信息、高端装备制造、节能环保、生命医药等与顺德传统产业关联度高的战略性新兴产业，逐步形成完整产业链，形成产业规模和集群效应，最终完成现代产业体系的构建，实现产业转型和升级。

2. 大力发展现代服务业，全面提升产业结构层次

积极拓展生产性服务业，打造生产性服务业集聚区。以城区为中心，建立专门为制造业服务的城市商务服务区，以强化城区的经济辐射功能；在已有的制造业产业集群内部或者附近，建立起各种为其服务的公共平台，以降低制造业集群的交易成本，优化投

资环境；在各种高技术园区，或者知识密集型制造业的集群内部或者周边，建立为其服务的研发平台，以及法律、工程、融资、信息、咨询、物流和政策支撑体系，以增加园区知识含量和产业竞争力。依托家电、家具及机械设备业，推动现代物流、工业设计发展，把研发设计服务打造成为加速"顺德制造"向"顺德创造"转变的重要支撑。依托雄厚经济基础与民间资本，推动金融保险业发展，结合顺德以民营经济为主的市场结构特点，主动利用和盘活民间资本，逐步建立能够不断适应经济发展需要的金融创新体系。

大力发展生活性服务业，全面提升服务质量和水平。围绕群众迫切需要，采取有力措施，丰富文化、医疗、旅游、养老等服务供给，重点发展商贸服务业、健康服务业、养老服务业、家庭服务业、文化服务业、旅游服务业等，提升服务业发展层次，建成为生产服务和生活服务的全方位服务体系。

（二）优化需求结构，增强消费对经济增长的拉动

1. 改善消费环境，促进消费升级

投资和消费是拉动经济增长的两个要素，要保持经济平稳较快发展，必须在保证投资适度增长的同时，增加消费方面的增长。当前，顺德人均消费支出增长缓慢，消费结构还是以吃穿住行为主，居民消费率偏低，因此，应鼓励城乡居民消费，以拉动经济增长。要提升居民消费能力，应以扩大中等收入群体为突破口，促进消费升级。完善居民消费政策，鼓励发展社会化养老、家政、医疗保健等服务业，拓展新的消费空间，积极发展网络购物等新兴消费业态，扩大消费信贷。改善城镇居民消费环境，完善社区便民服务设施，满足居民消费的需要。同时，还要积极培育消费热点，全面扩大居民的消费需求。完善社会保障和救济制度，扩大公共事业投入，直接或间接增加居民收入，从而解决城乡居民消费的后顾之忧。

2. 保持投资稳定增长，优化投资结构

加快投融资体制改革，进一步拓宽筹融资渠道，要保持全社会固定资产规模稳步增长。改善投资环境，放宽投资领域、降低投资门槛，吸引更多的民间资金，为民间资本设计灵活多样的进入基础设施建设项目的方式；在加大吸引外资工作的同时，重视内资的引入，实现内资、外资齐头并进的良好格局。优化金融环境，改善信贷管理办法，加大信贷对投资的支持力度。加大企业上市力度，努力做好新股上市和已上市公司合理使用资金；改革投资管理和审批方式，减少环节，简化手续，公开程序，提高办事效率。进一步优化投资结构，在加强基础设施建设投资力度的同时，进一步加快技改投资力度。加强对战略性新兴产业发展的引导和规范，促进其持续快速健康发展。有序推进确定的重大项目开工建设，保持投资的合理规模和稳步增长。

3. 稳定出口，加大对外资的引进力度

受国际市场疲软的影响，顺德进出口贸易增速下滑，因此，要积极推进结构调整，

在技术改造和产品创新上增加投入，努力使产品更加适应不同市场的需要，并建立不同的营销策略，深度开发多元市场，巩固和扩大国际市场份额，推动出口稳定增长。同时，要坚持利用外资和对外投资并重。进一步完善基础设施建设，优化投资环境，为招商引资搭建良好平台，拓宽投资领域，创新投资方式，建立吸引外商投资的长效机制，注重改善利用外资结构，提高利用外资质量，鼓励企业对外投资，加大对企业"走出去"的支持。

4. 推进新型城镇化建设，全面提升城市化质量水平

城镇化蕴含巨大的需求潜力，推动城镇化应以提高城市的集聚效应和生产率为核心，贯彻落实《顺德"十二五"发展规划》，坚持规划引领、产城融合、生态宜居的原则，推动顺德城镇化健康发展。加强统筹城乡的规划布局，实施主体功能区战略，统筹安排城乡开发建设、生产生活和生态空间，优化城市布局和形态，着力推进城乡规划建设、要素配置和公共服务一体化，构建梯度有序、开放互通的城乡一体化格局；实施产城联动战略，调整产业布局，构建现代产业体系，注重产业功能区提质发展，优化提升城市功能，增强城市对产业提升、文化营造、人才吸引、生活服务的承载力，促进人口、产业、功能、生态相协调，实现产城人融合；把生态文明理念和先进信息技术全面融入新型城市化，强化环境保护和生态修复，积极推进信息化和城市化同步发展，建设绿色城市、智慧城市和宜居宜业城市。

（三）调整和优化生产要素结构

生产要素投入和优化配置是经济增长的源泉。但目前，顺德的经济发展受到了土地、劳动力和日益提升的环保要求等要素制约，迫切需要调整和优化生产要素结构，提升顺德经济增长的质量。

1. 坚持不懈地推动节能减排

日益提升的环保要求在短期内提升了顺德区企业，特别是制造业企业的生产成本。但从长远来看，提升环保要求，改进节能减排技术有助于制造业企业转型升级，增强长远竞争优势，特别是在2015年开始实施更严格的环保法背景下，顺德更加应该坚持不懈的推动节能减排。一是建立节能减排工作责任制。严格目标责任和管理，完善工作机制、评价考核机制和奖惩制度。二是进一步加大对高能耗、高污染行业的治理力度，加快推行高污染行业的改造提升和对外转移。三是鼓励企业进行节能减排。通过进一步完善相关政策，引导企业加大投入，更新设备，进一步推行清洁生产工作，将"三废"减少、消灭在源头或生产过程当中。四是提倡循环经济。促使上游企业产生的废物成为下游企业的原料；大力开展资源再生和综合利用，鼓励以废弃物为原料的生产。

2. 提高土地集约利用程度

当前顺德存在土地资源紧缺、产业用地紧张等问题，顺德土地开放强度已经高于同等发展水平的昆山、江阴等地，与北京、上海等大型城市开发强度相约，因此，提高土

地集约利用成了解决土地资源稀缺的应有之义。一是强化规划约束，控制土地利用结构总体方向。目前，顺德较高的土地开发强度，已经使得顺德"无地可用"。因此，未来顺德必须要运用严格的规划约束手段。实施土地用途管制。强化土地供给刚性约束，促进形成节约集约用地的"倒逼机制"，进而促进产业结构优化升级。二是严格控制增量，提高新增建设用地对土地集约利用的带动作用。严格贯彻执行产业政策与建设用地定额标准。建立新增用地建设项目评估制度，提高新增建设用地的投资强度及用地门槛，明确需要使用新增建设用地项目的投资规模、注册资本、亩均投资强度及产出要求。建立有保有压的供地政策，确保新增建设用地计划主要流向新兴产业和生产性服务业、公共服务事业等项目，实现供地结构调整与产业结构调整的良性互动。三是积极盘活存量，通过"三旧"改造，切实提高土地集约利用水平。

3. 构筑高层次人才洼地

当前，高层次人才缺乏已经成为顺德产业转型升级的瓶颈。未来，顺德应该综合采取多项措施，构筑高层次人才洼地，解决高层次人才"请不来，留不住"的问题。一是进一步制定和完善吸引人才的政策、措施，强化高层次人才服务。针对人才户籍管理、子女教育、配偶就业、医疗保障、出行便利、人才流动等方面的服务问题，研究制定各种政策文件、实施办法、中长期规划，提升顺德对优秀人才的服务水平，协调组织、教育、公安、国土城建、文体旅游、医疗卫生等部门，为高层次人才配偶解决就业问题。二是为科研人才提供平台与激励。开展企业博士后科研工作站考评工作，并核发扶持经费，优化提升博士后科研工作站建设，落实在（出）站博士综合补贴，鼓励优秀企业和机构进一步加快建设博士后科研工作站，增强优秀人才聚集效应。三是强化技能型人才的培养。针对顺德制造业优势的现实，应加大对实用型高技能人才培养力度，引导职业院校、技工学校设置适应产业需求和市场需要的专业，完善校企共建的"订单式""高级蓝领"培养形式。四是完善创新型人才的引进和培育体系，实施《关于加快实施人才强区战略的决定》，落实相关"1+10"十大配套政策，重点引进和培养转型发展所需的高层次人才和战略性新兴产业领军人才，加快高层次人才引进培养进程，构筑高层次人才洼地。

产业篇

顺德跨境电子商务发展机遇与策略研究

宋卫　马小红　谢金生　杨韵　周蓉　卢永昌　刘小林

一、绪论

（一）研究背景

跨境电子商务（以下简称"跨境电商"），是指分属不同关境的交易主体，通过电子商务平台达成交易、进行支付结算，并通过跨境物流送达商品、完成交易的一种国际商业贸易活动，具有全球性、即时性、便捷性的特点。从广义上看，跨境电商指的是电子商务在对外贸易中的应用，是传统国际贸易商务流程的电子化、数字化和网络化。跨境电商极大地缩短了传统外贸的供应链，省去了买卖双方多个中间环节成本，拓宽了海外营销渠道，在资源配置和效率提升方面的优势已得到广泛认可。

近年来，我国外贸形势依然严峻，但跨境电子商务却呈现一枝独秀迅速发展的态势，年增速超30%。据商务部测算，2016年我国跨境电商交易规模将从2008年的0.8万亿元增长到6.5万亿元，占整个外贸规模的19%，年均增速近30%。跨境电商迅猛发展，为保持经济外贸增长、促进创新创业创造、加快产业转型升级做出了重要贡献。跨境电商已经成为新时期我国经济增长的新引擎、产业转型的新业态、改革开放的新窗口，并在塑造互联网时代的国际经贸新规则。跨境电子商务已被视为稳定和扩大内需，化解产能过剩等矛盾的重要途径；是拓宽外贸进出口的新引擎，是加快企业成长的新机会；是提升企业活力，进军国际市场的大舞台。

国家重视跨境电子商务发展。2014年至2016年，李克强总理政府工作报告都提到了跨境电子商务。2012年开始，国务院商务部、海关等部门先后颁布一系列市场政策和鼓励创新的举措。多个城市都提出要大力发展跨境电子商务，积极帮助企业实现低成本增长的政策。2016年1月9日，国务院再次宣布在12个城市新设一批跨境电子商务综合试验区。这些重大举措都充分显示了中央政府对跨境电商的重视和期望。

顺德作为我国经济发达地区，在电子商务发展中取得优异成绩，跨境电子商务也在不断发展。跨境电商快速发展，B2B（Business-to-Business）跨境电子商务企业超过

2500 家，跨境电商出口额超过 16 亿美元。① 然而，目前顺德跨境电子商务总体来说，是叫好不叫座，发展不尽如人意，存在很多问题，涉及宏观政策法律约束、企业选择的策略、人才队伍、第三方平台选择、营销推广、跨境物流体系建设等因素。

为了促进顺德跨境电子商务的发展，分析顺德发展跨境电子商务的机遇、挑战，研究发展策略，丰富跨境电子商务的研究。本项目研究小组根据 2015 年顺德区哲学社会科学研究规划的立项要求，在立项研究期间，通过文献资料收集以及大量的跨境电子商务企业、园区、商会、协会的走访调研，结合顺德产业结构调整以及外贸行业、国内电子商务行业的基础情况，分析顺德开展跨境电子商务的机遇以及面临的挑战，针对政府、企业、服务机构等层面提出相应对策。

（二）研究意义

（1）助推顺德企业顺利开展跨境电子商务。
（2）保持顺德制造业和电子商务的相对优势。
（3）结合顺德实践，丰富跨境电子商务的相关理论研究。

（三）研究目标

（1）调研顺德跨境电子商务的现状、问题或不足，研讨顺德跨境电子商务的特点和规律，寻求顺德发展跨境电子商务的机遇。
（2）分析研讨顺德发展跨境电子商务面临的挑战。
（3）提出顺德企业发展跨境电子商务的策略。包括区域政府层面、企业层面的内部资源的优化配置和外部资源优化整合措施，为顺德发展跨境电子商务提供了可操作的、面向具体应用的路线图。

二、顺德跨境电子商务发展的现状、基础和机遇

（一）顺德跨境电子商务现状

1. 总体状况

2015 年顺德跨境电子商务快速发展，根据《南方日报》2016 年 2 月 24 日沿用佛山海关顺德办事处的数据，B2B 跨境电子商务企业超过 2500 家，跨境电商出口额超过 16 亿美元。

2016 年 3 月 1 日，跨境出口软件服务商赛兔公司根据赛兔系统 2015 年沉淀下来的海量数据发布了《2015 中国出口跨境电商行业研究报告》。报告显示，全国跨境电商卖家数量以省份排名，广东省毫无悬念雄踞榜首，超过半数卖家聚集于此。在城市排名中，前十位为深圳、广州、金华（义乌）、杭州、上海、北京、东莞、福州、佛山、厦

---

① 罗湛贤：《2015 年顺德电商交易额达千亿元》，载《南方日报》2016 年 2 月 24 日，第 FC01 版。

门。顺德的行政级别为区，无法参加统计排名。考虑到顺德跨境电商业务占佛山半壁江山的地位，估计顺德跨境电商卖家数量是属于比较多的。

2. 跨境电商产业园区井喷，试点园区获得政府扶持

2014年以来，顺德跨境电商产业园成立，目前挂牌运作的有4家，分别是中欧电商城、和乐家居电商城、国通保税物流中心、盛羽跨境电商产业园。

佛山市商务局为了支持跨境电商发展，积极推进跨境电商产业园区和电子商务公共服务平台两类平台建设，认定并建设一批定位明确、优势明显、配套完善的跨境电商园区，建设佛山市电子商务公共服务平台，服务全市开展跨境电商业务的企业。2015年12月3日，确认顺德区盛熙电器制造有限公司等5家企业为佛山市跨境电子商务试点企业，中欧电商城为试点园区。①

3. 生态体系逐步完善

（1）跨境电商产业的"交通枢纽站"——顺德国通保税物流中心成立。

顺德国通保税物流中心是佛山市政府大力扶持发展的产业园区建设项目。2014年，经海关总署、财政部、税务总局、外汇局批复，广东国通物流城有限公司获得保税物流中心（B型）资质。2015年，顺德国通保税物流中心顺利通过国家四部委联合验收，正式投入服务，成为顺德地区唯一的B型保税物流中心。

（2）跨境电商行业组织成立。

2015年8月，顺德网商联合会更名顺德跨境电子商务商会，该商会有会员企业100多家，会员以开展外贸电商中小企业为主。建有顺德跨境电子商务综合服务中心和顺德跨境电商学院两个支持机构，常年举办4大特色活动：一是"商行天下"，互动走访，诊断先行。二是"领秀汇"，搭建老板的舞台。三是"大赢家"外贸绩效与互动挑战。四是"精艺求金"，助力外贸接单。

4. 各类服务机构云集顺德，不断完善跨境电商生态体系

（1）大龙网落户顺德。②

2016年1月27日，顺德区政府与大龙网（中国）有限公司签订"跨境电子商务项目落户顺德"协议。双方合力建造跨境贸易电子商务集聚区和产业示范园区，为本土生产企业提供外贸出口关检汇税的一站式服务。大龙网将把跨境电商基因与顺德优势外贸产业结合，为顺德广大企业搭建一个直通"一带一路"沿线国家的跨境电商平台。

（2）顺丰顺德电商供应链产业综合项目。③

2016年1月23日，物流巨头顺丰集团在顺德签订协议，将在顺德伦教建设顺丰顺德电商供应链产业综合体项目，总投资超10亿元，规划用地约225亩，预计2019年建

---

① 顺德区跨境贸易电子商务服务试点工作领导小组：《关于确认2015年度顺德区跨境电子商务试点企业（园区）名单的通知》，佛跨境电商函〔2015〕3号。
② 温利、邓柱峰：《顺德牵手大龙网　建跨境电商平台》，载《广州日报》2016年1月28日。
③ 阮凤娟、周春：《顺丰投10亿建电商产业园》，载《顺德日报》2016年1月23日。

成并投入使用。顺丰将依托项目内完善的供应链配套设施,提供全面的快递物流、智能云仓、供应链金融、电商 O2O(Online – to – Offine)等服务,助力客户发展、献力地方经济。

(二)顺德开展跨境电商的基础良好

1. 产业优势明显

经过改革开放,顺德逐步形成了家用电器、机械装备、电子信息、纺织服装、精细化工、包装印刷、家具制造、医药保健、汽车配件等主要行业。2015 年,顺德全年地区生产总值达到了 2580 亿元,比 2014 年增长 8.3%。顺德是一个以制造业为基础的城市,经济开发发达。顺德不仅工业产品的产量大,而且品牌优势明显,享有工业品牌之都的称号。适合开展跨境出口电商的产品丰富,消费潜力大。2014 年,顺德人均可支配收入超过 3.5 万元,人均消费支出近 2.5 万元。巨大的市场潜力,是支撑顺德发展跨境电商进出口强有力的市场基石。

2. 传统外贸制造企业有较强的产品研发能力和成本控制

顺德传统外贸企业长年通过 OEM(Original Equipment Manufacturer)接单模式的历练,都具备着非常强大的产品研发能力,通过跨境电商的新渠道可以跟终端零售市场紧密结合,做一些包括产品性能、客户使用体验感的调研,在跨境市场很容易做爆一款产品,取得非常好的市场回报。

3. 外贸基础雄厚

跨境电商产业起源于传统外贸和国内电子商务行业。顺德具有良好的对外贸易基础,进出口总额大。外贸企业开展跨境电商是互联网经济发展的必然,也是竞争的需要。长期外贸的发展,为跨境电子商务提供了观念、视野、人才、流程等资源。

2014 年进出口总额 265.10 亿美元,比上年增长 8.9%。其中,出口 206.42 亿美元,增长 10.5%;进口 58.68 亿美元,增长 3.7%。[①]

2014 年,顺德海关驻顺德办事处发布的最新统计数据显示,2014 年顺德区外贸进出口总值达 1628.1 亿元人民币,同比增幅达 7.8%。其中,出口 1267.7 亿元,增长 9.3%,进口 360.4 亿元,增长 2.6%,全年实现贸易顺差 907.4 亿元,比上年同期扩大 12.3%。[②]

2015 年,顺德区外贸进出口总值 1601.7 亿元人民币,比上年同期(下同)下降 1.6%。其中,出口 1286.5 亿元,增长 1.5%;进口 315.2 亿元,下降 12.5%。顺德外

[①] 佛山市顺德区发展规划和统计局:《2014 年佛山市顺德区国民经济和社会发展统计公报》,2015 年 4 月 17 日。

[②] 徐靖、胡朝晖:《顺德进出口总值创新高》,载《广州日报》2015 年 1 月 21 日,第 FSA23 版。

贸顺差继续扩大，外贸整体质量效益表现均好于全国水平。①（本文数据口径为：注册登记地为顺德区的企业在全国各口岸的进出口数据。）

4. 面向国内的电子商务行业发展迅猛

以代运营为特征的顺德电子商务行业，实力雄厚。2015年顺德电子商务交易额预计约1000亿元，增长约33%。全区从事B2C（Business-to-Customer）、B2B交易的网商超过8000家，电子商务平台超过15个，在建的各类电子商务特色产业园区21个，省百强电子商务企业25家，数量排全省第二，电商示范企业共有118家。

顺德电商行业近年高度重视跨境电商、移动电商、大数据等创新行动，一些网络销售超过10亿元，代运营收入超亿元的老牌企业，例如"小冰火人""飞鱼"等，积极开展跨境电子商务的前期准备。

随着国内电商竞争的加剧，"草根"出身、经历市场竞争考验的顺德电商行业，不囿于国内市场，而在项目策划、网络营销、平台运营、团队建设、资本运营等领域，储备了大量的资源，为顺德开展跨境电子商务提供了强大的主体。

5. 政策环境不断完善

跨境电商的开展离不开完善的软环境。顺德区没有列入自贸区。但佛山市政府十分重视跨境电子商务的发展，努力为跨境电商打造一定的政策优势。

（1）2014年，佛山市获批成为全国跨境电子商务试点城市。佛山市政府也提出《关于加快我市跨境电子商务发展的工作方案》。

（2）2015年出台《佛山市人民政府关于率先复制推广自由贸易区改革创新试点经验的实施意见》，开展复制推广自贸区改革创新经验工作。

（3）佛山市国税局2016年1月1日起执行的《关于跨境电子商务零售出口税收政策的通知》。

（4）佛山率先成为首个实施"互联网+易通关"改革城市。②

（三）顺德发展跨境电子商务的机遇

顺德在以下因素有所突破，将实现跨境电子商务的重大发展：

（1）充分发挥制造业优势，突破为"跨境电商"而"做买卖"思维，借助跨境电子商务实现制造业个性化生产，柔性化制作，实现企业升级换代。

（2）引导面向国内市场的电子商务资源闯入跨境电子商务。

（3）政府、行业协会从广州、深圳大量引进跨境电子商务的服务机构，通过两地合作，构建良好的跨境电商生态圈。

（4）区域扶持政策持续创新。

---

① 邹建华、胡朝晖：《2015顺德外贸不错，整体均好于全国水平》，见顺德城市网 http：//www.shundecity.com/a/shwx/2016/0122/171292.html。

② 关悦：《顺德率先成为首个实施"互联网+易通关"改革城市》，载《顺德日报》2015年12月17日。

三、顺德发展跨境电子商务面临的挑战

(一) 全国普遍面临的挑战

1. 通关跨境电子商务交易的最大壁垒

跨境电子商务是一种新型的交易方式，在通关监管、检验检疫、外汇管理、税收管理、专项统计等环节，均没有针对性的通关模式和标准规范。为提高进出口货物通关效率，海关总署制定了《中华人民共和国海关进出口货物集中申报管理办法》，但跨境电子商务不属于"集中申报"货物范畴，不能享受此特殊申报政策。国家质量监督检验检疫总局针对进出口商品检验制定了《中华人民共和国进出口商品检验法实施条例》，规定法检出口商品的发货人应持合同等必要凭证办理报检，而且出口商品应在生产地检验。

2. 跨境电子商务物流业发展滞后

跨境电商物流一直存在配送时间长、包裹无法全程追踪、不支持退换货等物流问题，还会出现清关障碍和破损甚至丢包的情况，而消费者对此尚无完全的透明度和问责制。例如，当前使用中邮小包或香港小包到俄罗斯和巴西等地，普遍的送达时间在40天到90天之间，通过国际e邮宝，发往欧美的货物一般是7～12天送达。这些长达一周两周甚至数月的配送时间，极大地考验着海外用户的耐心。而在破损、丢包方面存在的问题表现为，在跨境物流的邮政系统中，从揽件到最终货物送达客户，往往需要经过四五道，甚至更多次的转运，很容易出现包裹的破损。而无论是邮政包裹还是使用专线物流，都存在一定的丢包率。另外，私人包裹方不便于海关统计，无法享受正常的出口退税。

3. 跨境电商交易环境亟待改善

跨境电子商务是基于网络虚拟性及开放性的商务模式，由此产生的参与者信用不确定性已经成为电子商务发展中的桎梏。目前，我国只有《互联网信息服务管理办法》《中华人民共和国电子签名法》等几部相关法律法规，对于跨境电子商务涉及的交易、税收以及消费者权益保障等方面都没有专门的规范和标准。我国电商企业通过电子商务平台进行虚假宣传、销售假冒伪劣商品、侵犯知识产权、非法交易及欺诈行为时有发生，海外消费者投诉众多，影响了我国跨境电商的集体形象。

4. 跨境支付体系不健全，交易风险大

跨境电子商务运作过程中，涉及很多方面的安全问题，如资金安全、网络安全、信息安全、支付安全等。当前跨境支付体系尚未建立，银行转账、信用卡、第三方支付等多种支付方式并存，很可能因为信息故障或者系统故障导致支付信息丢失、泄露及恶意

欺诈等问题。在B2B、B2C订单小额度、大批次的情况下，支持关税管理和征缴的支付手段尚未完全建立，小额外贸都是通过快递和邮递的方式将货物出口到境外，报关、报检手续不规范，出口企业无法提供合法的正规报关单、报检单，对很多出口商品无法办理正常的退税结汇业务。

5. 跨境电子商务专业人才缺少

随着我国跨境电子商务的快速发展，市场对跨境电子商务的专业人才需求会越来越大，但就目前人才培养模式看，专业和课程设置缺乏针对性，教学模式单一，还没有建立一套完善的"校企结合"的人才培养体制；师资队伍欠缺，实践性教学环节不够突出，人才培养和社会需求不能有效衔接；具有扎实的专业知识，文化素质高，能够从事多语种、跨文化交流的跨境电子商务复合型人才相对较少。在人才引进、培训机构建设等方面缺乏相关的政策支持和资金投入。

（二）顺德自身面临的挑战

1. 运营模式单一，电子化程度不高

目前，顺德的跨境电子商务出口主要以外贸B2B和B2C为主，进口以外贸B2C以及海外代购模式为主。从市场格局来看，外贸B2B在我国跨境电子商务中占主导地位。外贸B2B企业主要依托阿里巴巴、环球资源、中国制造网、敦煌网等电商平台进行信息展示，帮助企业进行在线匹配和撮合。国内企业通过平台发布产品和服务信息，国外买家通过平台浏览信息，双方在线上询价和洽谈业务，达成交易意向后，转入线下按照传统方式进行采购的国际贸易模式。这种模式是大多数中小企业进行国际贸易营销的主要渠道。该模式只是通过电子商务完成了交易的一部分，无法保证最终交易的成功，交易转化率很低；在线交易功能有限，客户缺乏诚信度，使得商家之间产生恶性竞争。

2. 缺乏平台资源

跨境出口方面，顺德卖家大量而分散入驻eBay、亚马逊、阿里速卖通等平台，尚缺少一个信息平台来提供跨境电子商务所需的各项综合服务。顺德需要建立一个适合自身发展的平台，整合顺德特色产业企业的资源，充分发挥顺德特色产业的优势，推动顺德特色产业跨境电子商务的发展。

3. 细分市场的研究深度不足

顺德的出口企业多为OEM形式，容易跟国外终端零售市场脱节，对于市场和一线消费者的体验感不强。没有自身的品牌，不了解消费者的需求，与消费者的沟通互动少。开展跨境电子商务，抛弃了很多中间环节，直接面对最终消费者，没有品牌，缺乏与消费者沟通渠道的困境明显表现出来。同时，顺德跨境电子商务总体来说规模较小、资源也比较有限，对国际细分目标市场的研究显得更为重要。针对细分市场，要充分利用企

业的资源，可以迅速打开目标市场，形成品牌优势；消费者对同一产品的需求差异日益明显，对不同的消费群体，要择优而行，使利益最大化。这使得细分市场变得日益重要。

4. 跨境电商产业园区尚未发挥作用

顺德发展跨境电子商务时，应加入基于特色产业行业或基于地域的跨境电子商务产业园，利用产业园提供的物流仓储一站式服务，提高运输效率和专业人员的物流跟踪服务水平；针对运输时效的问题，可以尝试建设海外仓以缩短运输时长。

四、顺德发展跨境电子商务策略

（一）政府层面策略

1. 提高对跨境电子商务的认识

近年来，我国外贸出口增幅放缓，下行压力增大，而跨境电商正好能提供一种全新的贸易形式。"互联网＋外贸"会成为国际贸易新趋势。

跨境电商不是一个简单的商务模式，而是助推制造业升级的有效利器。跨境电商冲破了国家间的障碍，让国际贸易正在走向无国界贸易，在世界经济中扮演着越来越重要的角色，甚至关系到经济结构调整等大问题。跨境电商本质就是把中国刚性化的制造，跟全球碎片化的订单通过互联网进行对接，使得卖家从传统贸易商变成了厂商，买家从以前专业的渠道商变成了零售商和正常的批发商。打破了国外渠道建立涉及的成本、知识产权、法律等壁垒，让中国品牌便可以直接亮相国际市场，收获品牌权和定价权。

2. 进一步加强"互联网＋易通关"改革城市建设

顺德没有成为自贸区，但是，佛山市政府与广州海关联合打造不是自贸区的自贸区，实施"互联网＋易通关"模式，率先成为全国首个实施"互联网＋易通关"改革的城市，为开展跨境电商创造了相对优越的条件。

加大跨境电子商务政策扶持，优化跨境电子商务发展环境。强化政府对跨境电子商务的宏观指导，科学制定规划，学习先进城市经验，努力营造有利于跨境电子商务快速发展的良好环境。要着力健全政策法规体系，引导跨境电子商务健康、规范发展。加大资金扶持力度，制定扶持政策措施，建立跨境电子商务扶持专项资金，鼓励外贸企业通过跨境电子商务开展业务，增强跨境电子商务企业的动力和活力。

3. 提高跨境电子商务产业园区的运作水平

当前，顺德的跨境电商园区尚处于起步初级阶段，不排除有的园区是借跨境电商的大概念来开发商业地产，园区在招商、运作、企业服务等方面还需要借鉴学习国内先进跨境电商园区的运作经验，结合顺德本地实际情况，制定长远规划并加以实施。园区要成为"特区"，才能发挥作用形成品牌。例如，上海、苏州等地的园区，实施不同于传统出口贸易方式的政策，利用信息化手段对所涉及的海关、商检、国税、电子商务企业和物流公司等进行流程优化，在产业园区内对资金流、信息流和物流进行集中化管理，从而解决退税和结汇问题，降低跨境电子商务成本。

4. 参与跨境电子商务国际合作

顺德区政府可以加强与其他各国的地方政府、行业组织、消费者团体等国际合作，积极参加国际组织的峰会和项目谈判，探索全球跨境电子商务跨境监管合作的新对策，建立各国间有关税收优惠、关税优惠、数据安全和计算机犯罪等方面的谈判和协调机制，更好地为本地跨境电商的健康发展服务。

5. 引导建设海外仓，完善跨境物流体系

通过建设海外仓可以实现产品在海外的前置销售和发货，应结合沿边开放和"一带一路"倡议建设等国家战略，联合产业园区或跨境电子商务网络平台，在跨境电子商务市场份额较大的国家建立海外仓储基地，以海运或铁路形式先将货物运送至仓库，再进行本地发货，缩短物流周期，提高物流经营的效率，解决跨境电子商务本地发货时间长、售后服务跟不上等问题。

6. 重视跨境电子商务的人才培养

顺德是全国职业教育的优秀示范区，主办1所高职院校、14所职业中学，职业教育资源非常丰富。政府应该引导职业教育资源，加大对跨境电子商务、网络营销、语言文化、国际物流、跨境支付和跨国管理等方面人才的培养，为跨境电子商务产业输送企业家、职业经理人和实践操作人才。

（二）企业层面对策

1. 重视外贸发展变化趋势

传统外贸的商业模式需要更新换代，在移动互联网时代，采购商的采购行为已从传统的货期长、数量大、金额大转变为多次、少量、交易频繁的跨境订单模式。而且这样的采购模式未来会成为主流模式。传统制造企业转变理念，顺应跨境电商的大趋势。

2. 做好国外市场调研

由于跨境电子商务的市场遍布全球，不同国家或地区的法律制度、经济发展水平、商业环境、风俗习惯和购物偏好等均不相同，客观上要求跨境电子商务经营者在选择进入某个市场前，要做好对目标市场的研究，如国家的法律法规、当地人群的消费习惯和购物偏好等，以此规避经营风险。尤其是要重视对知识产权的研究，提高风险防范意思，减少后期不必要的麻烦。产品调研是产品生产、销售活动的信息指引。调研产品信息，包括产品性能、竞争产品、主要目标市场、国外的本地竞争对手、客户产品的使用经验、类似产品销售点等。

从事跨境电商的传统企业，要注重产品调研的信息收集，通过对收集来的产品调研信息进行挖掘，明确产品定位，打造适合跨境电商目标市场的优势产品，产品调研是传统企业布局跨境电商时进行产品决策的重要信息支持。

3. 提高产品质量

相较于传统外贸的大型集装箱式出口，跨境电商更加注重的是订单的"小""快"，以及产品的"优质""创新"，这使得打算布局跨境电商的传统企业需要立足于自己的产品，在保证产品核心竞争力的前提下，通过深入进行产品调研、信息挖掘来有针对性地打造适合跨境电商的核心产品。

企业开发产品是必须充分考虑到跨境电商物流的特点。适合跨境电商小额贸易的商品一般具有体积小、重量轻、不易损坏和不易过期等典型特点。由于跨境电商产品多通过国际航空物流配送，则要求产品具有潜在的减少物流负担的特性。

4. 加强品牌建设

跨境电商的终结目标是品牌建设。中国要变"贸易大国"成"贸易强国"，核心路径一靠提高货物技术含量，加工贸易提升为研发制造；二靠提高货物品牌化程度，OEM/ODM（Original Desing Manafacturer）提升为自主品牌。大多数跨境电商平台都允许甚至鼓励中国商家销售自有品牌的商品借助跨境电子商务平台，企业可以将品牌建设、产品销售和售后服务等环节进行融合，通过 SEO（搜索引擎优化）、电子邮件、社会化媒体和移动营销等多渠道快速建立线上品牌。为此，可以"两条腿"走路，一是培养产品品牌，二是培养渠道品牌，类似 DX.COM 等垂直细分领域的跨境电商渠道是值得顺德企业借鉴。

5. 选择适合企业的第三方电子商务平台

跨境电子商务平台有自建网站和选择第三方平台两种路径，第三方平台无论从运营成本和资金投入来说，都比较符合目前顺德企业的实际情况。而现在电子商务平台较多，质量却参差不齐。有面向全国的综合型电子商务平台，如阿里巴巴、慧聪网、环球经贸网等，有面向特定行业企业要求的专业第三方电子商务平台，如中国纺织网、中国化工网、全球五金网等，也有服务于特定地域的第三方电子商务平台，如福建省国际电子商务平台。主流的跨境出口平台有这样几个：亚马逊、eBay、速卖通、WISH、敦煌网等。各个平台特点不同，市场定位不同，产品品类的优势也不同。

6. 选择适合开展跨境电子商务的商品类目

跨境电商成功的第一步就是产品的选品。正确的选品应该是要先了解自己企业的产品优势，了解产品目标客户群体，了解现有竞争对手，了解产品的盈利能力和产品的销售后服务等一系列问题。跨境商品的选品是一个非常细致并且严谨的市场调研工作。一般来说，重点考虑以下因素：一是利润率保持在 30% 以上；二是符合国际物流运输标准，不选体积巨大、容易破碎的产品；三是不需售后服务或售后成本少。

7. 改善跨境物流、海外仓及目的国服务

跨境电商发展最大的"痛点"就是国际物流成本高。很多超重超大件产品无法安全高效地到达，国际件到达目的国以后，往往需要中转很多站，经过非常耗时和复杂的过程才到达消费者手里，丢件、少件、破损的情况经常发生，严重影响了国际消费者的购物体验。因为跨境电商线长、时间周期长，普通卖家遇到物流出现问题往往都是贴钱买服务。

解决跨境物流的痛点目前主要有两种方法：一是海外仓的建设，二是目的国的本地化运营。

8. 探索服务外包模式

企业可以根据自己的实际情况，选择将店铺装修、产品图片设计、广告设计、营销宣传、管理信息系统编制、供应商质量监督和跨境物流等环节外包给国内外专业服务商，甚至可以雇佣海外人员从事网店客服。这种模式既减少单独组建团队的成本，又避免对目标市场商业环境的认知偏差，从而可以更贴近目标市场的购物习惯和需求。

9. 破解人才虹吸效应，建设跨境人才团队

跨境电商综合专业人才的缺失是全国性的行业难题，是导致传统企业无法顺利转型跨境电商的重要原因之一。出口型跨境电商对人才要求较高，培养要立足长远。

（1）创造良好的工作环境，积极引进和培养既懂外贸又懂电商的复合型人才。

（2）充分利用社会培训的资源，提升企业员工的素质。

（3）与高校长期紧密合作，共建"产、学、研"合作及跨境电子商务人才对接机制，采用合作培养、实训培养、订单式培养、高级培训班等方式，加速培养适合企业需求、具有创新能力的技术型、商务型和战略型跨境电子商务人才。

参考文献

［1］毛青青，周蕾．杭州跨境贸易电子商务发展面临的机遇与挑战［J］．对外贸易，2015（11）．

［2］庄春潮，龚逸华，刘月明，等．佛山市特色产业跨境电子商务运营模式研究［J］．现代经济信息，2015（19）．

［3］吴雪飞．福建省外贸企业跨境电子商务发展策略［J］．郑州铁路职业技术学院学报，2015（9）．

［4］郭薇，朱瑞庭．我国跨境 B2C 电子商务的制约因素及对策研究［J］．电子商务，2015（8）．

［5］曹盛华．郑州航空港综合实验区跨境电子商务的机遇与创新［J］．创新科技，2015（4）．

［6］程艳红．苏州跨境电子商务发展状况及应对策略［J］．商业经济研究，2015

(26).
[7] 陈茁. 跨境电子商务发展成效模式及监管研究 [J]. 金融科技时代, 2016 (2).
[8] 翟春英. 中国跨境电子商务市场路径的研究 [J]. 商场现代化, 2015 (12).
[9] 向钇樾. 影响我国跨境电商发展的问题分析 [J]. 智富时代, 2016 (3).
[10] 佛山市人民政府办公室关于印发佛山市"互联网+"行动计划的通知（佛府办〔2015〕28号）[Z]. 2015 – 05 – 25. ［EB/OL］http：//www. foshan. gov. cn/zwgk/zfgb/rmzfbgswj/201607/t20160712_5700529. html.
[11] 佛山市跨境贸易电子商务服务试点工作领导小组办公室关于印发顺德区跨境电子商务试点企业、园区管理实施方案（试行）的通知（佛跨境电商字〔2015〕3号）[Z]. 2015 – 08 – 20. ［EB/OL］http：//www. shunde. gov. cn/est/info. php？aid = 30916&fid = 7230079.

顺德区电子商务产业集群发展研究

马小红　谢金生

一、研究背景和意义

（一）研究背景

电子商务作为一种以信息技术和互联网为基础的商务模式，在当今的企业商务活动中发挥着越来越重要的作用。2008年以来，电子商务在中国进入高速成长期，已经不是一种单纯的电子交易方式，而是成为一种全新的生产力工具，在国民经济发展中扮演不可或缺的角色。尤其是近年来，电子商务向行业的渗透逐步深入，加之政府扶持力度不断加大，电子商务产业集群化发展的趋势日益突出。

2011年，《商务部"十二五"电子商务发展指导意见》中就曾明确指出："鼓励第三方电子商务服务平台与有条件的省（自治区、直辖市）建立区域性电子商务服务平台。鼓励各地结合产业发展特色，建设行业电子商务服务平台，带动产业集群发展。"可见，电子商务不仅成为经济发展的重要推动力，更成了转变经济发展、推进产业结构升级的新型方式。

据不完全统计，2012年，顺德全区电子商务交易额约450亿元，紧随广州之后，位居广东电子商务发展的第二梯队，成为省内较具竞争力的家电和家具网商货源的重要采集地和区域电子商务交易中心。2012年，全区10个镇（街）辖区部分企业都已涉及电子商务领域，涵盖家电、家具、电子信息、纺织服装、机械装备、包装印刷和汽车配件等支柱产业和花卉、水产等现代农业产业。根据京东、淘宝等平台的不完全统计，目前顺德区从事B2C和C2C交易的网商约2500家，主要销售家电、家具、鞋、服装、玩具、电子等产品。其中，约有250家传统制造企业已经"上网触电"，开展线上销售，包括美的、格兰仕、万和、东菱、长帝等国内知名企业，更形成了包括中国（慧聪）家电电子商务产业园、容桂小家电电子商务产业集聚区、乐从国家级电子商务试验镇、龙江家具电子商务集聚区在内的几个典型的电子商务聚集区。还有像陈村花卉世界、EMS电子商务集配中心、大良的创意产业园等几个电子商务产业园。

据顺德区经济和科技促进局调研，目前顺德电子商务产业集聚态势良好，在产业链条的上、中、下游，均有为数不少的企业支撑，产业链互补程度较高，产业集群已经形成。2013年8月,顺德发布了《顺德区电子商务产业集群(2013—2020)》,根据这份规划,顺德电子商务交易额到2020年要超过3000亿元,并且要着力构建包括容桂家电电子商务产业集聚区在内的4个集聚区,以及陈村花卉电子商务交易中心等8个中心。顺德电子商务又将大踏步地迈入一个新的阶段。

(二)研究意义

电子商务产业集群是指将各类电子商务企业的上下游之间关系的有机组合,由电子商务企业本身与支撑电子商务企业发展的配套企业、环境所共同形成的产业生态链,其中会包括网店企业、平台服务商、软件服务商、媒体服务商、会展服务商、支付与金融服务商、人才服务商、广告服务商、诚信评估服务商、搜索服务商、物流服务商及咨询服务商等各类企业角色。

电子商务集群在城市中的形成与发展,除需要具备基础和条件之外,在发展过程中,政府、行业协会、企业组织等诸多外部推动性的因素也是不容忽视的。为此,要从优化电子商务行业环境、发展电子商务第三方服务机构、建设电子商务产业载体、培育龙头企业等诸多方面,设计促进电子商务集群的相关策略与措施。

近几年来,电子商务产业集群的发展对于推动顺德电子商务行业的发展,乃至顺德产业转型升级中的作用是不言而喻的。虽然顺德电子商务产业集群初具规模,但依然存在诸多问题,譬如企业单兵作战现象普遍、产业配套不完善、集群优势不明显、竞合关系条理不清晰、政校企协同力度不够等。本课题的研究首先是对顺德电子商务产业集群发展现状的一次梳理,分析顺德电子商务产业集群形成的历史原因、发展模式、运营现状以及存在的问题等;更是对如何推进顺德电子商务产业集群的规划和发展提出建设性的意见。本课题的研究成果可以对政府相关决策提供可参考的依据;对学校如何充分发挥人才输出和智囊团的作用,并积极为电子商务产业集群的发展献计献策;对企业如何借助电子商务产业集群的平台优势发展自身提供了指引;对电子商务产业集群中的各方企业如何协同创新与发展等方面的问题抛砖引玉,为进一步研究顺德电子商务产业集群相关课题的研究奠定基础。

二、电子商务产业集群概念综述

(一)电子商务产业集群内涵综述

随着电子商务的快速发展和网络经济的不断壮大,电子商务产业集群已经成为一种新的经济现象。目前,国内针对电子商务产业集群进行研究的学者并不多。针对电子商务产业集群内涵的几种观点主要如下:蒋定福、岳众认为电子商务产业集群是指在业务上存在关联关系,通过互联网平台销售产品,提供服务,并实现商务目标的聚集体。陈德刚总结电子商务产业集群的内涵包括三种形式:一是传统产业集群开展电子商务,借力电子商务实现竞争优势;二是新兴电子商务产业价值链的分工合作,如阿里巴巴平台;三是通过各种电子商务平台形成的跨区域交易,实现跨区域的产业链分工。

电子商务产业集群是指立足于服务区域经济发展和社会生活、发挥区域产业优势，将进行电子商务活动的相关企业在一定的地理空间内的集聚，如义乌小商品电子商务产业集群等，其目的在于通过企业和机构间的业务互补，提高电子商务产业规模，带动区域产业结构的转型升级。

目前，电子商务产业集群的发展主要体现在电子商务产业园的兴起上，电商园区以电子商务为发展主线，通过引入电子商务产业链上下游的企业，为电子商务企业提供一体化、集成式的服务，依托并持续优化电子商务产业链，以形成产业的有效聚集。

电子商务产业集群不同于传统产业集群的重要特点就是它不会被地理空间所局限。因此，从表现形式上，可以是实体的产业园或是虚拟的电子商务平台。从集群功能上，可以是产业链的垂直整合，或是跨区域、跨行业的资源共享。集群内的成员间不再仅仅表现为简单的合作和竞争关系，而是突出了极强的相互依赖的互动关系。因此，借助信息技术，电子商务产业集群拥有更广范围、更为灵活的组织规模和形态。

本文认为，电子商务产业集群是以互联网为销售平台为主，采用线上、线下或线上线下相结合的方式，以实现资源共享和优势互补为目的而形成的企业和机构的聚集体或聚集区。这里的集群不再是拘泥于围绕某个单一的行业而实现上下游企业，而是根据发展电子商务的特点，电子商务企业本身以及围绕电商业务开展的各类配套电子商务企业的有机整合。集群内成员通常包含网店企业、平台服务商、软件服务商、摄影及媒体服务商、会展服务商、金融与支付服务商、人才服务商、广告服务商、诚信评估服务商、搜索服务商、物流服务商以及行业协会及咨询服务商等。

（二）电子商务产业集群的构成主体

1. 政府

政府是产业发展的引导者和调控者，对电子商务产业集群的发展尤为重要。政府不仅要结合本地区经济发展特点，制定电子商务产业的中长期发展规划，还需要为集群内的企业提供更好的基础设施与制度环境，解决电子商务产业发展中所涉及的电子商务税收、互联网金融安全、第三方交易平台监管等问题。通过工商、税务、知识产权保护等不同的政府职能部门，为集群内企业提供政策服务。

2. 电子商务交易者

电子商务交易者是电子商务产业的主要经济主体，他们通过自建电子商务平台或第三方电子商务平台，与贸易伙伴或合作伙伴进行信息交互、协同生产、在线交易等各类电子商务活动。电子商务交易者包括买方企业、卖方企业。另外，从他们所在的传统产业链地位来看，又包括原材料供应商、制造商、分销商、零售商等不同角色。电子商务交易者的交易规模、交易活跃度决定了电子商务产业的总量水平和发展方向。

3. 电子商务服务商

主要包括IT（信息技术）服务商、物流服务商、法律服务机构、金融服务机构、教育培训机构等。电子商务服务商为电子商务交易者提供平台支持、技术服务、代运营、物流、投融资、人才培训、法律咨询等各类第三方服务。电子商务服务商是电子商务产业发展的支持者,这一类生产要素的持有者决定了区域电子商务的技术水平和业务效率。

集群内的机构、企业之间的业务既是合作的关系,又是竞争的关系,企业之间相互联系、相互影响。随着电子商务的发展,电子商务集群产业在超越传统产业集群的本地合作,不断向跨区域、全球化的合作方向发展,通过全球化的合作,加强企业间的交流、协作,使企业间的资源共享,从而使企业的运营效率得以提高,交易成本有所降低,集群的竞争力进一步提升。

三、顺德区电子商务产业集群现状分析

随着顺德区电子商务产业的蓬勃发展,产业规模不断扩大,专业化分工越来越细。为了降低成本,提高竞争力,一些比较成熟的电子商务行业、企业或区域,如容桂小家电电子商务行业、佛山市小冰火人电子商务有限公司、顺德EMS邮政速递服务公司、乐从国家级电子商务试验镇(集聚区)、龙江家具电子商务集聚区等,在发展过程中自发形成了一些基于产业链的集聚区(见图11.1)。

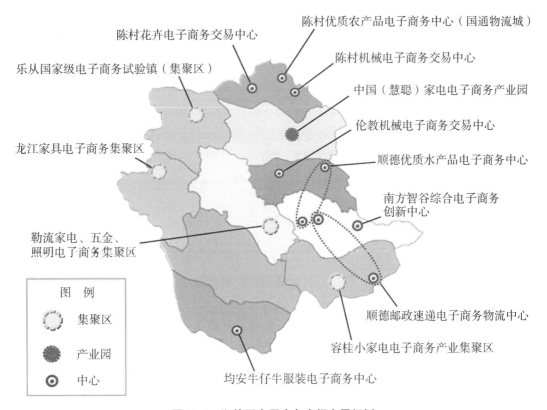

图 11.1　顺德区电子商务空间布局规划

为了扶持和培育具有国际竞争力的知名电子商务企业，发挥电子商务产业集群和优秀电子商务园区的示范效应，顺德区政府启动了电子商务示范企业、区一级的优秀电子商务产业园以及电子商务产业聚集区的评选创建活动，促进了企业的集聚，形成了良好的集聚效应。

按照顺德区电子商务发展"十二五"规划，依托区内的资源优势和优势产业基础，按照集聚发展原则，顺德区将着力打造特色鲜明的电商服务功能区，主要包括家电、家具、机械、农产品四大产业电子商务基地，同时构建"418：4个集聚区1个产业园8个中心"的电子商务发展空间体系。其中，4个集聚区是指容桂小家电电子商务产业集聚区，乐从国家级电子商务试验镇（集聚区），龙江家具电子商务集聚区，勒流家电、五金、照明电子商务集聚区；1个产业园是指北滘的中国（慧聪）家电电子商务产业园，依托顺德优势的家电产业，打造"中国家电产业最大的展示、贸易、电子商务中心"；8个中心是指陈村花卉电子商务交易中心、陈村优质农产品电子商务中心（国通物流城）、陈村机械电子商务交易中心、伦教木材机械电子商务交易中心、均安牛仔服装电子商务中心、南方智谷综合电子商务创新中心、顺德邮政速递电子商务物流中心、顺德优质水产品电子商务中心。

四、顺德区电子商务产业集群模式及成因分析

（一）顺德区电子商务产业集群发展模式

1. 电子商务产业园型

（1）定义。

电子商务产业园型电子商务产业集群模式也称为政府主导型，政府为了推动地方产业的发展，实现产业对电子商务产业集群的需求，对园区的建设提高支持，对发展电子商务产业集群的责任进行承担，对其充分发挥政府职能。

（2）典型案例。

近几年，电子商务产业园型电子商务产业集群模式开始在全国普及推广，一些省份区域甚至将电子商务产业园作为发展电子商务的战略规划，大力的推广发展。譬如，上海计划在未来几年建成大约10个电子商务产业园区，而顺德区已经建有的电子商务产业园有十多个。目前，南京、成都、西安等地在政府的支持、鼓励下，也加大对产业园区的建设。电子商务产业园使园内的企业处于良好的发展环境中，企业的效益经过聚集而放大。同时，产业园中聚集各种电子商务企业、互联网企业、高新技术企业等，不论是从企业的产品、规模、服务，还是从企业的影响力、创新力，都具有电子商务特色。

中国国际电子商务中心顺德办事处主任赵志民表示："顺德区政府应构建一个良好的产业环境，首先便是要建立产业园这个硬环境。"他指出，信息化建设在国家"十二五"规划中已经成为一个重要的议题，打造电子商务产业园能有效地促进企业之间的信息流动，能大大提高生产效率，同时能营造一个适合员工工作与生活的氛围，才能留得住人。

为了扶持、促进顺德电子商务产业的发展，2014年3月，顺德区经济和科技促进局正式下发《关于组织申报第一批顺德区电子商务特色产业园的通知》（以下简称《通知》），将对电子商务运营企业、电子商务平台企业、电子商务服务企业、电子商务应用企业、电子商务产业园区运营企业、电子商务综合服务平台运营单位等电子商务类企业进行扶持。《通知》的下发则表明顺德将首先在扶持电子商务产业园区运营企业方面予以落实。根据《通知》在扶持电子商务产业园区运营企业方面，顺德区经科局将对建设基础好、配套设施完善、信息化程度高、园区建设目标明确、能为入驻企业提供良好公共服务的园区，组织专家论证，综合专家意见后给予认定和授牌。

（3）特点。

第一，以整合服务为核心。电子商务产业园型电子商务产业集群模式的本质是围绕某一产业类型，以合作吸引力为主，综合门类齐全的电子商务服务企业，通过多种内外部动力共同作用，形成以电子商务服务为核心的"服务集成"式电子商务产业集群发展模式。非常典型的如顺德创意产业园，即拥有顺德区电子商务协会、第三方电子商务交易平台、IT技术服务、物流服务、第三方网络支付服务等各类优势服务型资源。还云集了平台运营、平台服务、软件系统开发、数据分析、渠道推广、广告策划、商品检验、质量认证、仓储配送、视觉设计、商品摄影、人才培训、金融保险、信用评估、风险投资、法律咨询、客服外包等各类电子商务服务商，已成为顺德区内较大的基于电子商务生态链的以服务集成为核心的电子商务产业集群区。

第二，容易形成规模经济效益。基于生态链的以服务集成为核心的"电子商务产业园型"电子商务产业集群发展模式，可将处于"散养"状态的电商服务企业变为"圈养"状态，形成规模经济效益，从而带动整个电子商务行业及相关服务业的发展，同时为制造企业、品牌企业、零售企业等不同类型的企业实施电子商务提供技术保障与人才支援。

第三，需要政府调控才能均衡有序发展。"电子商务产业园型"电子商务产业集群发展模式一般对建筑面积和规模都有一定的要求，对地方电子商务行业发展的引领和带动作用较大。但一旦出现过度建设或恶性竞争的局面，其负面作用也显而易见。因此，政府应支持现有电子商务服务业集聚区基础设施建设，完善制度环境，通过政策、项目引导集群内企业获得合作剩余。要特别注意某些地方电子商务产业园区的过度建设问题，警惕某些电子商务产业园区出现的净集聚经济利益的非最大化，从而影响整个区域电子商务产业集群的可持续发展能力。特别要引导不同电子商务产业集聚地实现错位发展。譬如，顺德创意产业园要重点发展综合性、专业性电商平台服务、区域电商平台服务和电商技术服务，北滘镇创业孵化中心重点发展创业项目孵化、电商人才培训服务和技术服务；广东国通物流城有限公司重点发展跨境电子商务、电商物流仓储、商品检验、质量认证、电子支付、代运营等服务。

2. 龙头企业主导型

（1）定义。

顺德电子商务的发展不仅得益于顺德本地先天的制造业基础，更得益于几个"敢为天下先"的龙头电子商务企业。此类型的电子商务产业集群的产业链核心是龙头企业，围绕龙头企业开展电子商务。处于产业链中下游的中小型企业将厂建设在龙头企业所在地的附近，在龙头企业地域形成产业集群。龙头企业可以自己建设电子商务平台，也可利用其他电子商务平台发布企业的相关信息，利用电子商务平台，开展、推进企业技术的研发、产品的销售等。在龙头企业主导型的电子产业集群发展模式中，中小企业的集聚很大程度上是通过龙头企业的引导，龙头企业对产业集群链之间的关系进行构建、维护，使上下游的产品能够得以延伸。同时，龙头企业还应提高产业的技术，努力变革商业模式，提高产品创新、功能创新，以此提高电子商务产业集群的竞争实力。

（2）典型案例。

譬如，佛山市艾诗凯奇电子商务有限公司、佛山市小冰火人电子商务有限公司、佛山市大森林家具电子商务有限公司等。这些企业对相关服务性电子商务公司以及供货型中小型生产制造企业都起到了不同程度的带动作用。

（3）特点。

第一，龙头企业主导型电子商务产业集群以收益驱动力为主。

第二，与区域产业经济紧密结合，相辅相成。譬如处于容桂的SKG、小冰火人，处于北滘的飞鱼、美的分别以小家电为主，处于龙江的大森林以家具为主，充分借助于本地传统优势产业，同时又对传统产业发展起到产业升级优化的作用。

第三，可以"以点带面"，更为充分地释放实体经济的生产能力。由龙头企业建立基于产业链的垂直协同电子商务平台，可以实现产业链上下游企业的商务协同，实现联动发展。产业链构建电子商务平台，能够实现以业务活动为主线，整合生产商、渠道商、代理商、服务商等主体，形成完整的由货源生产、流通、销售等渠道构成的业务链，创建全新的C2B（Customer–to–Business）模式，实现按需定制，为产业链中的企业转型升级构建重要平台，典型如容桂的SKG。同时，因龙头电子商务企业的细化分工、规模化经营、产业化发展等优势显示出了强劲的发展态势，为区域经济的提升提速发挥着日益显著的作用，也越来越受到各级政府和专业机构的关注，譬如在顺德区审批通过的第一批特色电子商务产业园区中就包括由小冰火人网络科技有限公司筹建的原动力电商创业园，以及由贝尔莱德公司筹建的CIC创意产业园。

3. 第三方平台型或行业网站型

（1）定义。

第三方平台型集群发展模式是指通过第三方电子商务交易平台，将国内外的一些中小企业进行连接，交易平台如阿里巴巴等。由于第三方电子商务交易平台的构建、连接，不同区域、国家的企业借助电子商务实现产业的集聚，形成电子商务产业集群。相比其他模式的产业集群，这种模式的产业集群呈现松散的状态，以电子商务平台为工具，把价格作为其主导，企业间的沟通通过信息媒介实现，使产业集群的合作优势有效地发挥。例如，以阿里巴巴为交易平台的企业，借助此平台的全球性，平台上零散的企业在全球范围借助平台得以联系，在不同的产业链位置中分担着不同的工作，进行企业之间的交流合作。

行业网站型电子商务产业集群发展模式与第三方平台模式类似,对于交易双方,是独立双方,独立的平台。行业网站型独特之处在于通常只专一于某个行业。行业网站聚集的是与其行业相关的企业,例如欧浦交易市场。对于已经形成线下实体型产业集群的,同时再建设行业网站电子商务平台,行业网站一般会在某种程度上增强线下产业集群的竞争力。当然,线下产业集群也会有效促进行业网站的发展,彼此借助对方的优势,发展自身的特色,提高市场竞争力。

(2)典型案例。

譬如欧浦交易市场、龙头家具电子商务港、顺德亚洲国际家具材料交易中心等原本就已经形成极具规模的线下专业市场。

(3)特点。

第一,推进传统大型专业批发市场实现电子商务,将有效提升地区电子商务产业的发展。

第二,电子商务模式可以更为关注客户的需求点,注重客户的体验,为客户提供有效资讯,同时构建安全、快捷的支付平台。

第三,电子商务交易平台知名度提高后,将比有形市场辐射更大的范围,促进市场交易额的进一步扩大,成为有形市场的强劲支撑,形成线上线下相结合的O2O模式。

第四,专业市场集群发展模式,还可以更为方便地实现金融服务,通过电子仓单质押融资、电子订单融资、网络信用联保等新型互联网融资模式,缓解一些中小企业资金紧张的压力。

(二)顺德区电子商务产业集群成因分析

顺德区电子商务集聚区的集聚是嵌入式集聚模式,一般是借助于在某个区域原有的传统产业集群区位优势和集聚效应。而对于那些还不足以形成电子商务产业集群的地区,政府通过规划给出一定的扶持措施,如房租、税收等方面的优惠,提供资金和市场开发的支持,引导电子商务产业链中相关企业,尤其是领军企业进入,从而促使电子商务产业集群的产生。顺德区电子商务产业集群形成的动力主要来源于几个方面。

1. 传统制造业的产业聚集基础

近30年,顺德培育了强大的制造业集群,容桂家电产业集群为典型代表之一。当其他区域的政府还在头疼传统制造业该如何转型升级之时,容桂已经看到了电子商务对于制造业转型升级的推动作用,决定加快电商行业的发展。而容桂强大的生产加工能力为其发展电子商务奠定了坚实的基础。从三五个人、几台电脑的家庭式"作坊"起步,短短几年时间,销售额从零元到突破亿元。从2009年到2013年,容桂电子商务产业逐步形成规模,中小微电商企业多达100家,小冰火人、盛熙电器、小熊电器、SKG等一批优秀电子商务企业崛起,带动着顺德电子商务产业集群成型,也带动着"顺德制造"渠道转型升级。2013年,除去制造业企业电子商务销售收入,总销售收入超过20亿元,并呈现出较快增长。

2. 传统制造业的转型升级的压力，以及发展电子商务意识的觉醒

近几年来，电子商务发展正在快速摧毁旧的产业业态，带来新的产业格局和新的机遇。作为传统制造大区，顺德2012年全区工业产值已经超过5000亿元，但多数仍处于全球产业链条的中低端，很少涉足高附加值的研究设计和销售推广领域。由于长期没能掌握渠道控制权，导致顺德产业丧失价格话语权，传统制造业转型升级势在必行。

3. 发展电子商务过程中的"抱团"发展理念

为了应对不断上涨的物流成本，顺德区电子商务协会的几家骨干企业去年已牵头在北滘组建了一个电子商务物流中心，仓库总面积近40000平方米，可提供集中配送和货物抵押融资服务。去年，中区有关部门还提出组织电商企业抱团降低物流成本的计划，欲在本地和区外组建物流仓，进行集中配送。顺德制造与电商已形成互动关系。其标志事件就是，去年5家顺德家电企业与国际电商平台签约，以"顺德家电"的整体形象进入电商环节，刺激买家在华采购时首选顺德，起到了顺德制造与顺德电商双赢的作用。

4. 政府助推和政策导向的作用

2013年8月，顺德区在家电制造重镇容桂举行首届顺德电商大会，并现场发布《顺德区电子商务中长期规划》（以下简称《规划》）。《规划》提出，到2020年全区电子商务交易额超过3000亿元，网络零售额占全区社会消费品零售总额的比例超过25%。类似的重点电商活动，不仅给电商企业以信心，更对电商企业的集聚起到非常积极的作用。2014年年初，顺德区政府出台了《顺德区电子商务发展专项资金管理试行办法》，正式启动资金支持互联网产业发展，力争建设良好的基础设施，提供优质高效的公共服务。同时，区内的各个街镇也陆续出台相关政策予以配套扶持，顺德区电子商务产业园区的发展必将迎来又一个发展的春天。

5. 电子商务企业寻求内部发展的自我驱动力

首先，是电子商务企业追求收益最大化的内在需求，是促进电子商务产业集群发展的根本驱动力。调查发现，加入电子商务产业集群后的成本与收益对比，是决定企业是否加入集群发展的最关键的决策数据。主要是因为这些地区优惠的产业发展政策和齐全的产业配套服务对他们的吸引。

其次，是因为电子商务产业集群内部氛围和文化对他们的吸引。认可的价值观即一种集群文化，这是产业集群发展过程中所形成的行为准则和规范。譬如，目前的CIC创意产业园和原动力电商创业园等，都是从做淘宝、天猫起家的，这首先需要对淘宝创业文化的一种认可。这种集群文化鼓励企业间的协作互助与共同发展，是集群内企业主体在长期竞争协作中形成的，是集群协同发展的动力源，影响着集群内企业主体的实践行为。

最后，就是加入产业集群寻求合作，提高运作效率的吸引。在加入某一个电子商务产业园之前，企业除了关注房租成本、政府的优惠政策之外，还有就是关注产业园能够给他们提供什么样的合作配套。譬如，EMS主体运营的红岗、华口电子商务集配中心，

很显然就以提供物流快递配套服务为最大的吸引。企业之间是否进行合作，其评判的主要依据是能否从中获得合作剩余。对于一个经济主体而言，只有在合作剩余为正的情况下才会参与合作。通过合作，企业可以更好地发挥核心竞争力，将核心业务做大做强。通过合作，企业可以将不擅长的业务外包，以提高企业的整体运作效率。

五、顺德区电子商务产业集群发展策略建议

（一）顺德区电子商务产业集群特点分析

1. 全区电子商务发展不均衡，电商园区基本分为四个梯队

综合 2012 年到现在顺德区电子商务示范企业以及顺德区特色电子商务产业园区评选结果显示，顺德区电子商务发展可以分为四个梯队。第一梯队为容桂、龙江电商产业园区，在第一批顺德区电子商务特色产业园区中，容桂占 5 家，龙江占 4 家，共计占到总数量的一半多；第二梯队为北滘、乐从电子商务产业园区，在第一批顺德区电子商务特色产业园区中，北滘占到 2 家，乐从虽然仅有 1 家，但从电子商务交易的量体上数额较大；第三梯队为陈村、勒流、大良电子商务产业园区，在第一批顺德区电子商务特色产业园区中，三者分别都占到了 1 家；第四梯队就是杏坛，因为传统产业集群基础薄弱，因此，在示范性电子商务企业评选和特色电子商务产业园区评选中均不占优势。

2. 特色电子商务产业园区的发展成为大势所趋

顺德区电子商务产业园区发展极不均衡，这也跟传统产业基础存在很大关系。因此，在未来，以特色产业基地为支撑，形成特色鲜明、优势互补、融合发展的新格局，探索专业化园区发展路径已成为顺德区电子商务产业园区发展的大势所趋。

从 2014 年年底新鲜出炉的顺德区特色电子商务产业园区的评选结果可以看出，顺德区已经有一些电子园区开始转型，深入到细分领域进行发展，比如顺德区中外运电子商务产业园、广东国通跨境电子商务产业园、北滘镇创业孵化中心、慧聪家电城、龙头家具电子商务港等。

同时，伴随着以特色产业基础为支撑的电子商务产业园区发展的大趋势，政府将更加重视电子商务发展中公共服务平台的搭建，利用电子商务推动产业集群升级转型。譬如，线上通过地方特色产业集群，入驻电子商务平台；线下建立地方产业集群电子商务的项目中心，提升当地产业集群企业利用电子商务平台开拓国内外市场的能力和水平。同时还要充分发挥总部中心的信息、人才等优势，出台相应的政策措施，鼓励企业加大电商平台建设和业务转型，抢占新的制高点，为顺德区域经济发展拓展战略空间。

3. 电子商务生态圈逐渐形成

电子商务发展到今天已经成为一个高度细化分工的产业。在一个网商的业务链中，许多环节都需要通过外包的形式完成，譬如，从产品摄影、美工设计，到业务培训、营

销推广，再到仓储、物流等。电子商务产业园区必须要有足够数量、足够质量的外包服务商存在，才能满足企业的需求，这也是电商园区之所以有集群优势的原因。

目前，在顺德区评选出的 16 家特色电子商务产业园区名单中，部分电子商务产业园已经营造出了良性发展的电商生态圈。譬如，顺德创意产业园、龙头家具电子商务港等，已经通过把网商、服务商聚集起来，从而提高了电子商务的交易效率，降低了交易成本，才最终促进了电商产业链的快速发展。

4. 传统企业电商化已经成为电子商务产业园区发展的巨大支撑

2012 年以来，越来越多的传统企业管理者认识到电子商务在电子商务领域的巨大潜能。顺德作为制造业大区，当电子商务发展越来越强劲时，首先要改变的可能是观念。经过了 2010 年之前的观望，2011 年的试水，2012 年的深入实践，电子商务对于传统品牌来说，再也不是新鲜事物，而是成了一种必然的选择和常态的经营模式。

对于传统品牌来说，最初涉足电子商务时，除了对于网购用户的不熟悉以外，其传统渠道成为其左右权衡中重要的掣肘因素，顺德美的在初入电商时最头痛的问题可能就在这里。这种影响使其左右为难，在电商渠道布局的同时还要解决与传统渠道的利益分配问题。因此，在电商一日千里的发展速度下显得滞后而保守，不像"淘品牌"经营起来比较灵活。

传统品牌自身一旦厘清了与传统渠道的关系，并且累积起了在线销售的经验，其传统供应链优势便会发挥出来。所谓供应链优势，是对上游原材料品质、产品流行趋势以及加工环节把控能力，而这些恰恰是淘品牌们所欠缺的。从顺德近 3 年的电子商务销售总额占比中也不难看出，未来几年内，传统企业尤其是品牌企业将成为电子商务产业园区发展的支撑力量。

（二）顺德区电子商务产业集群发展存在的问题

顺德区在电子商务发展方面具有良好的基础，目前也已经形成一定的集聚效应，但整体上来看，几个电子商务集聚区都仍在规划建设之中，还存在一定的问题，中小企业电子商务建设还比较滞后，尚未形成一个完善的产业链。同时，全国知名电子商务企业入驻数量较少，能引领产业链协同发展的电子商务平台和龙头企业数量不多。主要的困难和问题体现在以下四个方面。

1. 自建第三方平台影响力不足，电商园区及企业盈利困难

目前的电子商务第三方交易平台主要集中在淘宝、天猫、京东等大型网站，顺德区虽然也有不少企业搭建第三方交易平台，尤其是一些垂直类网站，但都无法占领制高点，面临难以发挥应有作用的困境。毕竟电商红利时代似乎已经过去，在价格战和广告战的双重压力下，部分电商企业可能因为资金难题等不堪重负而一蹶不振。

2. 电商园区普遍规模较小，专业化配套不足

通过对顺德区电子商务产业园的实地调研，顺德区的电商园区普遍存在起步晚、规

模小的状况。电子商务产业园大多利用闲置厂房、仓库等用房转型改造，占地面积及仓储面积较小；同时入园企业以中小微企业和个体组织居多，企业规模小，数量也不多；通过调研发现，园区内电商应用类的企业较多，提供配套服务的企业不足，专业服务内容项目不全，专业化服务质量有待提高。总体而言，电商园区的规模效应、专业化配套服务有待提升。

3. 政府扶持政策与电子商务企业实际需求存在偏差

在政府扶持的层面，顺德区先后出台了一系列政策意见，从示范企业评选到税收等奖补政策，加大对电子商务的扶持力度。但从调研电商园区了解到，符合奖补政策的多为规模型电商企业。而对于多数电商园区及电商企业而言，由于多为小型电商企业、创意型电商企业，能够达到奖补条件的较少，真正急切需求发展的小型电商企业实际获得的扶持力度小。

4. 高端电商人才及营销团队匮乏

电子商务教育体系尚处于初步建立过程中，以及电子商务本身发展迅速等因素共同影响，使得顺德区电子商务人才缺口很大。尤其是在运营成本、薪酬保障、文化氛围等因素的共同作用下，在实际探索中成长的新一代电商人才大多集中在大城市、大型第三方平台或大型电商服务企业，导致中小电商企业缺乏高端管理、营销和技术人才。

（三）顺德区电子商务产业集群发展推进策略建议

中国国际电子商务中心顺德办事处主任赵志民表示："顺德区政府应构建一个良好的产业环境，首当其冲便是建立产业园这个硬环境。"他指出，信息化建设在国家"十二五"规划中已经成为一个重要的议题，打造电子商务产业园能有效地促进企业之间的信息流动，能大大提高生产效率，同时能营造一个适合员工工作与生活的氛围，"才能留得住人"。

1. 电子商务产业集群发展需要配合顺德区产业转型升级的需要

从2014年开始，顺德区政府在电子商务产业园区建设从立项到运营，在土地出让、税费减免、市政设施配套、金融支持等方面都给予高度支持。之所以如此重视园电子商务产业园区的发展，主要看重的是通过电子商务促进传统企业转型升级，使地方企业做到技术快速提升、经营方式转变升级、增强企业实力，提高本地企业在竞争日益激烈的环境下的生存能力，进而提升地方经济活力。

2. 进一步改善电子商务行业发展环境，完善配套服务

首先，从政府、行业角度促进产业集群发展的政策、标准和规范等的研究，加强环境与配套体系建设方面的研究。顺德区电子商务产业集群的形成、建立和发展、创新都需要良好的环境。良好发展环境的营造需要政府加大对其的扶持力度，对经过政府认定的电子商务企业给予一定的政策扶持，使电子商务企业享受到技术创新、技术成果转换

的鼓励支持，使其发展享受到政府的优惠政策。其次，政府及有关部门应加快对行业规范、标准的建设。积极合理地出台一些相关的规章制度，对电子商务的服务、个人信息、电子支付等制定统一标准，使行业在安全的环境中发展、运营。最后，利用媒体进行宣传推广，加大推广力度。可以利用网络、广播电视、报纸杂志、实际移动等媒介，广泛宣传电子商务的知识，提高企业、公众应用电子商务的意识。

3. 加强建设第三方机构

加强产业集群电子商务平台或第三方平台建立，在应用建设方面强化产业集群电子商务平台，或者第三方平台建立功能完善的电子商务平台。以此为牵头，将各个中小电子商务企业汇集，使产业集群内企业共享该电子商务平台，更好地发挥电子商务第三方平台的服务功能。

4. 培育特色的产业链，打造核心竞争力的产业群

培育特色的产业链、打造核心竞争力的产业群。实现虚拟与实体相结合、现代化物流配送体系相配套、满足社交功能的全新电子商务商业模式，积极开展跨境电子商务并推动本土特色产品走向国内国际。

产业载体的建设包括：第一，对电子商务行业组织进行引进、建设，对行业组织的行业标准制定、行业自律、信用评估等进行有关制度的制定，努力打造区域品牌。第二，对电子商务产业集群的发展制定科学合理的规划，规划发展重点与布局，优先扶持重点园区的发展，探索前沿的电子商务服务模式，打造技术含量好的电子商务产品，形成品牌企业，实现电子商务企业的国际化发展。第三，对电子商务的发展资金进行科学管理。合理科学的使用电子商务发展资金，对产业集群的发展建立专项基金，对产品的生产、技术的升级、项目的开发等进行合理的资金规划，同时对集群内产业的重点项目、服务项目、技术开发等，加大资金投入。第四，努力培养电子商务人才。培养平台设计、网站设计、网络营销等方面的人才，工作人员提供定期的专业技能培训，对人员的深造学习给予津贴。

5. 充分鼓励和发挥龙头企业和特色电子商务产业园区的带动发展

在电子商务产业集群发展模式中，龙头企业对于企业的发展具有重要的推动作用，实现电子商务产业集群发展模式的创新需要龙头企业的带动。对龙头企业的模式创新和技术研发进行鼓励；对于龙头企业的电子认证、系统集成、在线支付等技术给予支持鼓励；同时，鼓励龙头企业开发探索新型的商务服务模式，扩大企业的规模。对园区内的企业进行合理的划分，对产业的布局进行规划，使龙头企业带动中小型企业发展，带动项目发展，鼓励龙头企业对中小企业的投资，在这个电子商务产业集群内实现企业的联动发展。

6. 加强人才引进、人力培训等才是园区发展的根本

电子商务产业园区的发展需要媒体、社交、营销、软件、物流仓储、客服服务等支

撑平台。从服务于企业外围来看，涉及软件研发、创意设计、品牌策划、网络营销、网络直销分销、国际贸易、现代物流、服务外包、物流配送等商务服务相关领域；从服务于企业内部来看，涉及生产管理、客户关系、供应链管理等管理应用相关领域。由此可知，电子商务产业园区对电子商务及各行业专业的人才的需求量巨大，所以园区首要问题是解决对人才的大量需求与人才储备不足的矛盾。为解决这一问题，首先就是密切和高校、高职合作，尤其是本地学校，鼓励在校学生到园区企业实习，一方面可以为园区企业选拔人才做储备，另一方面有利于学生毕业后到园区就业和创业。

参考文献

[1] 蒋定福，岳炎. 上海电子商务产业集群推进策略研究[J]. 商业时代，2012（16）：129-130.

[2] 池丽月. 电子商务产业集群建设问题探讨[J]. 福建金融管理干部学院学报，2010（5）.

[3] 闫明磊. 论虚拟电子商务产业集群[J]. 科技情报开发与经济，2006（5）.

[4] 姚海琳，王珺. 企业集群成长中的地方政府作用[J]. 南方经济，2003（6）：14-17.

[5] 吴先锋. 电子商务产业集群形成动因分析[J]. 现代商贸工业，2014（4）.

[6] 池丽月，蒋晓蕙. 厦门电子商务产业集群建设策略研究[J]. 莆田学院学报，2011，18（4）：24-28.

[7] 华国振. 义乌电子商务集群发展问题研究[J]. 商业时代，2011（2）：31-32.

[8] 黄金亮. 地方政府建设电子商务产业园对策及路径研究[J]. 中国商贸，2011（2）：107-108.

[9] 张梅燕. 智慧城镇建设的瓶颈与对策[J]. 开放导报，2013（169）.

[10] 张琼瑜，制构建，李武武. 基于CAS理论的产业集群协同创新动力机机制[J]. 商业时代，2012（11）：115-116.

[11] 陈德刚. 武汉电子商务产业集群发展策略分析[J]. 特区经济，2012，（10）：164-166.

[12] 但斌，胡军，邵汉华，等. 电子商务与产业集群联动发展机理研究[J]. 情报杂志，2010（6）：199-202.

[13] 廖卫红. 我国电子商务产业集群发展模式创新研究[J]. 管理观察，2014（08）：16-17.

[14] 杨奇星. 培育龙头企业带动产业集群升级的政策研究[J]. 中国商贸 2011（2）.

[15] 陈德刚. 我国电子商务产业集群发展模式研究[J]. 江苏商论，2012，（10）：75-77.

[16] 李煊. 电子商务产业集群演化模型分析[J]. 电子商务，2014（11）：70-72.

[17] 吴凌娇. 电子商务产业集群发展模式研究[J]. 常州大学学报（社会科学版），2014（5）：37-41.

［18］刘松钦.中山市产业集群电子商务发展现状及对策研究［J］.电子商务，2014（2）.

［19］邹祥玲.合肥市电子商务产业集群发展探析［J］.管理观察，2014（3）.

［20］张鸿，王哲.陕西电子商务发展模式创新及实现路径［J］.当代经济，2014（07）.

［21］李鹏.黑龙江省电子商务服务业集群发展策略研究［J］.中小企业管理与科技，2014（3）.

［22］任鹏，袁军晓，方永.产业集群竞争力评价综合模型研究［J］.科技管理研究，2012（23）.

顺德家电业转型升级策略研究

陈盛千　唐芳　卢剑忱　李俊辉　唐纯林

一、顺德家电业发展现状和发展瓶颈

(一) 顺德家电业发展现状

1. 产业发展概况

顺德是全国重要的制造业基地,并由中国轻工业联合会、中国家用电器协会授予了顺德区"中国家电之都"、北滘镇"中国家电制造重镇"的称号。顺德区经济和科技促进局提供的数据显示,顺德已成为全国最大的空调、电冰箱、热水器、消毒碗柜生产基地,同时也是全球最大的风扇、电饭锅和微波炉供应基地。其中,北滘家电产业的销售收入占了全区的一半。[①] 广东生产的90%的微波炉、67%的家用冷柜、53%的家用电热水器、50%家用电冰箱都来自顺德。[②]

家电产业一直以来都在顺德的经济发展过程中发挥着举足轻重的作用。以工业总产值这一指标为例,家电行业的工业总产值一直占据全区工业总产值的40%左右。

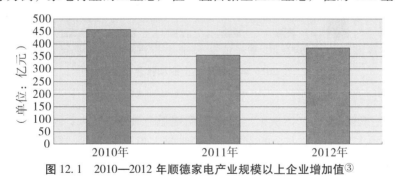

图12.1　2010—2012年顺德家电产业规模以上企业增加值[③]

[①] 华南家电研究院:《顺德再摘"中国家电之都"称号》,见 http://hnjdy.net/news/Show.aspx?ID=634469246044843750。

[②] 香港贸发局:《顺德家电,理想之选》,见 http://www.hktdc.com/web/featured_suppliers/shunde/index_sc.html。

[③] 顺德区家电商会:《顺德家电产业发展蓝皮书(2012年)》,顺德区家电商会,2013年。

顺德家电行业拥有 8 个驰名商标、25 个广东省著名商标、23 个中国名牌产品，是名副其实的家电之都。① 顺德家电产业链的凝聚力，吸引了国内外著名家电企业落户投资，包括海尔、海信等国内的知名品牌企业，以及日本东芝、三洋、松下、百乐满，德国博世，美国惠而浦等国外知名品牌企业。

2. 产业发展特点

顺德家电产业是顺德最重要的支柱产业之一。改革开放至今，已经逐步发展成为产业链较为完整、专业分工较为合理的产业。

（1）主导地位突出。

顺德家电产业目前已经形成了科研、生产和营销为一体的产业链，上下游企业和生产性服务业配套较为完善，产业链条相对完整。顺德是全国最重要的家电制造基地之一。2012 年，顺德家电产品销售额达到 2100 亿元，占广东省销售额的 35% 以上，占全国家电销售额的近两成。② 顺德家电产业一直以来是顺德经济发展最大的支柱产业之一。家电产业在本地的经济中占据至关重要的地位（见图 12.2）。

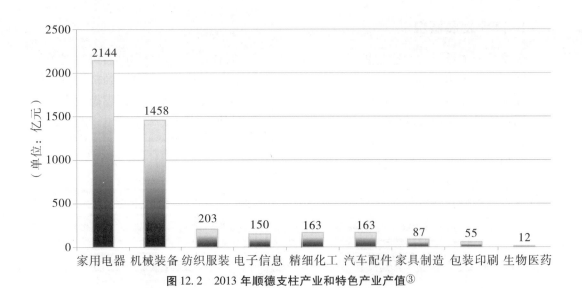

图 12.2　2013 年顺德支柱产业和特色产业产值③

（2）产业链较为完整。

顺德目前已经形成了包括从家电产品的微电脑家用控制器（不包括芯片）到五金配件在内的规模宏大、品类齐全的家电配件产业链，发展了北滘、容桂两个镇街为主的家电整机制造集群区。此外，顺德各镇街都有数量庞大的家电配套企业，为本地家电整机生产提供了多样化的家电零部件采购选择。本地家电企业的采购半径一般不超过 50

---

① 顺德区委宣传部网站：《顺德再摘"中国家电之都"称号》，见 http：//xcb. shunde. gov. cn/data/main. php? id＝62717－120120。
② 顺德区家电商会：《顺德家电产业发展蓝皮书（2012 年）》，顺德区家电商会，2013 年。
③ 张鹏：《新时期顺德产业转型升级》，顺德区经科局，2014 年。

千米，在 2 个小时内就可以得到基本的家电配件，使得企业的部分零部件能够实现零库存管理，从而大大节省仓储和运输成本。

（3）专业分工比较合理。

顺德家电产业的聚集效应明显，产业内部的专业化分工程度高。在美的、格兰仕等家电大企业的引领下，顺德形成了全球完善的家电产业链和良性的家电产业协作体系，带动着类似华声、精艺等一批产业链上下游企业逐渐成长为国内知名的家电配件供应商。顺德家电配件业的企业或产品品牌群已逐步建立顺威电器、恒基实业、精艺金属、威灵电机、鑫曜科技等企业或产品品牌，在家电配件业内颇具知名度，一些品牌还已成为业内的领导品牌，极具影响力，其产品的市场占有率甚至高达50%以上。

3. 产业发展竞争力

从产业发展特点看，顺德家电产业目前已形成了相对完整的产业链，不同企业间的专业分工较为合理。顺德是我国最重要的家电制造业基地之一。除了顺德，山东青岛、安徽合肥也是我国重要的家电制造业基地。通过比较顺德、青岛、合肥三地家电业的工业总产值、主要产品总量等方面的数量，可以了解顺德家电产业发展的国内竞争力。

（1）工业总产值。

2012 年，顺德的家电行业工业总产值为 1625.70 亿元，累计增长了 8.8%，略高于 2012 年顺德全区 GDP 8% 的增长水平。同年，全国家电行业的工业总产值达到 1.14 万亿元，同比增长 13%。顺德的家电行业占全国的比重为 14.25%。[1] 虽然顺德家电行业的工业总产值的增长速度略低于全国水平，但考虑到顺德家电行业的基数较大，并且正进行产业升级调整，从总体上看，顺德家电业依然是全国家电制造业最为重要的基地之一。

与顺德一样，青岛也是全国重要的制造业基地之一，拥有以海尔、海信为首的多家规模以上企业，青岛市的家电行业拥有全国驰名商标 5 个、全国名牌 19 个、国家级示范基地 1 个、国家级园区 2 个、国家级技术中心 3 个。2012 年，青岛家电行业的工业总产值为 1294 亿元，占全国家电行业的 11.35%，[2] 低于顺德同期水平。

合肥是近年来崛起较快的家电制造业基地。2005 年以后，承接沿海发达地区的产业转移，合肥市吸引了以海尔、美的、格力、长虹为代表的来自全国各地的多个知名家电整机品牌和以美芝压缩机、广州万宝、宝兰格（即广州冷机）、凌达为代表的多个知名核心配套企业。2012 年，合肥的家电行业工业总产值达到 1309.37 亿元，超过了青岛位居第二，但仍低于顺德同期水平（见表 12.1、图 12.3）。

---

[1] 人民网：《去年中国家电工业总产值达 1.14 万亿元，同比增长 13%》，见 http://finance.people.com.cn/n/2013/0324/c1004-20895553.html。

[2] 齐鲁晚报：《到 2016 年，十条工业千亿级产业链规模以上工业总产值达到 2 万亿元》，见 http://epaper.qlwb.com.cn/qlwb/content/20130530/ArticelQ02002FM.htm?jdfwkey=yh0m11。

表12.1　顺德、青岛、合肥三地家电工业总产值比较①②③

地区	工业总产值（亿元）	占全国的比重（%）
顺德	1625.70	14.26
青岛	1294.00	11.35
合肥	1309.37	11.48
全国	11400.00	100

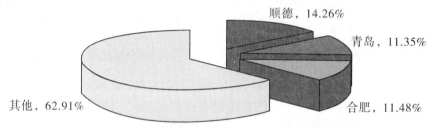

图12.3　顺德、青岛、合肥三地家电工业总产值占全国比重

从工业总产值这一指标来看，顺德家电行业目前在全国范围看，仍具有较强的竞争优势，其占全国家电行业的比重，比青岛和合肥高约3个百分点。

（2）主要产品产量。

空调、电冰箱、彩电和洗衣机被称为"四大件"，是传统家电行业中的主要产品。一直以来，顺德在空调、冰箱两大家电产品中占有重要的地位，是我国空调、冰箱主要的生产基地之一。

对比2012年顺德、青岛、合肥三地的家电产业主要产品，可以看出：第一，顺德在空调产品领域依然占有相对优势，其产量占全国2012年全部产量的14.26%，高于青岛的11.35%和合肥的11.48%；第二，在微波炉方面，顺德占有绝对优势，2012年全国高达71.18%的微波炉由顺德生产。

但从表12.2我们也可以看出，顺德在电冰箱、彩电和洗衣机这三个领域中，已经失去了竞争优势。在电冰箱、洗衣机方面，由于近年来合肥积极引进了海尔（其优势产品为洗衣机）、美的（其优势产品为电冰箱）等著名企业，合肥的洗衣机、电冰箱产量在全国范围内已经占据了绝对优势，2012年两者产量均占到全国产量的20%以上。彩电一直以来都不是顺德家电产业的优势产品。从表12.2中也可以看出，顺德彩电的产量在全国的比重是相对较低的，仅有0.62%。

---

①　顺德区发展规划和统计局：《顺德区2012年1—12月国民经济主要指标》，顺德区发展规划和统计局，2013年。

②　齐鲁晚报：《到2016年，十条工业千亿级产业链规模以上工业总产值达到2万亿元》，见http://epaper.qlwb.com.cn/qlwb/content/20130530/ArticelQ02002FM.htm?jdfwkey=xr13x1。

③　中安在线：《合肥打造全球家电制造中心》，见http://ah.anhuinews.com/system/2013/11/23/006216213.shtml。

表 12.2　2012 年顺德、青岛、合肥主要产品产量比较[1][2][3][4]

地区	空调		电冰箱		彩电		洗衣机		微波炉	
	产量（万台）	比重（%）	产量（万台）	比重（%）	产量（万台）	比重（%）	产量（万台）	比重（%）	产量（万台）	比重（%）
顺德	1802.02	14.26	819.19	9.72	79	0.62	270.95	3.99	4982.23	71.18
青岛	465.61	11.35	575.01	6.82	1439.98	11.23	583.6	8.59	—	—
合肥	1422.32	11.48	2271.61	26.96	414.34	3.23	1459.42	21.49	37.15	0.53
全国	13281.10	100	8427.00	100	12823.52	100	6791.12	100	6999.36[5]	100

从总体上看，顺德家电产业与青岛、合肥两地相比，仍然存在相对优势。顺德的家电产业在全国家电产业总产值中的比重一直领先于青岛和合肥。从细分产品来看，顺德在空调、微波炉方面仍然存在相对优势，在彩电、洗衣机和电冰箱三个产品中则失去了竞争优势。

（二）发展瓶颈

1. 技术创新水平不高

顺德的家电产业经过多年的发展，已经涌现出一批国家级的高新技术企业，产业研发水平不断提升。整个家电产业的高新技术企业占全区总数的 3 成以上。[6]

但与合肥、青岛相比，顺德技术创新水平仍然有待提高。合肥 2012 年国家高新技术企业总数达 615 家。新增国家级重点新产品 26 个、省级高新技术产品 410 个。全市规模以上工业高新技术产业完成产值 3533.74 亿元，占全市生产总值的 21.5%，比上年提高 1.3%。[7] 青岛 2012 年高新技术产业产值占规模以上工业总产值比重达到 39.8%。[8]

专利申请数量、授权数量能够较好地代表某个地区的技术创新水平。顺德连续多年居于全国县级城市前列。但与合肥、青岛两地相比，仍有一定距离。以 2012 年为例，

---

[1]　顺德区发展规划和统计局：《2012 年佛山市顺德区国民经济和社会发展统计公报》，见 http://sg.shunde.gov.cn/data/main.php?id=1922-7200125。

[2]　青岛统计信息网：《2012 青岛市国民经济和社会发展统计公报》，见 http://www.stats-qd.gov.cn/statsqd/news/2013379565164310.asp?typeid=990&videos=。

[3]　中共合肥市纪委：《2012 年合肥市国民经济和社会发展统计公报》，见 http://www.hefei.gov.cn/n1070/n304559/n310921/n315572/27940062.html。

[4]　中华人民共和国国家统计局：《年度数据》，见 http://data.stats.gov.cn/workspace/index?m=hgnd。

[5]　见 http://www.chyxx.com/data/201303/195261.html。

[6]　政府内部资料。

[7]　中共合肥市纪委：《2012 年合肥市国民经济和社会发展统计公报》，见 http://www.hefei.gov.cn/n1070/n304559/n310921/n315572/27940062.html。

[8]　青岛市信息政府网：《关于青岛市 2012 年国民经济和社会发展计划执行情况与 2013 年国民经济和社会发展计划草案的报告（概要）》，见 http://www.qingdao.gov.cn/n172/n24624151/n24625135/n24625149/n24625191/29203898.html。

合肥、青岛两地的专利授权数远高于顺德水平，更重要的是，在专利授权中，能够代表企业的技术创新能力的发明专利数，合肥、青岛两地的数量占全部专利授权数的比重也远高于顺德（见表12.3）。

表12.3　2012年顺德、合肥、青岛三地专利授权数

类型	地　区					
	顺德区		合肥市		青岛市	
	数量（件）	比重（%）	数量（件）	比重（%）	数量（件）	比重（%）
全年累计	9489	100	9639	100	12689	100
发明专利	613	6.46	1242	12.89	1510	11.90
实用	4010	42.26	—	—	9188	72.41

说明：表12.3数据来源与表12.2一致。

从高新技术企业产值、专利授权数两大指标来看，顺德技术创新水平与青岛、合肥两地相比，仍有一定差距，顺德家电产业技术创新水平仍有待提高。

2. 土地资源稀缺

顺德是一个典型的资源稀缺型城市，本地缺乏煤炭等生产能源和各类矿产资源，在改革开放初期，主要是依赖来料加工的方式来发展经济。顺德的经济发展到今天，资源紧缺的情况愈加严重，特别是土地资源紧缺的情况，已经成了制约顺德家电产业持续健康发展的主要障碍。

顺德的土地开发强度在2011年年底已达到49.49%，远超30%的警戒线，面临"无地可用"的困境。目前，顺德的土地开发强度与北京、上海、深圳等大城市的开发水平相若，远高于珠三角主要城市的平均水平和合肥的水平（见表12.4）。

表12.4　顺德与各地土地开发强度对比①②③

城　市	土地开发强度（%）
顺德	49.49%
深圳	50%
广州	20%以上
珠三角主要城市平均水平	16.56%

---

① 南网：《深圳市土地开放强度50%，超国际标准20%》，见http：//bo.nfdaily.cn/timeline/content/2013-05/16/content_69035123.htm。

② 中华人民共和国国土资源部：《合肥土地利用总体规划（2006—2020）》，见http：//www.mlr.gov.cn/tdsc/tdgh/201305/t20130506_1210545.htm。

③ 中国经济导报：《北京上海土地开发超东京伦敦约1倍》，见http：//www.ceh.com.cn/ceh/jryw/2012/3/31/105475.shtml。

续上表

城 市	土地开发强度%
合肥	16.3%
青岛	—
北京	接近48%
上海（扣除崇明、长兴、横沙三岛）	50%
上海（包括崇明、长兴、横沙三岛）	36.5%
香港	30%

解决顺德土地资源紧缺问题的关键在于提高顺德土地的单位产值，把资源耗费大、单位面积产值低的生产环节迁移出去，而把经营、管理、设计研发、营销、结算、汇兑纳税等附加值高的环节留在顺德。

3. 高端人才紧缺

顺德"总部经济"的发展战略需要大量高层次人才。但一直以来，高端人才紧缺就是制约顺德家电业发展的重要因素，顺德拥有的高端人才数量与其经济发展水平是不相适应的，与广州、上海等地相比，其高端人才的数量更低。以第二次经济普查数据为例，在法人单位从业人员中，顺德本科及以上的从业人员占全部从业人员的比重不仅远低于上海、广州等地，不到合肥的1/3，甚至还低于全国的平均水平（见表12.5）。

表12.5　第二次经济普查法人单位从业人员学历、职称、技术等级情况

从业人员学历	比　重					
	全国	广东	广州	上海	顺德	合肥
具有研究生及以上学历者	1.3	1.2	2.1	2.4	0.7	2.2
具有本科学历者	11.4	9.2	13.8	13.9	7.6	13.8
具有大专学历者	17.6	15	18.6	16.3	13.5	20.5
具有高中学历者	31.5	34	31.6	27.9	38.8	30.2
具有初中及以下学历者	38.2	40.6	33.9	39.5	39.4	33.3
从业人员合计	100	100	100	100	100	100

说明：数据来自全国、广东、广州、上海、顺德、合肥的第二次经济普查主要数据。

进一步分析，具有技术职称的人员占全部从业人员比例方面，顺德仍然要低于全国水平。特别需要注意的是，顺德在这一指标中，不仅存在总量水平低于全国平均水平的问题，在从业人员的技术职称等级结构方面，还存在着具有初级技术职称的人员比例高、具有高级技术职称的人员比例相对较低的问题，即高层次人才占全部从业人员比重不高（见表12.6）。

表12.6　第二次经济普查法人单位从业人员学历、职称、技术等级情况

从业人员技术聚积	比　重					
	全国	广东	广州	上海	顺德	合肥
具有技术职称的人员合计	100	100	100	100	100	100.0
具有高级技术职称者	11.3	10.3	12.4	12.3	9.6	13.5
具有中级技术职称者	38.3	37.3	36.1	39.1	29.9	37.5
具有初级技术职称者	50.4	52.4	51.5	48.6	60.5	49.0
具有技术职称的人员占全部从业人员比重	16.7	11.4	12.7	13.7	11.2	18.20

说明：数据来源与表12.5一致。

4. 人工成本不断上涨

人工成本是制约顺德家电产业发展又一重要因素。近年来，顺德本地的人力资源成本上涨迅速。以最低工资为例，2008年顺德的最低工资仅为770元/月，2013年5月已上涨为1310元/月，年均增长速度达到11.21%，高于2008年（1562.31亿元）至2012年（2338.79亿元）顺德GDP年均9.41%的增长速度。（见图12.4）

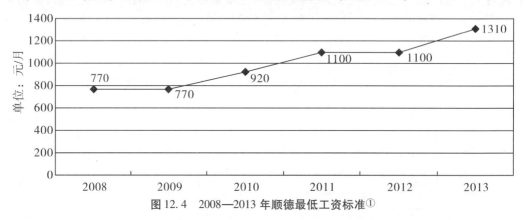

图12.4　2008—2013年顺德最低工资标准[①]

从图12.5可看出，顺德职工平均工资呈现出快速增长趋势，在2001—2005年期间，增长趋势较为平缓，但进入2006年以后，增长速度开始加快。

---

① 顺德发展规划和统计局：政府内部资料。

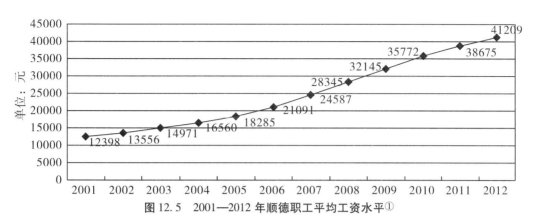

图 12.5　2001—2012 年顺德职工平均工资水平①

除了工资上涨速度较快以外，顺德家电企业还要承担较高的社会保险费用。根据顺德 2013 年最新的社会保险征收标准一览表，顺德本地企业要雇佣一个普通一线工人（外市农村户籍），其社会保险缴费工资下限为 2258 元（其中医疗保险为 2711 元，工伤保险为 2033 元），企业自身需要为员工缴纳的社会保险费为 443.52 元，员工自身还要缴纳 234.86 元（实质仍来源于企业），共计近 700 元（见表 12.7）。

表 12.7　顺德社会保险 2013 年 1—6 月缴费标准②

行业	险种		缴费工资	外市农村户籍				合计
				单位		个人		
				比例	应缴金额	比例	应缴金额	
一类行业	养老保险		2258	11%	248.38	8%	180.64	429.02
	失业保险		2258	0.5%	11.29	0	0	11.29
	生育保险		2542	0.9%	22.88	0	0	22.88
	工伤保险		2033	0.45%	9.15	0	0	9.15
	医疗保险	选择建账	2711	5.6%	151.82	2%	54.22	206.04
		选择不建账	2711	5.1%	138.26	0	0	138.26
	总计	选择建账	—	18.45%	443.52	10%	234.86	678.38
		选择不建账	—	17.95%	429.96	8%	180.64	610.60

相比之下，一般被认为平均工资水平更高的广州，在其外来工医疗保险政策改变前，其社会保险缴费水平与顺德持平，而平均工资与顺德相若的中山，缴费水平要低于顺德。2013 年 1—6 月的社会保险缴费基数工资下限为 1500 元（其中医疗保险为 1850 元），不到顺德的 2/3。

---

①　顺德区发展规划和统计局：《2000—2012 年顺德区在岗职工月平均工资与 CPI 数据》，见 http：//sg. shunde. gov. cn/page. php?searchtype = y&id = 51382&lb_ bg = 00D0FE&lb_ nr_ bg = F2F8FC&Sid = 5&Tid = 5&nType = 1。

②　政府内部资料。

表 12.8　广州社会保险 2012 年 7 月 1 日至 2013 年 6 月 30 日缴费标准①

行业	险种	缴费工资	外市农村户籍				合计
			单位		个人		
			比例	应缴金额	比例	应缴金额	
一类行业	养老保险	2258	12%	270.96	8.00%	180.64	451.60
	失业保险	1300	2.0%	26.00	1.00%	13.00	39.00
	生育保险	2873	0.85%	24.42	0	0	24.42
	工伤保险	1300	0.50%	6.50	0	0	6.50
	医疗保险	4789（2012 年 7 月 31 日前）	1.20%	57.47	0	0	57.47
		4789（2012 年 7 月 31 日后，选择参加灵活就业人员医疗保险）	0	0	4.00%	191.56	191.56
		2873（2012 年 7 月 31 日后，选择参加职工基本医疗保险）	8.00%	229.84	2.00%	57.46	287.30
	总计	2012 年 7 月 31 日前	16.55%	385.35	9.00%	193.64	578.99
		2012 年 7 月 31 日后，选择参加灵活就业人员医疗保险	15.35%	327.88	13.00%	385.20	713.08
		2012 年 7 月 31 日后，选择参加职工基本医疗保险	23.35%	557.72	11.00%	251.10	808.82

二、家电业转型升级的动力机制

（一）家电产业转型升级研究综述

1. 传统产业与产业升级的内涵

一般而言，传统产业是指发展时间较长，生产技术已经基本成熟，经过高速增长后发展速度降低，对国发经济的影响逐渐下降，资源利用率和环保水平通常较低的产业。

产业升级是指产业由低技术水平、低附加价值状态向高新技术、高附加价值状态的演变趋势。②

---

① 网易：《广州取消外来工临时医保，涉及 5 万外来工参保者》，见 http://news.163.com/12/0802/03/87SEJ0280001124J.html。

② 刘志彪：《产业升级的发展效应及其动因分析》，载《南京师大学报（社会科学版）》2000 年第 3 期。

2. 产业升级的路径研究

关于产业升级的具体层次与路径，学术界较多地运用 Humphrey、Schmitz（2002）的观点[①]，他们将产业升级分为四个层次：一是流程升级，又称工艺升级，即以创新生产工艺，提高投入产出率；二是产品升级，即提高产品的附加值，不断推出新功能和新款式，以更好的质量、更低的价格与对手进行竞争；三是功能升级，即从生产环节向设计和营销等利润丰厚的环节升级；四是部门间升级，又称为跨产业升级，即从低附加值的产业向高附加值的产业升级。[②] 总的来说，产业升级的核心是创新。

关于地区产业转型升级的研究，我国的传统产业转型是一个艰难的过程，各地应根据自身的特点探讨合适的转型之路。①泉州。传统产业可以通过资源重组，以熊彼德的创新理论为指导，建立企业各种创新因素良性互动的创新机制，充分利用我国市场的优势创造国际大品牌。②东莞。政府可以采取金融、政府优惠采购、培育创新文化和支持社会中介组织等政策推进传统产业升级，其路径是研发核心技术和关键技术，改造落后的工艺设备，改造传统产品，进行资源整合、技术创新和环境保护创新。③无锡。合作创新是传统产业转型升级的最佳战略途径，多元路径是有效模式，领导重视是重要条件。④青岛。依靠"两化融合"加速转型升级中存在信息产业发展滞后、企业信息化缺乏战略布局、软环境有所欠缺、缺乏集群战略、效益不明显等问题，因此，要在战略提升、协调引导、企业转型、中小企业推广、电子商务创新等方面加大调整力度。⑤河北。应结合自身发展阶段，通过深化专业分工、打造产业集群、加快技术创新、采用现代营销手段、加强管理等多种措施促进传统产业的升级发展。

3. 有关顺德产业转型升级的研究与论述

李少魁在《本土经济与顺德商道》中提出了顺德制造的顺德路径为外源型经济起步的初始化选择→报酬递增：悄然而至的内源型经济蜕变→自我强化：推动本土经济壮大→路径依赖：通向全球化经济扩张→稳态均衡：未来顺德制造取决于能否进入锁定状态。

陈春花在《可怕的顺德——一个县域的中国价值》序言中提出，顺德人创造了良好的制造业基础、商业人文素质、金融与信息中心等优势，正是他们的经验与创造改变了中国商业的思维方式和习惯。与此同时，还深深改变了中国政府的市场经济实践。

黄喜忠指出，推动顺德制造向顺德创造转变，有五个基础：一是良好的社会氛围，自主创新已有广泛共识和自觉行动；二是良好的产业基础，在资本积累、品牌实力、管理经验方面有升级基础；三是有良好的创新载体，工程中心、创新机构、技术平台年新增产值超百亿元；四是有良好的金融支撑体系；五是有良好的政府服务。推动顺德制造向顺德创造，政府从四方面入手：一是传承与发展相结合，顺德创造的基础在顺德制造；二是产业与城市相联动；三是探索资本、科技、人才三大创新要素的有机融合；四

[①] 参见陈羽、邝国良《"产业升级"的理论内核及研究思路述评》，载《改革》2009年第10期；唐晓云《产业升级研究综述》，载《科技进步与对策》2012年第2期等。

[②] Humphrey J, Schmitz H. How does insertion in global value chains affect upgrading in industrial clusters. Regional Studies, 2002, 36（9）.

是以改革提升效能、优化服务。①

张鹏指出,对企业的改造升级,要提高企业的自主创新能力,包括提高产品技术含量、提升产品工艺、创新管理模式等。还要引导企业走出顺德实行产业转移,转出去不是把企业连根拔起,研发机构和人才、金融、销售仍要留在顺德,顺德做的是总部经济。

罗维满指出,产业升级包括四个方面,一是工艺流程的升级;二是产品功能的升级;三是产业链的升级,横向扩展;四是跨行业的转型。

沈涌指出,顺德产业升级要通过整合提高效能,解决好目前软实力和硬实力的分离、政府与企业的分离、务虚与务实的分离、话语与实际的分享等问题。

张有卓指出,德国的启示——德国以传统制造业为主,走差异化路线,其竞争力在于产品质量与解决问题的专有服务,提供信贷和终身维修服务。向德国学习,要解决的一个突出问题就是技师。一流的技师才有一流的制造,而一流的技师要有一流的待遇。顺德制造需要学习德国首先要有大量的技师而不是大量的廉价劳动力。顺德家电未来的发展必须是从劳动密集型向机械设备自动化程度迅速提升。

周林指出,顺德作为"中国家电之都",已形成完善的家电产业链,拥有美的、格兰仕等知名家电企业,但缺乏像国美、苏宁等家电流通业"大鳄"。因此,顺德应将制造业向服务业延伸,实现融合,打造顺德的"国美"。

(二) 顺德家电业转型升级的动力机制

1. 顺德家电业转型升级的动力源自企业

顺德发展的动力在民间,民企、民资、民智是推动顺德制造向顺德创造转变的根本力量,也是顺德家电业转型升级的动力源泉。顺德的改革,很好地造就了一个"民本经济"的样本。民本经济相对于官本经济而言,人民是创业的主体、经济的主体、产权的主体,也是创造财富的主体。民本经济是实现共同富裕最有效的途径,是以民为本、民有民营民享的经济。面对经济新常态,产业转型升级已成为顺德家电企业的自主意识、自觉行为。家电业是顺德制造的支柱产业,具有强大的品牌阵营、庞大的市场营销规模、激烈的产业竞争环境,所以顺德家电业汇聚了各类人才,也产生了丰富的产业管理思想,为顺德家电产业转型升级提供了资本积累、品牌实力、管理经验。

2. 各级政府的有效政策供给引导、激励顺德家电业转型升级

改革开放以来,顺德经济演进的每一个发展阶段,都离不开地方政府的有效政策供给:20世纪70年代末80年代初三来一补、大进模式;80年代政府放水养鱼,两家一花;90年代初对乡镇企业扶大做强,对国企率先改制;90年代中民进政退——21世纪,产业升级、产业聚集、二次创业,引导顺德经济实现一次次质的提升。顺德发展的动能很大程度上来源于一次次实实在在的制度创新,每次制度创新,都给资源配置带来新的途径,并无限放大着资源的产出,初期的股份合作制,中期的产权改革,后期的政

---

① 顺德区委宣传部:《顺德转型进行时》,广东人民出版社2011年版。

府职能转变，都是有效的政策供给。

自2009年启动大部制改革，顺德先后经历了"简政强镇"事权改革、行政审批制度改革、社会体制改革和基层治理体制改革。通过改革，理顺政府和社会的各种体制，整合各种资源，凝聚各方力量，激发全社会的智慧和创造力，实现社会和经济的协同发展。

3. 秉承顺商精神的顺德企业家是顺德家电业转型升级的引领者

过去30多年，顺德在创造经济财富的同时，也造就了大批具有创新意识的企业家。秉承"包容、务实、进取、创新"的顺商精神的顺德企业家，创造了良好的制造业基础、商业人文素质、金融与信息中心等优势，正是他们的经验与创造在一定程度上改变了中国商业的思维方式和习惯。第一，转型的本质是适应环境的变化，因此，在经济新常态下，转型升级也应当成为企业家一种持续性的努力和重任。第二，作为企业，转型升级永远都要沿着顾客的方向，尽可能地接近顾客，只有顾客才是可以持续为企业提供成果的源泉。顾客是唯一可以评判和解雇我们的人。第三，从依靠个体转向依靠平台参与竞争，通过搭建平台竞争获得个体竞争力。企业各个部门的竞争力来源于企业内部价值链力量的支撑，而个体转型成功也源于自身生存平台的构建。管理的精髓在于综合，如何集成平台的力量，正是管理转型力量的源泉。

三、顺德家电业转型升级的路径分析

顺德家电业转型升级，需发挥企业的主体性、政府的引导作用、社会组织的支持功能。

（一）企业层面

1. 顺德家电企业需进行产权的二次转型

党的十八届三中全会通过的《中共中央关于全面深化改革若干重大问题的决定》对公有制实现形式和国有经济发展模式进行了重大创新，把国有资本、集体资本和非公有资本交叉持股、相互融合的混合所有制作为我国基本经济制度的重要实现形式。这既对顺德国有企业和民营企业已有的深度融合进行了充分肯定，也为下一步国企改革和民企发展指明了方向，提供了巨大的发展空间和强大的市场改革动力。

发展混合所有制经济有利于民营资本更顺利地进入基础设施、基础产业、公用事业等领域，扩展它的发展空间；有利于改善企业的产权结构，促进企业建立真正适应市场经济要求的现代企业制度；有利于各种资本形式优化重组，优化资本配置，放大资本效益。

民营企业参与推进混合所有制发展的基本做法：
（1）增资扩股。
（2）出资参股。
（3）项目合作。
（4）员工持股。

2. 制造业服务化

越来越多的制造企业围绕产品全生命周期的各个环节，不断融入能够带来市场价值的增值服务，实现从传统的提供制造业产品向提供融入了大量服务要素的产品服务系统转变，制造业服务化正成为全球许多制造企业的战略选择。产业经济学的研究指出制造业经历了从提供物品或服务、提供"物品+附加服务"到提供"物品+服务+支持+知识+自我服务"模式的转变，服务成为竞争优势的主要来源。管理学的研究，波特从企业价值链的角度认为生产服务是产品价值的重要构成部分和产品差异化的主要来源。

剑桥大学的 Andy Neely 通过对全球 12521 个制造业上市公司的研究，得出以下结论：第一，制造企业提供了包括咨询、设计开发、金融等 12 种服务；第二，具备提供服务功能的企业，美国为 58%，德国为 35%，中国为 1%。[①]

（1）制造业服务化的动力机制。

第一，市场需求正从产品导向向产品服务系统导向转变。第二，高价值环节从制造环节为主向服务环节为主转变。第三，基于产品服务的竞争是增强产品差异化竞争优势的重要途径。第四，客户交易正在从短期交易向长期交易方式转变。

（2）制造业服务化的基本模式。

第一，基于产品效能提升的增值服务。第二，实时化的在线支持服务：远程诊断服务，实时维修服务，外包服务和运营服务。第三，动态化的个性体验服务：个人娱乐服务，基于位置的服务。第四，个性化的产品设计服务。

（3）基于产品交易便捷化的增值服务。

第一，多元化的金融融资服务：消费信贷服务、融资租赁服务。第二，精准化的供应链管理服务：实时补货、零部件管理、供应商存货管理、专业物流服务。第三，便捷化的电子商务服务。

（4）基于产品整合的增值服务：总集成总承包服务、集成化的专业运营服务。

企业要通过合作创建市场。根据需要在需要的情况下配置组件；协调客户的价值空间；改变成本结构；用开放合作性和服务性的机遇来创建新的能力；增加客户的灵活性和适应用，为精选的客户创建专有化的服务。顺德应将制造业向服务业延伸，打造顺德的"国美"。

3. 建立敏捷性机制，发展智能制造

敏捷性是企业的一种战略竞争力，它是指具有满足市场（包括速度、柔性、消费者、竞争者、供应者等）快速变化需要的能力（包括硬件与软件技术、人力资源、管理技术和信息沟通）的制造系统。

进入 21 世纪，作为顺德传统产业的家电业必须走新型工业化道路，导入敏捷性机制。敏捷制造、大规模定制是顺德家电业快速响应市场变化，在未来激烈市场竞争中处于领先地位的重要企业运行模式。

---

① 安筱鹏：《制造业服务化路线图——机理、模式与选择》，商务印书馆 2012 年版。

（1）大规模定制。

大规模定制（mass customization，简称 MC）是一种集企业、客户、供应商、员工和环境于一体，在系统思想指导下，用整体优化的观点，充分利用企业已有的各种资源，在标准技术、现代设计方法、信息技术和先进制造技术的支持下，根据客户的个性化需求，以大批量生产的低成本、高质量和效率提供定制产品和服务的生产方式。

大规模定制战略把大规模生产的低成本战略和定制生产的差异化战略有机结合，其产品集成了多样化、短交货期、高客户满意度、低成本的特性，是企业提高竞争力获取持久的组合竞争优势的重大战略。

（2）发展智能制造。

利用人工智能和信息技术，实现技术、管理和人的集成，从而在整个产品生命周期最大限度地满足用户需求，节省劳动力成本，提高企业竞争能力。

4. 升级管理，提高效率

如果说导入敏捷机制是战略层面的话，则全面提升内管理水平属于战术层面。现在的企业的生存与发展前所未有地依赖管理，没有管理水平的提升，就无法建立敏捷机制。推行精益生产、工业工程是顺德家电业内部挖潜、保证产品质量的重要工具。

（1）精益生产。

精益生产（lean production，简称 LP）是一种管理哲学。其在系统结构、人员组织、运行方式和市场供求关系等方面的变革，能使生产过程中一切无用的、多余的或不增加附加值的环节被精简，以达到产品生命周期内的各方面最佳效果。精益生产的精髓及其思想核心是"缩短周期、创造价值"。[①] 企业应该从顾客的角度出发，识别价值流中的增值活动和各种浪费，消除顾客不需要的多余功能和多余的非增值活动，不再将额外的花销转嫁给顾客，实现顾客需求的最有效满足。

（2）工业工程。

工业工程（industrial engineering，简称 IE）是将人、设备、物料、信息和环境等生产系统要素进行优化配置，对工业等生产过程进行系统规划与设计、评价与创新，从而提高工业生产率和社会经济效益专门化的综合技术。工业工程的核心是降低成本，提高质量和生产率。工业工程可以在不需要投资或少投资的情况下就能提高企业的经济效益，增强企业活力，帮助中小企业突破各项发展瓶颈。这是改善目前顺德大部分家电企业的所面临的问题的最容易见效的途径。

（3）通过管理创新促进顺德家电业转型升级的具体建议：①加强相关的教育和培训工作。②加强产学研相结合。③设立技术咨询委员会。④成立工业企业管理提升基金。

5. 发展顺德家电总部经济模式促进顺德家电业转型升级

（1）总部经济的内涵及作用。

总部经济指某区域由于特有的资源优势吸引企业将总部在该区域集群布局，将生产

---

① ［美］杰弗瑞·莱克：《丰田模式——精益制造的 14 项管理原则》，机械工业出版社 2011 年版。

制造基地布局在具有比较优势的地区，从而使企业价值链与区域资源实现最优空间耦合以及由此对该区域经济发展产生重要影响的一种经济形态。总部经济是一种城市经济、合作经济、高端经济和多元经济，具有知识性、高回报性、辐射性、共赢性等方面的特征。

总部经济是一种能够实现企业本身、总部所在区域、生产加工销售基地所在区域"三方"利益都得到增进的经济形态，即"三赢模型"。

（2）顺德发展总部经济的动因。

顺德经济高歌猛进30年，赢得"中国家具之都""中国涂料之乡""中国燃气具之都"等21个国家级区域品牌。和整个广东特别是珠三角先发地区一样，率先发展的顺德也率先遭遇发展的瓶颈，在原材料、劳动力成本大幅上升的背景下，顺德土地、资源、环境的承载能力已接近极限，土地开发强度高于深圳、东莞等地区。如何在辉煌之上再续辉煌，是时代留给顺德的突出命题。具有敏锐市场嗅觉的顺德民营企业老板开始走出顺德，在全国乃至全球寻求生产力布局。在制造企业频频"出走"的同时，外界也出现了不少质疑声音，担忧顺德区域出现产业"空心化"。因此，如何留住本土培育起来的优良企业，并为它们提供进一步发展壮大的空间，是顺德区域经济发展面临的一个重大课题。

（3）顺德家电业总部经济发展的优劣势分析。

第一，顺德家电业发展总部经济的优势。①发展起步早，产业基础好。②顺德家电产业形态以内源型工企业为主。③区域优势明显。④政府的超前引领。

第二，发展总部经济的劣势。①产业组织模式以中小型民营企业为主。②产业集群层次低，创新能力不足。③城市级别不高，竞争压力大。④发展总部经济所需要的高端人才匮乏。

（4）顺德家电业发展总部经济的措施。第一，转变发展意识，改变发展模式；第二，促进企业技术创新，提高企业竞争力；第三，实施差别化的总部经济发展模式；第四，制定人才引进与培育政策，吸引高级技术型人才。

（二）政府层面

1. 提供有效的制度、政策供给

顺德家电业的转型升级，政府层面能够发挥积极引导作用。顺德家电业的转型升级，首要的应是突破现有制度和体制，要发挥整合政府、科研机构、企业的优势资源。

第一，政府作为体制改革的推动者，完善鼓励企业科技创新的奖励机制，有效提高支持企业科研开发经费，推动家电企业形成科技创新成果和积累科技创新能力。

第二，政府作为产研合作的协调者和知识产权的维护者。政府出面，为科研机构和家电企业进行技术研发的沟通合作创造一个良好的平台。政府不干涉企业研发决策和研发投入计划，而是为企业科研提供各种制度上的便利，如着力培育家电创新研发的科技平台，为企业研发提供充足的信息、技术和人力资源，创造良好的社会法律环境等。设置知识产权专项资金；在顺德具有优势的家电产品领域，建立家电专利联盟，加大专利行政执法力度，维护权利人的合法权益。

第三，政府作为营造相对应的政务环境的主力手，继续大胆创新社会管理和政府服务模式，构建"大部制、小政府、大社会、好市场"的全新管理和服务格局，建立起与社会主义市场经济体制相适应的政府服务和社会管理体系，全力营造与产业转型相适应的政务环境。政府仍需要在相关政务制度上创新，为顺德家电的转型升级提供有效的制度、政策供给。

2. 营造优质配套的社会环境

顺德家电业转型升级，需要人才、教育、环境等各方面的配套政策和措施的保证。所以，强调需要政府发挥引导作用，营造优质的配套社会环境，例如，营造优惠的人才政策，创造公平的竞争环境，良好的居住环境，发展适应产业转型升级的职业教育，发展多种形式的融资渠道，等等。

政府需要制定吸引人才的优惠政策，以吸引高端人才。人才对于产业转型升级发挥着尤为重要的作用。政府需要加强与家电产业转型升级相匹配的关键人才的多渠道引进和培养。引入人才的同时同样要保证留住人才，政府要创造公平的竞争环境，允许人才的创新思维和能力得以发挥，同时推动强化企业对职工的培训力度，政府在政策和制度上保证对高端人才和专业人才的吸引，并推动企业积极用人以留住人才。

环境也是对高端人才吸引的影响因素之一。良好的居住环境，住房政策、子女的教育等配套设施都是高端人才和专业人才考虑是否来顺德和留在顺德所关注的问题，政府需要加大力度，进一步优化自然和社会环境，营造顺德文化氛围，提升科研、教育、文化、医疗水平，让推动顺德家电业转型升级的高端和专业人才和家人在顺德的生活无后顾之忧，真正提升顺德在吸引人才的软环境和硬实力，才能促进高端和专业人才在顺德"生根发芽"。

在强调对高端人才和专业人才的引进同时，本土的专业人才培养也不容忽视。政府要发展适应产业转型升级的职业教育，特别是顺德本土院校家电专业的职业技能人才的培养。形成高校科研院所对人才培养的共享平台和交流平台，有助于促进人才的区域集聚。政府在本土专业人才的培养，除了加强已有的职业教育体系，也要促进职业教育改革。目前，顺德高校只有顺德职业技术学院（专科）和南方医科大学顺德分校，无法培养出满足顺德自主创新和产业升级所需的人才供给，所以需要政府在政策体系和配套环境给予大力支持，促进职业人才的升级。

可见，在促进顺德家电产业的转型升级，政府仍然需要发挥"有形之手"的作用，通过政策制定和制度的优化，推进建设配套的社会环境，真正助力实现顺德家电产业的转型升级。

（三）行业社会组织层面

行业商会是促进产业升级的重要主体。产业所对应的英文单词是"industry"，在译成中文时，还可理解为"工业""行业"等。可见，所谓产业升级，也可以称为行业升级。正因为如此，行业商会等行业组织是产业升级的当然主体，而且应该发挥重要的作用。

1. 发挥顺德家电商会作用，促进顺德家电业升级

产业升级是一个持续和动态的过程，是任何一个行业都将长期面对的问题，作为行业代表的行业商会，在产业升级过程中必须要发挥积极作用。2008年爆发的国际金融危机，则对我国以出口、投资为基础的经济增长方式提出了严重挑战，产业升级受到广泛重视，且成为一个热门课题，在这个产业升级的重要历史节点，政府、社会组织、企业都有其重要责任。顺德家电商会顺应历史要求，助推产业升级。

（1）流程升级。

流程（process），又称业务流程，美国管理学家哈默（Michael Hammer）、钱皮（James A. Champy）将其定义为"一系列的活动，这些活动合在一起，产生对顾客有价值的结果"①，流程升级可以明显改善绩效，在《改革公司》（出版于1993年）中，他们写道"大约在近十年以前，我们开始注意到少数几家公司由于彻底改变了工作方法而使其经营的一个或几个领域的业绩有了显著的改观。这些公司没有改变自己经营的业务，而是对自己经营业务的流程进行了得大的改变——甚至完全更换了原先的业务流程"②。然而，流程升级往往又是最容易被忽视的，哈默、钱皮在《改革公司》中说："今天，美国大多数公司所实行的指挥和控制制度仍然体现在150年前铁路公司所应用的同样的原理原则。"③ 可见，很多企业都没有重视流程升级。

（2）产品升级。

所谓产品升级，是指增加产品的附加值，一般表现为质量更好、性能更佳、操作更方便，等等。产品的创新与升级是企业生存和发展的关键。

（3）功能升级。

在这方面，顺德家电商会所做的工作最多：第一，是注册"顺德家电"集体商标；第二，是打造顺德家电品牌；第三，是举办行业展会；第四，是举办相关培训。

（4）跨产业升级。

产业的生命周期分为四个阶段：初创阶段、成长阶段、成熟阶段和衰退阶段。初创期的特征是企业数目小，行业产值比重低；成长期的特征是该产业的产出在整个产业系统中的比重迅速增长；成熟期的特征是技术趋于成熟，市场容量相对稳定；衰退期的特征是技术落后，产业减少。④

（5）行业商会在产业升级中的其他作用。

除了在流程升级、产品升级、功能升级方面直接服务于企业，行业商会还可以在产业升级中发挥其他的作用，比如为维护公平、公正、合理的竞争环境。

2. 行业商会在促进产业升级中的特点

（1）行业协会有发展产业的天然优势。

---

① ［美］迈克尔·哈默、詹姆斯·钱皮：《改革公司》绪论，上海译文出版社1998年版，第3页。
② ［美］迈克尔·哈默、詹姆斯·钱皮：《改革公司》绪论，上海译文出版社1998年版，第3页。
③ ［美］迈克尔·哈默、詹姆斯·钱皮：《改革公司》，上海译文出版社1998年版，第8页。
④ 张会恒：《论产业生命周期理论》，载《财贸研究》2004年第6期。

第一,商会可以注册集体商标,建立集体品牌,《中华人民共和国商标法》对集体商标的界定是"指以团体、协会或者其他组织名义注册,供该组织成员在商事活动中使用,以表明使用者在该组织中的成员资格的标志"。可见,商会等社团组织是注册集体商标的当然主体,那么,商会就能以此为依托,帮助本地企业,尤其是小企业拓展市场,这势必为本地企业从微笑曲线的生产部分转向营销部分提供很大的帮助。

第二,商会可以发挥会员资源优势,举行行业展会。举办展会一直以来都是商会的重要职能之一,由于商会与会员联系紧密,组织展会比一般的会展公司要容易得多,可以以更低的成本,取得更大的效果。

第三,商会可以参与制定行业标准,建立技术壁垒。商会一直是标准的法定参与力量,《中华人民共和国标准化法》规定:"制定标准应当发挥行业协会、科学研究机构和学术团体的作用。"而像《广东省行业协会条例》等地方法规亦规定,行业协会的职能之一是"参与有关行业标准的论证"。

第四,商会可以实现舆论监督,促进会员企业合法竞争。对于企业的无序竞争,商会内部能够以仲裁的方式进行评价,对无序竞争者进行舆论监督。

以上这些工作,显然是单个企业或是政府难以实现的,或者,即便可以实现,成本也很高,这时,商会的优势就显示出来了。

(2)不同的产业,不同的周期,协会发挥的作用不一样。

从顺德家电商会的实践看出,该会在促进产业升级方面,主要的工作在于功能升级,帮助企业拓展市场,也就是帮助生产企业开展往微笑曲线的营销端转移,而在流程升级、产品升级、跨部门升级中的工作就做得比较少。这是由行业协会的特点、行业的具体问题所决定的。一方面,行业协会往往工作人员比较少,顺德家电商会只有6个全职工作人员,正如该会负责人所说,商会的工作必须有所侧重;另一方面,近年来,顺德家电业碰到的最大问题是金融危机的影响,中小企业开拓国际市场遇到较大的困难,那么,以营销为抓手,服务企业,就成为顺德家电商会的当然之选。

(3)行业商会在游说政府方面的能力有限。

研究认为,行业商会在促进产业升级的过程中,可以通过与政府协商,获得很多支持,比如获得较低关税,从而促进产业升级,又或者,通过与政府协商,或政治参与的方式介入行政决策或政治程序,进而获取有利于产业发展的资源,促进产业升级。[①] 在这一点上,顺德家电商会表现出的作为有限,总的来说,中国现在还是一个政府主导的社会,行业协会总的定位是"助手",而不是一个可以和政府对话的角色。

(4)充分发挥行业商会的效能。

受制于中国商会的发展阶段问题,商会在市场活动中的很多实践还处于探索阶段,这大大制约了商会效能的释放。从顺德家电商会的个案可以看出,行业协会在产业升级的过程中可以发挥积极的作用,而且是不可替代的作用,因此,要大力发展行业协会,提升行业协会的服务水平。

---

① 郁建兴、沈永东:《行业协会在产业升级中的作用:文献评论》,载《中国行政管理》2011年第9期。

顺德文化创意产业发展研究

谢金生　唐纯林　杨韵　高新和　郭明路　孙成喜

文化创意产业的兴起时间不长，但现在却已是"创意为王"的时代。

1998年，"创意产业"的概念最早出现在《英国创意产业路径文件》中，至今不到20年的时间，在世界范围内形成了发展文化创意产业的浪潮，各国政府纷纷出台政策，支持文化创意产业的发展。

2006年，《国家"十一五"时期文化发展规划纲要》发布，首次将"创意产业"写入其中，这表明这一新生事物在中国得到了政府的认同和重视。因此，2006年也被称为中国创意产业发展元年。[1] 接下来各地方政府紧随其后，例如，《广东省文化产业振兴规划（2011—2015）》中明确提出了要重点发展文化创意产业，规划期间文化产业产值年均增长20%，并要大力发展创意设计业。有的学者称此现象为"文化产业全面开花，呈现出千军万马齐上阵的火热场景"[2]。

由于顺德在广东经济社会改革实践中的特殊地位，顺德也迎来了发展文化创意产业的巨大机遇。近年来，广东工业设计城、顺德创意产业园、广东德胜创意园、龙江家具设计产业园、伦教珠宝设计园等项目的先后建立，顺德文化创意产业得到了整体发展。本研究试图在充分调研的基础上，提出顺德文化创意产业可持续发展的针对性建议。

一、文化创意产业概述

（一）什么是文化创意产业

文化创意产业又可简称为创意产业。学界一般认为，文化创意产业与创意产业几乎为同义语。Towse（2010）认为，过去20年来，知识和人力资本作为后工业时代经济增长动力被广泛重视，加之知识产权法律的实施，使得创意产业高速发展，这一巨大变化使得那些过去被称之为文化的产业与艺术产业一并被称为创意产业。[3] Oakley（2006）

---

[1] 张京成：《中国创业产业发展报告（2008）》，中国经济出版社2008年版。
[2] 金元浦：《文化创意产业发展的五个问题》，见中国人民大学文化创意产业研究所官网，http://www.rucci.com/zhxxw/50.html。
[3] Towse, R. Creativity, Copyright and the Creative Industries Paradigm. KYKLOS, 2010, 63 (3): 461–478.

认为,当涉及更宽泛的文化领域,"文化创意产业"与"创意产业"具有相同含义。①

关于创意产业或文化创意产业,不同文献、不同学者有不同定义。

1998年出台的《英国创意产业路径文件》中,认为"创意产业是源自个人创意、技巧及才华,通过知识产权的开发和运用,具有创造财富和就业潜力的行业,它包括出版、音乐、电视和广播、广告、建筑、工艺、设计、艺术和古玩、电影、互动休闲、软件和计算机服务、博览馆、表演艺术共13个种类"②。

霍金斯(John Howkins)在《创意经济》一书中,从知识产权角度把创意产业界定为:其产品均在知识产权法的保护范围之内的经济部门。知识产权有四大类:专利、版权、商标和设计。霍金斯认为,知识产权法的每一形式都有庞大的工业与之相应,加在一起"这四种工业就组成了创造性产业和创造性经济"③。

联合国贸易和发展会议(UNCTAD)指出,所谓文化创意产业,就是以思维创意和知识资本的不断投入为基础,以一系列与知识相关的经济活动为核心,进行产品与服务的创作、生产和销售的循环过程。具体来看,这一循环过程主要是生产具有创意内容、经济价值与市场目标的智力或艺术服务。

目前,世界主要国家和地区对创意产业的理解分为三种:以美国为代表的"版权型",以英国为代表的"创意型",以中、韩为代表的"文化型"。同其他产业类似,文化创意产业链也可以分为上游、中游、下游等环节,包括内容产业、设计制作产业、营销服务产业、衍生产业,各环节之间存在一定关系,且各个环节都有增值,都能带来利润。文化创意产业其本质就是一种"创意经济",其核心竞争力就是人自身的创造力。在中国,一般将文化创意产业分为文化艺术,新闻出版,广播、电视、电影,软件、网络及计算机服务,广告会展,艺术品交易,设计服务,旅游、休闲娱乐,其他辅助服务(文化用品、设备及相关文化产品的生产销售,文化商务服务)9个大类。④

本研究采用中国文化创意研究著名专家金元浦的定义:创意产业(或文化创意产业,笔者注)是在全球化条件下,以进入小康时代人们的精神文化娱乐消费需求为基础,以高科技手段为支撑,以网络等最新传播方式为主导的,以文化艺术与经济科技的全面结合为自身特征的跨行业跨部门跨领域重组或创建的新型产业。⑤ 总的来说,文化创意产业是文化产业的一种高端形式。

(二)文化创意产业产生的历史背景

文化创意产业,或者说这个概念的产生,有着相应的时代背景。总的来说,其产生是经济、科技以及政府推动的结果。

---

① Oakley, K. Include Us Out: Economic Development and Social Policy in the Creative Industries. Cultural Trends, 2006, 15 (4): 255-273.
② DCMS. Creative Industries Economic Estimates Statistical Bulletin and DEFRA Eeonomics and Statistics. London, 2004.
③ Howkins, J. The Creative Economy: How People Make Money from Ideas. Allen Lane/Penguin Press, 2001.
④ 陈冬:《北京市文化创意产业发展的实践与探索》,载《北京社会科学》2008年第2期。
⑤ 金元浦:《文化创意产业:创新型中国的战略选择》,载《人民日报》2006年12月29日。

首先,经济发展是文化创意产业兴起的基础。欧美发达国家在完成了工业化,开始向服务业、高附加值的制造业转变过程中,把一些粗加工工业、重工业生产向低成本的发展中国家转移,制造业慢慢退出世界经济中心城市。① 这就需要这些城市大力发展服务业,文化创意产业得以顺势崛起。

其次,科技进步是文化创意产业发展的重要支撑。科技创新是文化发展的重要杠杆,是文化产业形态演进发展的催化剂。科学技术的每一次重大突破及其在文化领域的应用,都给文化发展带来革命性变革,打开了巨大空间。② 欧洲文艺复兴时期意大利著名画家达·芬奇说过:"艺术借助科技的翅膀才能高飞。"③ 20 世纪以来,科学技术发展突飞猛进,这为很多创意的实现提供了可能,为文化创意产业的发展拓展了更大的发展空间。

最后,政府推动大大加快了文化创意产业的发展。创意产业的概念最早由英国政府提出,1997 年,英国成立了创意产业工作小组,由于工作小组涉及多个部门,避免了由于单一部门带来的政策片面性,通过部门间的合作创造了一套系统化的方式来发展创意事业,极大地推动了英国文化创意产业的发展。④

二、文化创意产业的特点及其对顺德经济社会发展的意义

(一) 文化创意产业的特点

首先,文化创意产业是新兴产业。文化创意产业从提出至今,只有短短不到 20 年的时间,是名副其实的新兴产业。由于具有这个特点,因此,文化创意产业的概念是不断发展的,不同的学者对于文化创意产业的认识存在一定的差异;同时,由于其是新兴产业,因此运作方式也在不断探索之中,有很大的潜力可以挖掘。

其次,文化创意产业是低碳产业。有学者研究称,文化创意产业更真切地体现了低能耗、高产出。文化创意产业的生产要素不再以人力、能源、原材料为主,而是将以人类的创意作为产业发展资源,是一种以无形的智力消耗来创造有形的价值的生产模式,其产值源于源源不断的创意。从而有效地减少了产业生产对不可再生资源的依赖度。⑤

再次,文化创意产业是高回报产业。早在 1986 年,著名经济学家罗默(P. Romer)就曾撰文指出,新创意会衍生出无穷的新产品、新市场和财富创造的新机会,所以新创意才是推动一国经济成长的原动力。而经济发展实践中的很多数据,也充分地说明了这一点,根据英国文化媒体体育部 2001 年发表的《创意产业专题报告》,当年英国创意产

---

① 张海涛、苏同华、钱春海:《创意产业兴起的背景分析及其启示》,载《中国软科学》2006 年第 12 期。
② 金元浦:《文化创意产业四题——关于加快转变文化产业发展方式的几点思考》,载《求是》2012 年第 8 期。
③ 刘嘉麟:《文化创意产业崛起顺德板块》,载《南方日报》2010 年 8 月 24 日。
④ 张望:《中国文化创意产业发展模式研究》,南京大学 2011 年博士论文。
⑤ 唐建军:《关于文化创意产业的几点认识》,载《东岳论丛》2006 年第 6 期。

业的产值约为1125亿英镑，占GDP的5%，已超过任何制造业对GDP的贡献。[①] 又据统计，2010年仅北京市1—11月的文化创意产业收入就达到了5600亿元，占北京市人均国民生产总值的12.5%以上，成为推动北京发展的名副其实的龙头产业。[②]

同时，文化创意产业是强势产业。一个国家的经济、市场和文化是有密切联系的。美国作为世界最具影响力的大国，文化输出是其影响力的重要来源，美国学者耶马（John Yemma）在1996年发表的一篇题目为《世界的美国化》一文中指出："美国真正的'武器'是好莱坞的电影业、麦迪逊大街的形象设计厂和马特尔公司、可口可乐公司的生产线"。有研究者认为，好莱坞电影是美国文化输出的主要载体，实质是美国文化的扩张。随着好莱坞电影的宣传，美国的文化在世界范围被模仿崇拜。好莱坞电影不仅吞噬着其他国家的本土电影工业，而且影响这些国家的民族想象和民族认同。电影属于大众文化，而大众文化不可避免地带有意识形态倾向。它不仅是娱乐工具，它还是宣传统治阶级意志的宣传工具。电影可以通过形式和内容宣传价值和意识形态。在电影中，"意识形态通过常规的社会活动为人熟悉并正常化"。作者指出，好莱坞在输出美国文化，同时，在用美国的价值观、文化观去评判其他族群的民族文化，甚至是价值取向。[③]

最后，文化创意产业是高端产业。文化创意产业是知识经济的典型形态，是高技术密集型与高层次人才密集性的产业领域。文化创意产业与信息技术、传播技术和自动化技术等的广泛应用密切相关，呈现出高知识性、智能化的特征。如电影、电视等产品的创作是通过与光电技术、计算机仿真技术、传媒等相结合而完成的。

（二）文化创意产业对顺德经济社会发展的意义

顺德作为世界级制造基地，已进入后工业化时代，面临着从制造到创造的提升，经济发展也应从量的扩张进入到质的提升阶段，"文化主导"与"以质取胜"已成为未来发展思路。文化创意产业作为一种在经济全球化背景下产生的以创造力为核心的新兴产业，与顺德"千年水乡""桑基鱼塘""功夫文化"等传统岭南文化特色的顺德本土文化结合，为顺德区域经济发展带来新的增长将具有全方位的重要意义。

首先，有利于更好地满足人们的精神需求，以及促进幸福顺德的建设。根据马斯洛的需求层次理论，一旦人们的基本物质需求得到满足后，就会转而追求更高层次的精神需求。学者研究称，我国人均国内生产总值超过4000美元（2010年已实现，笔者注）之后，人民群众精神文化需求将会急剧增长，呈"井喷"之势，这就意味着城乡居民消费结构将不断升级，文化消费的比重将大幅度提升，文化创意产业的潜能将会得到极大的激发。[④] 顺德是中国经济先发地区，自2000年起在中国百强县排名中，顺德一直处于前列。2006年顺德GDP达到1058亿元，成为国内第一个GDP突破千亿元大关的县级经济体。根据马斯洛的需求层次理论，顺德理应加快发展文化创意产业，以满足人们

[①] 张海涛、苏同华、钱春海：《创意产业兴起的背景分析及其启示》，载《中国软科学》2006年第12期。
[②] 金元浦：《文化创意产业四题——关于加快转变文化产业发展方式的几点思考》，载《求是》2012年第8期。
[③] 李华：《以好莱坞电影全球化为视角看文化输出》，载《青春岁月》2013年第6期。
[④] 金元浦：《文化创意产业四题——关于加快转变文化产业发展方式的几点思考》，载《求是》2012年第8期。

不断增长的精神需求。

其次，文化创意产业是顺德产业升级的方向之一。产业升级是指产业由低技术水平、低附加价值状态向高新技术、高附加价值状态的演变趋势。[1] 按照佛山市顺德区委宣传部副部长沈涌的说法，所谓产业升级，就是提高单位土地的回报率。一个城市要发展，其产业势必要向更高附加值的领域迈进，文化创意产业资源消耗小、环境污染少、附加值高、发展潜力大，这是产业升级的重要方向，对顺德来说，亦不例外。

最后，文化创意产业可以促进顺德传统产业的升级。一般将产业升级分为产业间升级和产业内升级，所谓产业间升级，是指从低附加值的产业向高附加值的产业升级，而产业内升级，是指提升现有产业的附加值。对于一个城市来说，产业的升级不可能突然跃升至新的产业，更现实的途径就是在现有产业中植入创意，以增加产业的附加值，比如，在设计中运用创意，在营销中运用创意，等等。

三、顺德文化创意产业发展的现状与问题

（一）顺德文化创意产业发展的现状

首先，顺德文化创意产业的发展较为活跃。政府非常重视发展文化创意产业，2008年9月1日至2010年12月31日期间，顺德区执行了一个《顺德区促进工业设计与创意产业发展暂行办法》，办法规定在财政科技经费中设立工业设计与创意产业发展专项资金，这为顺德文化创意产业的发展注入了活力。之后，顺德还被国家知识产权局授予"国家工业设计与创意产业（顺德）基地"称号。同时，2012年10月26日上午，由社会力量参与、政府支持组建的顺德区文化创意产业促进会正式成立。[2]

其次，顺德文化创意产业的聚集度较高。近年来，顺德发展起了广东工业设计城、顺德创意产业园和德胜创意园三大创意园区。截至2013年12月，顺德创意产业园入驻企业数量为186家；[3] 而据广东工业设计城官网，截至目前，该城入驻来自国内外103家工业设计公司，成交工业设计成果近万例。这些创意园区的建设，形成了一定的产业氛围和社会影响，尤其是广东工业设计城，更是在全国具有较高的知名度。2012年12月9日，中共中央总书记、中央军委主席习近平来到广东顺德，视察了广东工业设计产业城，当时，设计城共有80家企业和800名设计师，习近平寄语说："希望我下次再来的时候，能看到8000名设计师。"

（二）顺德文化创意产业发展存在的问题

第一，缺乏专门全面的长期规划。虽然顺德区曾出台专门文件，提出了一系列促进

---

[1] 刘志彪：《产业升级的发展效应及其动因分析》，载《南京师大学报（社会科学版）》2000年第3期。

[2] 聂鹏：《顺德文化创意产业发展有了共同的家》，载顺德城市网，http：//www. shundecity. com/a/whsd/2012/1210/26233. html。

[3] 林仲儒、林琳：《创意产业园再出发，将建成果展示中心》，载顺德城市网，http：//www. shundecity. com/a/btbb/2014/0129/122611. html。

和支持文化创意产业发展的政策，但毕竟这份文件的有效期只有2年多，属于短期的行为。从文化创意产业的长远发展来看，这是明显不够的。同时，虽然顺德文体旅游局与上海社会科学院文化产业研究中心编制了一份《顺德区文化产业发展规划（2010—2020）》，但传统文化产业的内容占了很大比重，没有把创意产业作为一个特别的重点。这显然与文化创意产业的高端、新兴地位不符。

第二，顺德对创意人才的聚集能力不够。创意人才的缺乏，在中国范围内来讲都是一个普遍性的问题。而顺德由于区位原因——毕竟顺德不是国际大都市，这一问题显得尤为突出。

数据显示，2011年，北京文化创意产业的从业人数达到了140.9万人。① 而据广东工业设计城官网的资料，该园区目前的入园设计师1200人，顺德创意产业园没有明确的统计数据，但该园区的入园企业是广东工业设计城的1.8倍，大约可推测该园区有设计人才2200人，而德胜创意园已名存实亡。再加上一些零散的创意企业，乐观估计，顺德区从事创意产业的人才不过数万人。与国内发展文化创意较好的地区相比，人才数量还是有较大差距。

第三，顺德缺少文化创意产业的领军企业。一般来说，领军企业具有领军作用、示范作用和带动作用，因此，如果区域内能够出现几个领军企业，对于整个行业的发展可以起到很好的推动作用。以北京为例，2007年从事网络游戏的企业中，有6家企业的年收入均超过1亿元，不仅使北京市当年网络游戏市场规模达到20.7亿元，而且还带动网络游戏产业的快速增长，2007年，北京网络游戏市场比2006年增长292%，从事网络游戏的公司增加了1/3。② 由此可见，领军企业对文化创意产业发展的重要意义。

第四，顺德文化创意产业的配套不足。文化创意产业的基本配套包括政策的配套和生活的配套。首先是政策配套，比如，在北京，政府出台政策，对文化创意企业进行税收减免，还提供企业上市引导资金③，这些政策既有利于吸引文化创意企业落户北京，也有助于当地企业的发展。目前，顺德在文化创意产业方面的政策配套明显不足。其次是生活配套，创意产业是以人的创意为根本生产力的产业，因此，服务好人才很重要。但顺德是一个传统的工业城市，在调查中，有些创意人才反映，工作之余，缺少休闲娱乐场所，枯燥乏味的生活难以激发其创意的灵感，所以他们留在顺德的意愿并不是很强烈。而有园区的负责人还特别提到，很多高端的创意人才，即便在顺德上班，平时也是居住在广州的。这主要受生活环境的影响。

第五，个别创意产业园存在急功近利现象，缺乏战略眼光。作为新兴产业，在发展的起步阶段，可能无法获得高收益，即便是作为高回报产业的文化创意产业同样如此，因此需要各方有比较长远的投资规划。但有些商家并没有这样的长远眼光，个别园区在区内企业还没有发展起来的时候，就急着涨租金，引起了区内企业的反弹。广东工业设计城总经理邵继明就指出，对于民间资本来说，逐利是基本倾向，如果有餐饮企业以

---

① 《2012，北京文化创意产业稳步发展》，载《科技智囊》2013年第3期。
② 陈洁民、尹秀艳：《北京文化创意产业发展现状分析》，载《北京城市学院学报》2009年第4期。
③ 刘亚力：《北京10亿发展文化创意产业，36条政策近期出台》，载《北京商报》2006年8月14日。

10倍的价格租用园区办公场地,园区的负责人还会坚持做创意产业园吗?因此,在创意产业的培育期,为防止园区过度逐利,应该有政府的力量来做平衡。

第六,社会投资创意产业的热情较低。作为一个有着改革传统的城市,顺德较早地意识到了发展文化创意产业的重要性,政府、媒体都不乏相关的呼吁。但即便如此,社会投资创意产业的热情依然不高,区域内文化创意企业、园区依然较少。目前,区域内严格意义的创意产业园只有3个,广义的创意产业园也只有10个左右。而据2012年的数据,上海已拥有114家市级文化创意产业园区,[①] 可见差距还是较大的。同时,在顺德仅有的创意园区中,企业入驻也没完全饱和,媒体称之为"雷声大雨点小"[②]。

四、促进顺德文化创意产业发展的建议

总的来说,顺德具有发展文化创意产业的基础与条件。一方面,顺德经济长期领跑中国县域经济,在达到较高的物质水平之后,对精神文化产品的需求更加迫切;另一方面,经过30余年的改革发展,"改革"与创新精神已形成了顺德文化,融入了顺德的血液,这些都为顺德发展文化创意产业积聚了力量。

(一)明确城市创意产业的发展战略

产业发展战略是研究产业发展中带全局性、规律性的东西,产业发展战略是从产业发展的全局出发,分析构成产业发展全局的各个局部、因素之间的关系,找出影响并决定经济全局发展的局部或因素,而相应做出的筹划和决策。一般来讲,产业发展战略应该在区域战略定位的基础上,解决产业战略定位、产业发展策略、重点项目策划和规划实施方案等问题。具体到顺德文化创意产业,应定位于重点发展的新兴产业,在此基础上,政府应出台一系列的配套政策,扶持一批重点项目。

(二)出台创意产业的扶持政策

英国等文化创意产业发达国家的事例证明,政府的扶持对于文化创意这样的新兴产业而言,具有非常重要的作用,因为英国正是在政府的引导和推动下,成为文化创意强国的。而国内文化创意产业发达的城市,亦少不了政府的积极作用。以北京为例,从2006年起,北京市每年安排5亿元用于文化创意产业发展专项资金,支持文化创意产业发展。2006—2008年,文化创意产业发展专项资金采取项目补贴、贷款贴息和奖励等方式共安排资金15亿元,支持重点产业项目206个,有效地带动社会资金146亿元。[③] 而上海对于文化创意产业的扶持更是全方位的,出台了《关于促进上海市创意设计业发展的若干意见》《关于促进上海电影产业繁荣发展的实施意见》《上海动漫游戏产业发展扶持奖励办法》《上海市网络视听产业专项资金管理办法》等产业推进政策和

---

① 《上海文化创意产业正做强做大》,载《上海经济》2012年第10期。
② 黄敏施、黄雪琴:《创意产业园路在何方?》,载《新快报》2012年9月14日。
③ 陈洁民、尹秀艳:《北京文化创意产业发展现状分析》,载《北京城市学院学报》2009年第4期。

扶持办法。在税制改革方面，发布营业税改征增值税试点办法，文化创意企业纳入试点范围，致力于降低企业税负，促进行业分工细化。在人才开发方面，启动编制《上海市文化创意产业人才开发目录》，加强紧缺人才培养，同时"上海千人计划"把文化艺术大师和创意人才列入重点领域。①

顺德文化创意产业的扶持政策应从两个方面着手，一方面是对企业的扶持，可以给予资金扶持、税收优惠；另一方面是对人才的关注，帮助人才更好地在顺德生活，比如在入户顺德、子女教育等方面给予政策优惠。

（三）加大对优秀创意人才的培养和吸纳

拥有富于创造性的高端创意人才资源，是推动文化创意产业发展的核心之一。文化创意产业不同于制造业、劳动力密集型产业，它的发展主要依靠创意阶层和创意群体的高文化、高技术、高管理和新经济的优势，必须具备坚实的智力保障。②

一方面，要加快创意人才的培养。创意产业是建立在教育的高度发展基础之上的。创意产业的发展依托于国民素质的普遍提高和国民创造力的激励发扬。1998年英国国会在一个报告中指出："人民的想象力是国家的最大资源。想象力孕育着发明、经济效益、科学发现、科技改良、优越的管理、就业机会、社群与更安稳的社会。想象力主要源于文学熏陶。文艺可以使数学、科学与技术更加多彩，而不会取代它。整个社会的兴旺繁荣也因此应运而生。"③一般来讲，高层次人才的培养主要以高校为主，这不是顺德的优势，目前真正本土高校只有一家顺德职业技术学院，但广东顺德中山大学-卡内基梅隆大学国际联合研究院、广东西安交通大学、北航先进技术南方产业基地等机构成立，为顺德培养高层次人才提供了更多可能。因此，政府在引进这样的项目时，应设立一些创意人才培养的目标。

另一方面，要加大创意人才的引进力度。很显然，对顺德来说，人才引进比人才培养更具有现实意义，从调查来看，目前创意人才的引进主要需解决三个问题，第一，是事业的发展问题；第二，是生活环境问题；第三，是对城市的感情问题。从事业发展来看，顺德有较好的经济基础，比较适合发展文化创意产业，比如工业设计方面，顺德具有较大的市场空间，但相关生活配套尚需进一步完善；同时，还要想办法使人才了解顺德、喜欢顺德。调研中，笔者了解到，广东工业设计城正实施接纳研究生到该园区做毕业设计，试图通过一两年的时间实习，让这些高层次人才喜欢上顺德，这种模式值得推广。

（四）加快特色产业的培育

研究表明，创意产业的兴起与城市的产业基础直接相关。④以桂林阳朔县打造的大型歌舞剧——"印象刘三姐"为例，在2004—2006年接待观众160万，获得1.2亿多

---

① 《上海文化创意产业正做强做大》，载《上海经济》2012年第10期。
② 金元浦：《文化创意产业四题——关于加快转变文化产业发展方式的几点思考》，载《求是》2012年第8期。
③ 《创意人才的培养》，据中国人民大学文化创意产业研究所官网。
④ 张海涛、苏同华、钱春海：《创意产业兴起的背景分析及其启示》，载《中国软科学》2006年第12期。

元的门票收入,有力地拉动了当地旅游业。这是文化创意产业领域的一个典型案例,在某种程度上说明了文化创意产业的发展领域以本地特色文化为基础,如果在顺德打造一个"印象刘三姐",一则很难,二则即便剧目很好,也缺少相应的文化内涵。根据北京对文化产业九大领域的分类,广告会展、设计服务应该是顺德重点发展的领域,因为顺德有很好的工业基础,企业在设计与营销方面有很大的需求,应该重点培育。而新闻出版、广播、电视、电影对于顺德来说,基础明显不够,发展起来就会相对困难。

(五)创新运作模式

创意本身就是一种创新,所谓创新运作模式,即以创意的方法运作创意产业。以北京为例,北京银行以版权质押的方式为"华谊兄弟"提供1亿元的电视剧电影多个项目打包贷款。这是国内第一单无专业担保公司担保的版权质押贷款,[①] 这就为创意企业的融资提出了创新策略。尽管目前顺德在政府与企业共同运营创意园区时出现了问题,但不能因噎废食,停止进一步探讨共同运营机制和模式。当我们身边的创意无所不在时,顺德的文化创意产业必将获得更大的发展。

---

① 陈洁民、尹秀艳:《北京文化创意产业发展现状分析》,载《北京城市学院学报》2009年第4期。

加快传统制造业转型升级
切实增强经济发展支撑能力

——顺德家具制造业优化转型升级发展研究

李明　高钧　刘刚桥　马瑞　卢剑忱　王璐　师建华

一、项目研究背景与必要性

　　顺德家具制造业经过30多年的发展与积累,取得了辉煌的成就,曾一度是顺德经济发展的支柱产业之一,独占国内家具市场半壁江山20多年。顺德是中国家具现代集群制造的发源地,家具制造业一直以来享誉全球,拥有中国家具制造业重镇(龙江)以及中国家具商贸之都(乐从)。据统计,当前顺德从事家具制造行业的企业达5000多家,主要集中在龙江镇和乐从镇。2012年,顺德规模以上家具行业产值为80.1亿元,占全区工业总产值1.5%;2013年,顺德规模以上家具制造业总产值为86.8亿元,仅占全区工业总产值的1.47%,在我区工业地位呈减弱态势,与区域间产业竞争中,产业集群优势也逐渐减弱。

　　顺德家具制造业虽然已取得长足发展,然而目前面临着一系列问题。其一,众多家具企业占用了大量的土地资源,但生产效率极其低下。据调查,目前顺德有5000多家家具制造厂,占用了近20000亩土地,产出还不到100亿元。其二,企业规模小,缺乏创新,同质化严重,导致产品档次低,缺乏市场竞争力。其三,制造成本的日益上升,导致顺德家具企业遭受巨大压力。除此之外,对于顺德家具制造业而言,产业资源整合不足、缺乏高端人才、物流配套不够完善、产品质量参差不齐、技术含量不高、转型升级慢等问题都迫在眉睫。

　　另外,顺德家具企业遭受国内和国际竞争形势的双重压迫。首先,就国内情况而言,深圳、东莞、四川、浙江等地的家具企业作为后起之秀,已经形成规模并树立了自己的品牌。然而,顺德的家具行业中缺乏龙头企业,未能形成品牌效应,严重削弱了它的产品竞争力。其次,地方政府对于家具企业的大力整顿必将威胁到小微家具企业的生存发展。另外,国家对房地产行业的宏观调控导致家具销售市场的持续低迷,严重制约了以国内市场为主打的顺德家具企业的发展。顺德家具企业不仅面临着严峻的国内形势,还有日趋不利的国际形势。受欧美债务危机的影响,欧美市场需求出现巨大下滑,导致顺德家具企业的出口订单骤减,利润下滑。除此之外,由于中国的劳动力资源丰富，价格低廉，欧美家具制造企业纷纷转移至中国，使顺德家具企业受到巨大冲击。

由此可见，顺德家具企业已在夹缝中生存，如果不通过转型升级，进一步提高核心竞争力，顺德也许会失去"家具之都"的地位。本项目意在通过对顺德家具行业现状以及发展问题的分析，研究其发展的主要推动力与制约因素，探讨转型升级路径与模式。在此基础上提出顺德家具制造业转型升级的对策，促进顺德家具制造业持续、健康、协调发展，引导顺德家具行业迈上一个新台阶。

二、顺德家具制造业转型升级发展现状

顺德家具产业萌生于改革开放后的20世纪80年代，经过30多年行业成长历程，顺德家具已经到了"高位发展"阶段。然而，近年来行业生态环境风云激荡，国际国内行业内部的恶性竞争，加剧了行业生态位的升降沉浮。而科技进步、原材料短缺价涨、人力资源成本上升、国内国外市场竞争形势严峻，给家具业带来新的机遇和挑战。目前，顺德家具制造业已形成了自身的特点，转型升级发展面临着一系列瓶颈，主要体现在以下四个方面。

（一）行业规模不断壮大，但生产效率偏低

2008年金融危机后，尽管国际家具市场急转直下，但顺德家具产业保持了较快的发展势头，规模以上企业产值从2008年的72.85亿元发展至2011年的126.26亿元，年均增长率在20%左右，2008—2013年顺德家具产量与产值增长见图14.1和图14.2[①]所示。2012年，顺德家具占国内市场份额的20%左右，占省内市场40%左右。作为全国家具最重要的生产、流通出口基地，顺德家具制造企业达5000多家，家具材料销售企业10000多家，年产值达100多亿元。家具业的蓬勃发展，带动了相关产业的兴起，形成了龙江的家具生产、原辅材料，乐从的家具销售，容桂的家具涂料，伦教的木工机械，勒流的五金配件，"五龙拱珠"的大产业格局。

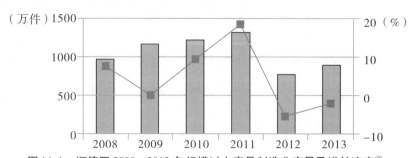

图14.1　顺德区2008—2013年规模以上家具制造业产量及增长速度[②]

---

① 以上数据来源于顺德区统计公报，2012—2013年统计口径变化，把家具五金企业数据调整到金属加工类别中。

② 图中数据来自2008—2013年顺德区国民经济与社会发展统计公报。

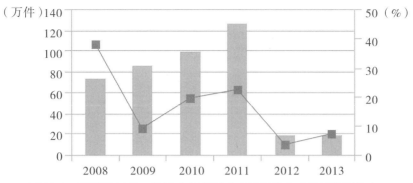

图 14.2 顺德区 2008—2013 年规模以上家具制造业产值及增长速度

然而,高增长高产值大规模的背后掩盖不了低效率。根据近期由顺德区公共决策咨询委员会、区木业商业联合暨南大学管理学院专家组成调研组发表的《顺德家具企业的效率分析研究》报告,样本家具企业每月亩产值为 203.676 万元,但每月人均产值却仅为 3.288 万元,员工每月平均工资则为 3589 元,工资占产值比例已经超过 10%。[①] 如果企业每月人均产值低于 3 万元,则经营将处于较为危险的水平。假设经营环境不变,只有人工成本不断上升,企业要维持现有经营状况,就必须同步提高产值。按照工资年均增长 12.8% 的预期,企业在今后 5 年必须确保人均产值增长不低于 13% 的增长率。但目前顺德家具企业已经处于盈亏的临界点,即微利与微亏状态。而 13% 的人均增长率只能维系当下的现状,在土地资源日益紧张的背景下,家具行业不应只盯住经济总量和规模的扩张,更应该关注亩产和人均的概念。若要改善现有经营情况,保持盈利或扭转亏损,就要提高企业生产效率和产品附加值,因此,家具产业转型升级势在必行,也是唯一出路。

(二)产业集聚程度高,企业生态环境水平低

家具产业在顺德颇具代表性,并已形成完整的产业链条。据不完全统计,顺德家具制造企业达 5000 多家,家具材料销售企业 10000 多家,年产值达 100 多亿元。在号称"中国家具第一镇"的龙江,几乎是"村村办工厂,户户造家具",方圆 78.3 平方千米的土地上聚集着 2600 多家家具制造企业。目前,顺德家具及相关产业已经涵盖了家具生产全过程的所有因素,从原辅材料的制备、五金件及配件的加工、家具产品的生产与装配到家具木工机械的制造、涂料的生产、家具产品及相关产品的展览与销售。围绕上述产业链条,顺德形成了五大产业集群,为行业专业化、规模化发展提供良好平台。然而顺德家具行业发展面临着日益严峻的挑战。目前,全国市场已经分化为华南、华北、东北、华东、西南地区,这些地区的家具制造商,或品牌一流或意识进取或资金雄厚或接近地方市场,均成为顺德家具行业的直接竞争者。而从广东内部看,顺德家具行业的地位已经逐渐被深圳、东莞等周边地区取代。

目前,顺德家具制造业环保、消防、安全生产、职业健康等企业生态环境水平较

---

① 数据来自《顺德家具企业的效率分析研究》。

低，与深圳、东莞等地相比存在一定的差距。顺德家具企业具有数量多、产品多的特点，但家具制造企业规模小，自主创新能力匮乏，个体竞争力小，造成同质化竞争格局严重，多数产品有数量无质量，造成资源配置浪费、创新能力不足、行业管理困难、安全隐患增加等，行业转型升级刻不容缓。

（三）企业数量大，标杆企业引领作用小

顺德是广东家具产业发展最早的地区，拥有国内家具原材料制造、服务、销售等最为完整的产业链，吸引了国内外3000多家厂商和经销商，产品远销国内30多个省市和港澳台地区，以及欧美、中东、东南亚等国外市场。当前顺德从事家具制造行业的达5000多家，从事家具材料销售商铺上万家，主要集中在龙江和乐从，龙江拥有"中国家具制造重镇"和"中国家具材料之都"的殊荣，乐从拥有"中国家具商贸之都"的殊荣。

顺德虽然拥有庞大的家具制造企业，然而区域之间的竞争更多地集中在低端的产品竞争，带来整体竞争实力的下降，从而丧失规模优势。顺德并不缺乏优秀的代表性企业和品牌，如三有的古典家具、志豪米洛的奢侈家具、斯帝罗兰的时尚家具、锡山的休闲家具等，都在国内甚至国外市场有一定的知名度，而且其各自的经营管理模式都已经形成了一定的特点，但其在顺德家具行业中的引领作用并没有得到彰显。目前，全区只有1家获得中国驰名商标、6家企业获得广东省著名商标以及10家名牌产品称号。顺德家具企业的品牌战略水平与品牌经营水平与国内发达地区的优秀企业差距较大，多数企业主品牌意识薄弱，品牌培育工作起步晚，导致顺德家具产品数量与品牌数量严重失衡，成为顺德家具制造产业发展以来的重大缺陷。

（四）产业链完整程度高，产品附加值低

顺德区域内的家具产业五大上下游产业（木工机械—原材料—涂料—五金配件—生产—销售）"五位一体"，各环节物流的车程时间均在半小时以内，交通极其便利、物流成本低廉，构成了完整的家具行业产业链，形成了强大的产业集群，是国内独一无二的最为完整的家具产业链，是当前支撑顺德家具制造企业发展的核心要素。

然而，顺德家具制造企业由于规模小，多数企业的生产设备相对单一。从事家具制造的企业生产线固定资产投资在50万元以下的占70%左右。七成的企业产业装备较低端，规模化、现代化的配套装备程度不高。低门槛的行业准入导致家具产品的技术含量普遍不高，附加值低、品牌培育基础差。从调查可知，顺德从事家具制造的企业中，80%以上的企业主要以手工生产为主，生产中、低档产品的企业在70%以上。从国家最新的企业类型划分标准可知（工业企业从业人员在20人以下或年营业收入300万元以下的为微型企业），顺德家具制造企业中，60%左右的都属微型企业，经营规模小，技术相对简单。作为低附加值产业的典型，顺德家具行业发展面临着日益严峻的转型升级压力。

三、顺德家具制造业转型升级面临的问题分析

（一）宏观方面

1. 产业规划尚未完备

顺德家具制造企业大多是早期自发形成的，多数是典型传统的劳动密集型小微企业，甚至是家庭作坊式企业，缺乏统一的产业规划，因此存在管理难度大、市场秩序不规范、产品质量参差不齐、单位产出较低、税费收入不多的现象。产业规划滞后，影响了顺德家具制造业转型升级发展。

2. 文化建设成效尚微

顺德是中国现代"家具文化"的发源地，在家具产业带来巨大经济和社会效益的同时，对"家具文化"的培育和提升却严重滞后。对比东莞、中山、深圳等地对"家具文化"的打造，顺德尚未形成系统的"家具文化"规划体系，没有形成展示顺德"家具文化"的有力载体。这成为顺德家具制造业转型发展的瓶颈之一。

3. 内外需求影响显著

近年来，国家对房地产的调控力度不小，而且短期内估计还将持续，新的消费群体增长较慢，给家具制造企业带来较大的挑战。顺德家具制造业如何回避关联影响，培育新的消费群体，在市场细分中寻找新的增长点，在软体、民用、办公、酒店、户外、玻璃金属等不同细分家具中培育产业著名品牌，将在未来一段时期内决定顺德家具制造业的走向。

顺德家具出口区域较为集中，后金融危机时代，出口国房地产低迷，对家具产品需求影响较大。欧盟由于受到欧债危机影响，经济疲软，需求萎缩，对于顺德的家具出口企业可谓雪上加霜。

4. 政策影响力度增强

随着顺德"三旧改造"、环境治理、资源保护、市场准入、"龙腾计划"、"星光工程"等政策的进一步推进，对顺德家具制造企业的综合影响增强，甚至直接影响本地大量小微家具制造企业的生存与发展。随着顺德经济社会的创新发展，政策对家具制造企业的影响将越来越大。

（二）微观方面

1. 市场竞争日益激烈

随着国内其他地区家具产业的高起点、高规格发展和国内其他四大家具板块的快速

崛起，加上省内东莞、深圳、广州、中山等地的追赶，竞争日趋激烈。顺德家具产品的市场地位在不断下滑，从 20 世纪 90 年代占据全国家具市场份额 80% 以上，下降至 2012 年的 20% 左右。此外，近年来顺德家具产品出口总额也已被东莞、深圳赶超。

2. 品牌建设亟待提升

顺德全区只有 1 家获得中国驰名商标、6 家企业获得广东省著名商标以及 10 家名牌产品称号。顺德家具企业的品牌战略水平与品牌经营水平与国内发达地区的优秀企业差距较大，多数企业主品牌意识薄弱，品牌培育工作起步晚，导致顺德家具产品数量与品牌数量严重失衡，成为顺德家具制造产业发展的严重瓶颈。

3. 生产成本大幅上升

近年来，珠三角的投资大环境发生了巨大变化，劳动力成本上升、原材料价格上涨、商铺租金调升等问题日趋突出。由于内地家具产业的崛起，生产工人回流、资本外流，不少顺德本地企业家也北上拓展。劳动密集型的顺德家具制造企业受到的成本压力也日益增加。

4. 贸易壁垒层出不穷

近年来，在家具出口的主要市场美国和欧盟，其层出不穷的"双反"调查和技术性贸易壁垒已经成为影响家具出口的重要因素。如 2011 年 2 月 28 日，美国商务部发布公告，决定对中国木制卧室家具反倾销案进行行政复审调查；2011 年 1 月 3 日正式生效的美国《复合木制品甲醛标准法案》，再次调低了在全美销售和批发的木制品甲醛释放量。欧盟《原产国标签法》也于 2011 年 3 月 3 日生效，该法案对进口产品产地、原材料原产地、环保性能做了规定和严格要求。而 2013 年 3 月又对木材和木制品开始实施 FSC 森林认证，进一步增加了家具企业的出口难度。各类贸易壁垒频发增加了家具出口的成本，抬高了家具出口的门槛。对此家具协会要积极参与家具国际标准化技术委员会 ISO/TC136 的工作，帮助顺德家具企业减少技术性贸易壁垒的制约。

四、顺德家具制造业转型升级的制约因素

（一）生产要素因素的制约

1. 劳动力价格和供给结构对家具制造业转型升级的限制

充足而廉价的劳动力资源在总量上保证了顺德家具制造业几十年的发展，但同时也使顺德家具制造业的发展陷入了劳动密集型产业的"路径依赖"，即资源大量消耗在低附加值和低层次的家具产品制造上，停滞于低端锁定的产业发展状态。现在，一方面，企业因为劳动力价格的不断上涨使利润微薄的家具经营成本增加；另一方面，大量劳动力因外出打工的预期与实际具有差距而选择回乡，进一步使劳动密集型家具企业用工困难。

2. 生产成本上涨对企业转型升级的挑战

近几年，家具生产所需的原材料价格高位运行且波动巨大，企业内控很难抵消成本上升的影响。受原材料、环保设施及上游零配件价格上涨影响，顺德家具企业疲于应对，劳动密集型的企业在这种形势下很难做到可持续发展。家具企业要摆脱现有的利润增长方式，不再单纯依赖手工费赚取利润，就要进行转型升级，提升在国际产业链条中的价值，降低原材料及零配件价格波动的影响，获得可持续发展的能力。

(二) 企业战略、结构等因素的限制

1. 家具企业经营机制限制

现代化企业制度需要进一步深化推进，一些颇具规模的家具企业正朝着国际化迈进，形成大规模供应能力。但是缺少研发机制，创新能力不足，不能提供高质量高附加值、多样化产品需求的要求，家具企业在技术进步和转型升级上进展缓慢。顺德很多家具制造企业的发展只是规模扩大，而非质量增强。由于不能在管理和经营模式上进一步深化现代企业制度，转型升级上遇到了企业自身经营机制的限制。

2. 创新能力不足

顺德家具制造业在发展过程中，创新能力较弱，产业转型升级参差不齐。顺德家具制造业应以标准化以及标准的提高为抓手，以专利数占全国家具专利数比例大幅度提升、研发投入由现有的3%左右扩大为5%以上（大型企业争取达到10%），以及技术人员占员工比例由现有的不到10%提高到20%为指标，大力提升顺德家具业的设计和制造的技术含量及水平，为顺德中高端家具业的发展提供技术支撑和保证。

3. 品牌优势不强

通过对顺德家具市场综合调查表明，各企业存在较大的趋同性，企业缺少个性化的品牌和产品，这种趋同性表现在技术、品种和市场定位等方面。产品的同质化使得不同品牌的同类产品替代性较强，消费者很难对企业建立起品牌忠诚度。纵观国际家具企业品牌，其在品牌建设上投入大量资源，国际市场对这些家具品牌认可度很高，品牌竞争力避免了价格上的竞争，使企业保有较高利润空间。因此，顺德家具企业应该建设有自己特色的品牌，可以避免低层次的价格竞争，提高企业竞争力，良好推动整个家具产业的转型升级。

(三) 政策环境对转型升级的阻碍

相关政策的不健全、执行力不足阻碍了顺德家具制造业的转型升级，主要表现在以下两个方面。

1. 出口退税政策不完备

目前，顺德取得出口资格的家具企业仅有400多家，大部分企业由于规模小，没有

进出口权，需通过进出口公司或代理公司办理出口。并且现行政策中出口退税方面对购买国内原材料政策的不完善，一定程度上降低了企业原料的当地采购率。并且出口退税环节多、时间较长，这些因素拖慢了家具企业快速反应机制。

2. 知识产权保护力度不够

不完善的知识产权保护法律法规、淡薄的企业知识产权观念以及知识产权保护执行力度不足，降低了顺德家具制造企业追求技术创新、引进先进生产技术以及设计创新的动力。这是因为假如一个家具企业投入较高的研发经费所生产出专利的产品，却可以被对手以较小的成本进行模仿，而知识产权法律法规在这方面的保护又不足，便会直接影响顺德家具制造业向知识密集型和技术密集型的方向转型升级。

五、顺德家具制造业转型升级对策建议

（一）以家具行业协会为主导，实施产品质量竞争策略与家具标准化战略

目前，顺德家具业的行业组织较多，力量分散，不利于统一协调管理。建议以顺德家具协会为班底，联合顺德家具商会、顺德家具青年商会、乐从家具协会等组织，重组区内家具行业组织，建立一个地区性的家具行业协会，使之成为政府指导和管理家具行业的桥梁。

（二）参照意大利"米兰制造"模式，打造"顺德家具"区域品牌

意大利米兰作为世界著名的家具设计制造中心，其产业集群模式值得顺德学习和借鉴。顺德区政府联合相关行业协会以及各企业可参照"米兰制造"模式，共同打造"顺德家具"区域品牌。"米兰制造"就是由意大利当地的相关协会对米兰家具集群内各家企业生产的家具的质量给予监督和保证，对于达到该区域统一标准的产品贴上"米兰制造"的标签，并使之成为企业产品的质量标志。

（三）按照市场兼并规则，对"顺德家具"企业品牌进行品牌聚合

"顺德家具"区域品牌的打造，需要对具体的"顺德家具"企业品牌进行品牌聚合。而具体品牌的聚合，按照市场兼并的规则，进行品牌的合并、重组，其主要是依据统一的技术标准，另外是优势产品的合作互补。例如，2013年年底喜临门家具、宜华木业与华日家具三大品牌的相互代工合作的模式。与品牌聚合相对应的是企业兼并、联合和重组，这一步需要审慎进行，要以自愿自主合作为原则，以明晰产权为基础，改变以往独资小微企业"满天星"的状况。小企业以股份合作的方式，成为大企业、名品

牌的一分子，促成中型、大型股份制企业的出现，走集团化管理、集约化生产经营之路。品牌和企业整合的目标是将聚合后的品牌做大做强，要对企业品牌进行规划，提出目标，促使顺德自主的中国名牌跻身于国际名牌。在这个过程中，政府要扎实做好并出台"顺德家具"区域品牌及标准的相关政策，正确指导和监督行业协会运作，确保公平公正公开。

（四）尽快制定顺德家具产业可持续发展战略规划

顺德家具产业转型升级要实现可持续发展，必须获得政府的政策支持，应尽快促成政府制定顺德家具产业可持续发展的战略规划。

一是完善组织机构建设。成立家具产业集群发展机构，主要负责家具产业基本情况的调查研究、发展规划的初步制定、各地产业集群发展的协调、与区域政策制定部门和产业政策制定部门的协调配合等工作。同时，掌握我国各地家具产业的发展状况，对出现的新情况和新趋势进行归纳和总结，并及时对顺德区的家具产业战略进行补充和完善。

二是有效配置生产要素资源。特别是顺德家具产业发展中劣势资源，即人力资源、技术资源和资金资源。

三是对不同发展阶段的家具产业采取不同策略。对于顺德目前处于成长期的家具产业集群，关键是培育与发展企业集群网络。在产业集群发展关键的成长期和成熟期，政府要引导家具企业积极参与集群网络建设与维护，政府也要积极培育构成集群网络的各种因素。

社会篇

顺德区未就业劳动力状况研究

杨志学　吕顺　唐纯林

一、研究背景

劳动力是指具有劳动能力的人。根据这一概念，劳动力就业是一种客观必要。从社会实践来看，就业作为一种社会最基本的经济活动，不仅与就业者自身的生存与发展相关，而且直接关系到整个社会的稳定发展。在我国，劳动力就业还关系到大多数劳动人口的收入能否达到小康水平。

就业与失业是密切相关的两个概念，有就业，就会有失业。广义上讲，失业是指具有劳动能力的人找不到合适的工作岗位，也就是劳动力资源处于闲置状态；而狭义的失业是指达到法定年龄并有就业愿望和就业能力而未就业的人，包括已经就业而被解雇，且正在等待或寻求新的就业机会。就本研究而言，失业是指广义的失业，也称为未就业。

就业问题没有最好，只有更好。为实现"城市升级引领转型发展，共建共享幸福顺德"和建设充分就业模范区的目标，顺德政府还需要进一步加大就业工作力度。因此，通过抽查摸清顺德未就业人群的具体构成、未就业原因、家庭状况、培训需求和求职要求等，提出具有针对性和可行性的促进就业措施，提高就业工作的质量，对于顺德经济社会的发展具有重要意义。

本研究试图对顺德区未就业劳动力的基本状况进行深度分析，以点带面，用样本数据揭示全区未就业劳动力的基本情况。课题组通过数据分析，对未就业劳动力的统计特征和各种影响因素的相关性进行描述，发现促进就业工作中存在的问题，并提出针对性的对策建议，作为制定下一阶段就业政策的决策依据。

二、调查数据说明

为了取得研究所需要的一手资料，充分了解顺德区未就业劳动力的实际情况，制订针对性地促进未就业劳动力就业的解决方案，课题组以顺德各镇街具有顺德区户籍的劳动力（现役军人、在校学生和已办理退休、退养、内退的人员除外）为调查对象，采用抽样问卷调查、实地访谈和电话调查等方式，从2013年7月20日至8月20日，组织

了包括700余名教师和学生,以及120余名各村居委工作人员在内的调查队伍,进行了为期一个月的调查。(见表15.1)

(一) 受访对象的总体情况

表15.1 受访对象总体情况(单位:人)

镇街名称	性别		年龄					健康状况				户口性质	
	男	女	20岁及以下	21~30岁	31~40岁	41~50岁	51~60岁	健康	一般	常年带病	残疾	农业	非农
大良	981	1017	412	573	359	335	319	816	416	386	380	900	1098
容桂	952	1040	189	569	524	575	135	1920	69	1	2	686	1306
伦教	362	362	67	238	144	185	90	431	131	81	81	401	323
勒流	509	533	42	210	200	418	172	722	69	50	201	902	140
陈村	354	353	97	229	126	153	102	564	44	20	79	385	322
北滘	403	431	156	222	155	162	139	762	62	6	4	421	413
乐从	491	445	165	289	185	170	127	801	59	16	60	678	258
龙江	397	525	151	231	145	165	230	825	45	15	37	575	347
杏坛	375	701	37	481	240	244	74	989	68	7	12	918	158
均安	452	345	9	174	224	288	102	735	18	0	44	667	130
合计	5276	5752	1325	3216	2302	2695	1490	8565	981	582	900	6533	4495

镇街名称	文化程度							目前状况			
	无学历	小学	初中	高中(含职业高中)	中专(含技工学校)	大专	大学及以上	新成长劳动力	就业转失业	农闲	其他
大良	395	126	228	399	249	465	136	1047	535	174	215
容桂	269	69	778	504	46	255	71	332	1615	14	31
伦教	75	83	179	211	74	83	19	178	428	34	84
勒流	146	212	389	185	36	71	3	109	664	141	128
陈村	65	130	192	202	24	85	9	166	387	54	100
北滘	134	29	125	177	16	243	110	287	398	42	107
乐从	311	156	91	122	36	113	107	401	173	160	202
龙江	160	316	147	147	37	84	31	167	373	300	82
杏坛	30	146	353	270	104	147	26	176	810	54	36
均安	26	136	369	218	19	26	3	0	686	3	108
合计	1611	1403	2851	2435	641	1572	515	2890	6069	976	1093

顺德区共有10个镇街,包括大良、容桂、勒流、伦教4个街道,以及陈村、北滘、

龙江、乐从、杏坛、均安6个镇。本次调查共发放了11650份问卷，有效回收了11028份问卷，即有效接触未就业劳动力11028人，其中男性受访者共5288人，女性5740人。

在所有受访对象中，一半以上的是就业转失业人口，约占总体的55.03%。绝大多数受访者（约占总体的77.67%）的健康状况为"健康或良好"。初中学历的最多，占总体的25.85%。其他学历按依次为：高中（含职业高中）、无学历、大专、小学、中专（含技工学校）、大学及以上。从年龄结构来年看，在所有受访对象中，21～30岁、31～40岁、41～50岁的群体所占比例最大。非农业户口占总体受访者的40.76%，农业户口的受访对象占总体的59.24%。

（二）非农户口受访对象情况

非农业户口受访对象总体情况见表15.2。

表15.2 非农业户口受访对象总体情况（单位：人）

镇街名称	性别		年龄					健康状况			
	男	女	20岁及以下	21～30岁	31～40岁	41～50岁	51～60岁	健康	一般	常年带病	残疾
大良	543	555	257	591	124	70	56	955	100	26	17
容桂	628	678	71	490	246	309	190	1294	10	0	2
伦教	173	150	15	112	65	78	53	145	122	28	28
勒流	94	46	32	25	30	40	30	114	9	4	13
陈村	154	168	32	86	57	92	55	260	28	6	28
北滘	197	216	55	152	73	79	54	390	16	4	3
乐从	133	125	32	130	55	22	19	246	8	0	4
龙江	176	171	20	165	58	83	21	305	22	9	11
杏坛	57	101	18	39	33	31	37	140	9	2	7
均安	79	51	1	22	23	39	45	129	1	0	0
合计	2234	2261	516	1812	764	843	560	3978	325	79	113
镇街名称	文化程度							目前状况			
	无学历	小学	初中	高中（含职业高中）	中专（含技工学校）	大专	大学及以上	新成长劳动力	就业转失业	其他	
大良	203	79	106	205	109	307	89	685	214	199	
容桂	215	58	316	388	54	219	56	380	857	69	
伦教	30	35	59	89	39	45	26	82	192	49	
勒流	18	38	37	16	5	21	5	56	60	24	
陈村	38	42	73	74	25	55	15	70	201	51	

续上表

镇街名称	文化程度							目前状况		
	无学历	小学	初中	高中（含职业高中）	中专（含技工学校）	大专	大学及以上	新成长劳动力	就业转失业	其他
北滘	59	46	58	69	47	80	54	257	83	73
乐从	63	25	26	43	23	35	43	184	25	49
龙江	54	44	48	55	41	56	49	116	168	63
杏坛	15	2	49	52	10	21	9	25	123	10
均安	10	29	47	22	7	8	7	5	114	11
合计	705	398	819	1013	360	847	353	1860	2037	598

在所有非农业户口受访对象中，一半以上的是就业转失业人口，约占总体的45.32%。

绝大多数受访者（约占总体的88.5%）的健康状况为"健康或良好"。初中学历的最多，占总体的18.22%。21～30岁、31～40岁、41～50岁的群体所占比例最大。

（三）农业户口受访对象情况

农业户口受访对象总体情况见表15.3。

表15.3 农业户口受访对象总体情况（单位：人）

镇街名称	性别		年龄					健康状况			
	男	女	20岁及以下	21～30岁	31～40岁	41～50岁	51～60岁	健康	一般	常年带病	残疾
大良	454	446	177	486	175	53	9	137	567	155	41
容桂	331	355	14	186	211	202	73	669	15	1	1
伦教	190	211	25	168	77	110	21	324	65	6	6
勒流	414	488	56	180	192	344	130	660	64	49	129
陈村	197	188	63	86	57	104	75	319	16	11	39
北滘	203	218	53	224	64	65	15	328	88	2	3
乐从	362	316	94	224	154	151	55	300	175	24	179
龙江	220	355	50	156	42	62	265	272	169	18	116
杏坛	329	589	76	296	252	239	55	877	22	5	14
均安	373	294	7	162	189	233	76	624	13	0	30
合计	3073	3460	615	2168	1413	1563	774	4510	1194	271	558

续上表

镇街名称	文化程度							目前状况			
	无学历	小学	初中	高中（含职业高中）	中专（含技工学校）	大专	大学及以上	新成长劳动力	就业转失业	农闲	其他
大良	134	110	117	138	124	170	107	663	95	93	49
容桂	10	26	400	160	22	55	13	63	583	15	25
伦教	52	55	109	101	37	35	12	82	226	35	58
勒流	113	199	315	147	44	69	15	58	582	134	128
陈村	49	75	70	85	36	61	9	81	152	68	84
北滘	67	25	62	122	6	123	16	145	105	67	104
乐从	242	148	62	81	21	72	52	206	153	151	168
龙江	93	211	91	96	40	28	16	94	170	244	67
杏坛	5	158	316	231	89	114	5	80	742	60	36
均安	23	96	321	190	15	21	1	8	537	21	101
合计	788	1103	1863	1351	434	748	246	1480	3345	888	820

在所有农业户受访对象中，一半以上的是就业转失业人口，约占总体的51.2%。绝大多数受访者（约占总体的69.03%）的健康状况为"健康或良好"。初中学历的最多，占总体的28.52%。21～30岁、31～40岁、41～50岁的群体所占比例最大。

三、未就业原因分析

（一）未就业劳动力存在的主要问题

1. 未就业劳动力的知识技能有限

知识技能是一个人能否实现就业的重要基础，拥有较高的知识和技能，在就业方面就具有相对优势。从调查来看，顺德未就业劳动力的知识和技能是比较缺乏的。从学历结构来看，未就业劳动力的学历普遍较低，大专及以上学历的仅占18.92%。其他受访者的学历都比较低（见图15.1）。知识技能的缺乏显然会给他们的就业带来很大问题。

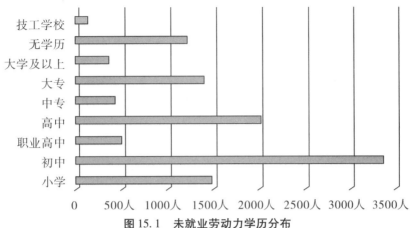

图 15.1　未就业劳动力学历分布

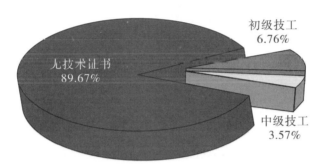

图 15.2　未就业劳动力获取技术证书情况

人社部门颁发的技术证书是反映一个人是否拥有特定职业技能的客观标准之一，也是用人单位衡量应聘者技术能力的主要凭证。绝大多数（89.67%）的受访者都没有职业技能等级（见图15.2）。

2. 未就业劳动力的就业期望过高

从资本的角度而言，知识和技能的缺乏，意味着劳动者在知识方面的投资较少，大多数的情况是，在就业时，这一类人群主要可能从事报酬较低、较为辛苦的工作，这符合投资与回报的基本规律。

虽然未就业劳动力的知识与技能缺乏，但总的来说，并不意味着社会没有相关的岗位提供给他们。他们之所以失业，部分原因可能在于他们对就业的期望与自身的知识技能不匹配，就业期望过高。

数据表明，顺德未就业劳动力中，只有约1/5的人愿意做普工。而希望从事管理类、技工类、文职类、自主创业的人员约为43%（见表15.4）。

表15.4　未就业劳动力就业意向

就业意向	人数（人）	百分比（%）
灵活就业：家庭帮工	615	5.58
灵活就业：自营劳动	554	5.02

（续上表）

就业意向	人数	百分比
灵活就业：其他	429	3.89
务工：管理类	1280	11.6
务工：技工类	1443	13.8
务工：家政类	334	3.03
务工：普工类	2321	21.05
务工：文职类	1600	14.51
务工：其他	481	4.36
务农：养殖类	198	1.8
务农：种植类	231	2.09
务农：其他	516	4.68
自主创业	365	3.31
其他	661	5.28
总计	11028	100.00

其他的调查也印证了这一点，如陈村镇2010年的一项调查显示，当地未就业劳动力对工作的主要要求包括：①工作地点不要离家太远，最好在本村附近；②工作时间不要太长，每天8小时左右；③工资水平不要太低，每月收入1500元以上；④要购买社会保险。这些要求与用工企业所能提供的条件存在较大的差距，也加重了失业情况。

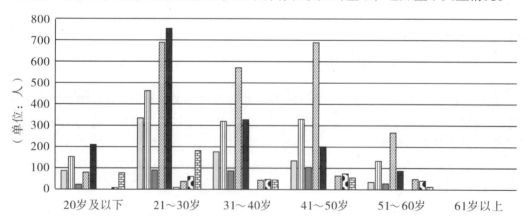

图15.3 分年龄未就业劳动力就业意向分析

从就业意向的年龄分布上看（图15.3），期望从事普工类工作在20岁以上的年龄群体中占了很大的比重。此外，文职类工作的择业期望在各年龄群体中也都占了较大的比重，这反映出体力劳动较少，相对较"体面"的工作对未就业人员具有较大的吸引力，30 岁以下的群体尤其如此。不容忽视的是，养殖类工作对于各年龄群体都具有相当的吸引力，因为顺德水产养殖业较为发达，养殖类工作对于未就业人员具有吸引力有现实的基础，而且相对较好的经济回报也使得这些人希望能够从事这方面的工作。

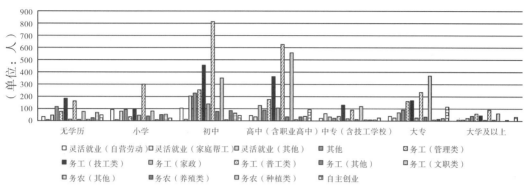

图 15.4　文化程度与未就业劳动力就业意向分析

从未就业劳动力就业意向与学历的关系上看（图 15.4），普工类、技工类以及文职类是受访对象最为青睐的工作类型，其中，普工类工作在无学历、小学、初中、高中等群体中所占比重很高，这一定程度上反映出大部分受访对象在对待择业上具有务实的态度。技工类工作在所有的受访群体中所占比例也很高，无论是高学历还是低学历群体，都倾向于技工类的工作。而希望从事文职类工作的未就业人员则有随着学历增高不断提升的趋势，即学历越高的受访对象，越倾向于从事低劳动强度、高知识含量的工作。

未就业劳动力普遍对薪酬的要求不高。调查显示，大约 95% 的受访者期望的月收入不高于 2500 元，只有 5.35% 的受访者期望月收入超过 2500 元。高达 74.69% 受访者的期望月收入不到 1500 元（见图 15.5）。

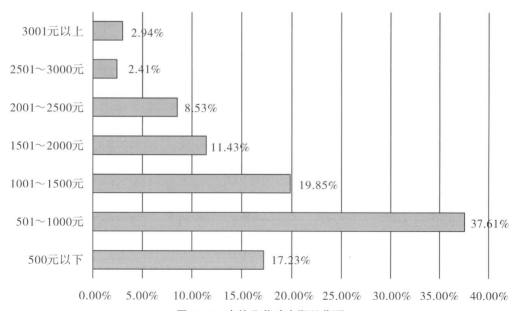

图 15.5　未就业劳动力期望薪酬

201

由此可见，受访者的期望收入是普遍较低的。实际上，单就薪酬水平而言，这些未就业劳动力的目标是较为容易达成的，但为什么没有就业呢？主要的原因可能在于他们将工作本身是否体面、工作是否轻松作为重点考虑因素所致。

一方面缺乏就业技能，另一方面就业要求又比较高，从统计数字上表现出来，有61.52%的人认为自己"未就业的主要原因"是"无合适工作"（见表15.5）。

表15.5 顺德未就业劳动力未就业原因统计

未就业原因	人数（人）	百分比（%）
健康原因	476	4.32
年龄大	374	3.39
无合适工作	6784	61.52
无技能	499	4.52
无就业愿望	414	3.75
有固定收入	144	1.31
有积蓄	97	0.88
有经济支柱	87	0.79
照顾家庭	950	8.61
其他	1203	10.91
合计	11028	100.00

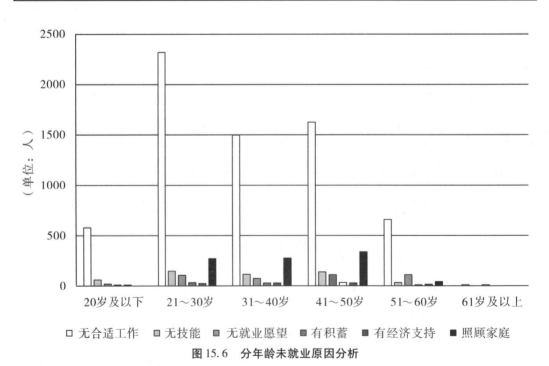

图15.6 分年龄未就业原因分析

从未就业原因的年龄分布上看（图15.6），20岁及以下的受访者未就业主要原因是无合适的工作，这一部分人因为年龄较小，技术能力及工作经验也相对欠缺，难以找到自认为合适的工作。20 岁到 50 岁这一部分中青年受访对象占了全部调查对象的大部分，他们认为未就业的原因最主要的也是未能找到合适的工作，照顾家庭也是导致他们未能就业的一个重要原因。"无合适工作"这一选项除了在一定程度上反映了就业市场与工作环境需要进一步改善外，也可能反映了这些受访对象对自己的定位不准确，在择业上存在眼高手低的情况。家庭因素对于中青年择业存在一定影响，应考虑将就业与其家庭情况相结合。50 岁以上的群体除了也认为没有合适工作外，还存在就业愿望较低的情况，因此针对这一群体还要在宣传上下功夫。

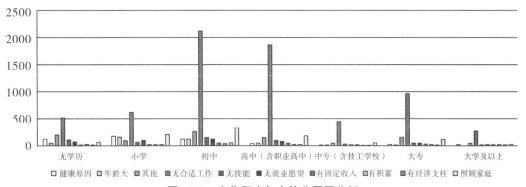

图 15.7　文化程度与未就业原因分析

从未就业原因的学历分布上看（图 15.7），无合适工作无论在哪个受教育群体中，都被认为是未就业的最主要原因。这反映出除了客观的就业环境需要改善外，主观因素也是影响受访对象未能就业的一个较大原因。针对这种情况，在培训中除了提高技术水平之外，还应转变就业观念，帮助未就业群体做好就业定位以及开展职业生涯规划。除此之外，受访对象还认为照顾家庭也是影响其就业的一个较大因素，这需要有关部门在开展就业服务工作时，更多关注未就业人员的家庭困难，采取多种措施让其安心就业。

3. 未就业劳动力提高技能意识差

调查显示，59% 的受访对象有参加技能培训意向，41% 的受访对象则表示无意向。而在接受了培训的人员中，64% 的受访对象表示培训方式是希望在村（居）就地组织开展的培训（见图 15.8），形象地说，也就是"做好了饭，还要端到嘴边"。

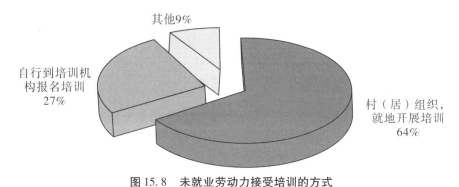

图 15.8　未就业劳动力接受培训的方式

事实上，绝大多数的受访者（90%）未参加过培训，有6%的受访者参加了农村劳动技能培训，还有4%的受访者参加了其他类型培训（见图15.9）。而对高赞村的调查显示，未参加培训的比例达到了95.77%。

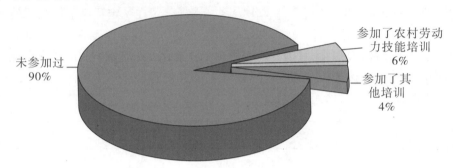

图15.9　未就业劳动力接受培训情况

4. 未就业劳动力失业登记率偏低

大部分受访对象都没有办理失业登记，其比例占了总受访者的79%，只有21%的受访者办理了失业登记（见图15.10）。对于未办理失业登记的原因，受访者普遍认为，常规的就业服务对于其实现就业的帮助不大，主要原有为绝大部分企业提供的就业岗位无法满足其就业要求。

办理失业登记有助于他们获得政府的帮助，提高就业竞争力，从而更早更好地实现就业。但是目前，未就业劳动力对于失业登记的理解和认识显然还比较薄弱。

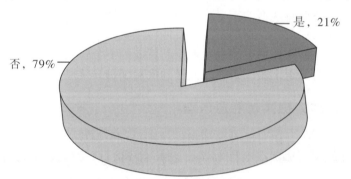

图15.10　未就业劳动力办理失业登记情况

（二）未就业劳动力失业的主要原因

1. 产业升级对劳动力提出了更高的要求

在世界经济增长模式发生变化、产业结构深度调整的当下，推动经济转型升级，已成为转变经济发展方式、走中国特色新型工业化道路的根本要求，成为提升经济发展质量和增强核心竞争力的关键所在。

创新是产业升级的重要驱动力，产业升级以高质量的人力资源作为支撑。《顺德区人民政府关于推动产业转型升级的实施方案（2011—2015）》中，关于"加快高层次人才的培养和引进"的部分，用了近700字进行表述，在这样的大环境下，顺德区经济发展对于人才素质的要求势必水涨船高，这让本地低学历的未就业劳动力就业更加困难。

2. 城镇化使农民无法适应新的就业环境

2013年10月21日，社会科学文献出版社、中小城市经济发展委员会等单位联合发布了《2013年中国中小城市绿皮书》，对中小城市新型城镇化质量进行评价，顺德区入围了全国市辖区新型城镇化质量前10强，居第二名。

城镇化是社会发展的趋势，然而，城镇化不仅是土地的城镇化，更是人口的城镇化。专家指出，我国当前的城镇化存在一个突出问题，是土地城镇化快于人口城镇化。从就业的角度来看，顺德也不例外，有约2/3未就业人员是农业户口，而对高赞村进行的调研表明，当地未就业劳动力中，农业人口比例高达99.06%。他们的未就业情况，往往就是在城镇化的过程中出现的。可以想象，城镇化把大量的农业用地变成工业用地，本来从事农业活动的农民无地可种，要去企业找工作，由于他们没有从事工业工作的经验和求职的经验，适应起来显然是比较困难的。

3. 就业观念的变化让人们忽视经济因素

改革开放促进了经济的发展，也改变了人们的就业观，在物资匮乏的年代，人们就业可能最在意的是经济因素，为了挣钱，人们可以努力加班，一个月工作31天，还可以天天加班。但随着社会的发展，人们对于工作环境、每天的工作时间等非经济因素更加看重，现在的人可能宁愿少拿一点工资，每周也只愿意工作5天，每天工作8小时；同时，这些人也不愿意干脏活累活。然而对于缺乏知识和技能的人来说，目前就业市场提供更多的是辛苦一点、环境差一点的工作，在这样的市场格局中，很多人宁愿赋闲在家也不愿意就业。

4. 老龄化带来大量临退休未就业劳动力

据2013年11月15日《佛山日报》报道，目前，顺德60周岁以上老年人有18.8万，而且每年以3%以上的速度递增。可以预见，在未来的很长一段时间内，老龄人口的比例会持续增长。试想一下，如果在"51～60岁"这个年龄阶段，因为知识和技能的问题而失业，这些人还会去为了就业而学习知识和技能吗？答案往往是否定的，因为从知识资本的投资角度来看，没有太多的意义。那么，这些人继续失业的可能性就非常大。

5. 就业市场对非全日制教育成果不认可

从调查结果来看，目前顺德未就业劳动力中，很大一批人未就业的原因是知识和技能不足，最直观的理解是，加强对他们的继续教育可提高就业成功率。然而，从目前我国的情况来看，非全日制教育在社会上并不是太受认可。首先是政府不认可，比如在公务员的招考中，绝大部分要求为全日制学历；其次是某些企业招聘工作人员，不仅选择学历,还选择学校,要求应聘者是全国重点高校的毕业生。

就业市场对非全日制教育成果不认可,导致了两个问题:一是居民不愿意在继续教育方面进行投入,不愿意接受继续教育;二是即便居民接受了继续教育,获得了文凭、证书等,还是就业困难,不能从根本上解决问题。

四、对未就业劳动力失业原因的深层次思考

(一) 土地快速城镇化与人口较慢城镇化的矛盾

城镇化对农业人口,尤其是长期从事农业工作的人员参与城镇就业有重要影响。一方面,城镇化使农业用地变为工业用地,导致大量的农民没有土地耕种,迫使他们加入到第二、三产业的就业大军中去。[1] 另一方面,城镇化促使第二、三产业快速发展,导致人才市场对人才的技能要求越来越高。但是,农业户口劳动力的知识和技能提升速度却比较缓慢,从而带来了失业问题。

人口城镇化与土地城镇化发展失衡,尤其是人口城市化滞后,是城镇化过程的常见问题。一项针对全国的研究表明,全国各省市工业占比越高,人口城镇化滞后于土地城镇化的现象就越严重,反之则相反。[2] 研究还认为,财政收支水平与城镇化发展协调度具有反向的变化关系,即各省市财政收支水平越高,人口城镇化滞后于土地城镇化的现象就越严重。[3] 而顺德恰是这两方面的典型代表,一方面,顺德是一个以"工业立区"的城市,另一方面,顺德又是长期领跑中国县域经济的一个区,因此,人口城镇化滞后的现象势必也会比较突出。

(二) 政府促进就业与居民自愿失业意愿的矛盾

在调查走访中,我们发现,像顺德这样的经济发达地区,就业促进工作中一个重要的困难,是社会上存在一批自愿失业的未就业劳动力。他们有资产性收入(如土地、房屋出租等)或福利性收入(如股份分红等),生活无忧。通过对高赞的调查表明,84.65%的未就业劳动力月收入在2000元以上,没有太大的就业压力,或者说缺乏就业动力。2010年,对陈村镇的一项调查表明,这类人群占全部未就业劳动力的55.2%。

从理论上来讲,任何人具有选择自己生活方式的权力,而且如果他有经济来源,不给社会增加不安定因素,更是无可厚非。但工作是人的天然需求,对东莞的调查表明,所谓自愿失业,归根结底是就业观念的偏差,比如对职业要求过于挑剔,导致宁愿失业也不愿进厂工作。同时,当地大中专毕业生在择业时往往只愿意进机关当公务员,无法进去,就宁愿赋闲家中。

因此,所谓政府促进就业与居民自愿失业意愿的矛盾,本质上不是矛盾,而是相对

---

[1] 以高赞为例,99.52%的失业人员为农业户口,但是已经没有了自耕地。
[2] 李子联:《人口城镇化滞后于土地城镇化之谜》,载《中国人口·资源与环境》2013年第11期。
[3] 李子联:《人口城镇化滞后于土地城镇化之谜》,载《中国人口·资源与环境》2013年第11期。

富足的生活所引起的就业观念偏差。因此，政府要想方设法激发他们的就业积极性，减少社会人力资本的浪费。

（三）失业者就业期望过高与就业能力低的矛盾

虽然就业市场对劳动力知识技能的要求越来越高，但是如果未就业劳动力能够放低一些对工作的要求，就业还是有很大可能的。但很多未就业劳动力的就业期望值则超出了自己的职业能力，因此往往找不到合适的岗位，前面所说的自愿失业，根本原因往往也在于此。

本来，人往高处走，寻求更好的岗位是人之常情，但随着社会的发展、自由择业观念进一步深入人心，人们千军万马往好单位好岗位挤，则显示了当代就业观念的异化。顺德的未就业人群面临的状况相似，很多人没有考虑到自身的实力，一心希望从事环境好、待遇好、工作更轻松的工作，就出现了招工难与就业"难"同存的现象。

事实上，社会的发展，虽然使许多岗位对技能的要求越来越高，但总有一些辅助性的岗位，对于知识和技能的要求不高，但可能会累一点、辛苦一点。近年来，珠三角、长三角都出现了用工荒，人才市场还远没有到"无合适工作"的地步，这里的关键在于如何调整未就业劳动力的就业心理，让就业意向与就业能力趋近，使未就业劳动力自然能找到合适的工作。

五、对策与建议

在促进就业的过程中，政府应发挥积极的作用，这是毋庸置疑的。在社会主义市场经济条件下，政府的主要职能是经济调节、市场监督、社会管理和公共服务。促进就业是政府践行社会管理和公共服务职能的具体体现。调查表明，63%的受访对象表示需要政府部门帮助解决工作问题，因此，政府在促进就业方面应该还可以有更大的作为。

（一）打破产业瓶颈，从根本上提高就业质量

"就业难"从根本上来讲，还是由于产业升级和城镇化引起的。因此，从根本上提高就业质量，就必须要打破产业升级和城镇化带来的瓶颈。我们的建议是：通过扶持新兴产业和促进农业产业化，来达到这个目的。

应必须加大对产业技术创新，特别是新兴产业的扶持力度，充分发挥新兴产业及相关产业对就业的促进作用。另外，由于战略性新兴产业发展对技术的引领作用，特别是随着新材料、新能源以及新技术的发明及应用，会进一步扩大社会分工的范围，创造生产活动的新领域，使同技术相适应的各种新职业应运而生。

另一个值得关注的领域是农业产业化。① 农业产业化经营能够扩大农业经济规模，

---

① 农业产业化是指以市场为导向，以提高经济效益为中心，对农业主导产业实行多层次、多环节、多形式、多元化的优化组合，把生产、加工、流通等环节密切连接起来，逐步形成区域化布局、专业化生产、规模化经营、社会化服务、企业化管理的一种农业发展模式。

扩展农产品市场，拉长农业产业链，调整农业产业结构。这些途径都扩展了农村劳动力的就业空间，解决了农村劳动力就业问题。因此，农业产业化是解决农村劳动力就业问题的重要途径。

（二）加强政策宣传引导，促进就业观念转变

应该认识到，解决就业不仅仅是政府的事情，企业、高校和社会各界也应该给予足够的关注、理解和支持，并形成一个舆论氛围，打造一个良好的人文环境，齐抓共管促进就业。

在现实中存在这样的情况，几乎所有人能从电视等各类媒介里了解到各级政府鼓励和促进就业的态度，但是具体的政策为何，就有相当一部分人不了解了。顺德的情况也是如此。不了解的占49%，接近一半，而了解这些政策的人，大部分认为很到位，见图15.11。

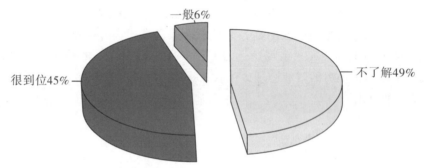

图15.11 未就业劳动力对政府提供的就业服务的了解程度

建议有关部门在"向基层延伸就业服务"方面加大工作力度，创新工作方法。改变以村居干部为主的宣传方式，采用点对点宣传、实名跟踪等方式，让未就业劳动力及时了解政府的有关政策。同时，要充分利用大众媒体的力量，通过报纸、杂志、网络等，及时让广大百姓获取信息。

要充分发动宣传媒体，开展就业观念大讨论，通过讨论进一步向社会广泛宣传劳动价值理念。开办"就业观念大讲堂"，邀请专业讲师、政府工作人员、再就业典型和创业成功人员进行现身说法，通过宣讲改变未就业劳动力"岗位要分贵贱高低"的就业观，促进其就业。

加强公共就业服务体系职业指导工作，完善区、街道（乡镇）、社区、（村）职业指导队伍建设，设立职业指导工作室，采取群体职业指导、小组讨论会、一对一职业指导等多种形式，针对不同的人群开展分类就业指导，引导劳动者树立正确的就业观念，转变落后的就业观念，进行科学的和现实的职业选择，尽快实现就业。

（三）加强统筹协调，构建"大就业"服务体系

1. 政府应进一步加强各部门间的统筹协调

必须明确促进就业工作从来就不仅仅是人社部门一家的工作职责，需要建立和强化"政府牵头、部门联动、各方参与、分工协作"的促进就业工作机制，由政府统筹协调，各部门提供和完善政策并有机融合共同促进就业，从而形成全社会共同促进就业的格局。可以考虑成立一个由人社部门牵头，其他相关部门参与的"顺德区促进就业工作联席会议办公室"，由区委区政府领导兼任联席会议办公室负责人，在更高层面上统筹协调全区的就业促进工作。

2. 政府出资购买服务，进一步加强就业服务专业化程度

通过向社会购买服务，撬动更多的社会资源参与到就业促进工作中来。可以考虑进一步完善职业介绍补贴和再就业培训补贴政策，制定措施，鼓励社会各类就业服务和培训机构为未就业劳动力提供免费服务和培训。探索建立社会化的招投标制度，形成切实可行的购买就业服务成果的机制。

政府还应该在就业服务专业化方面投入较多的资金，在服务功能多元化、服务理念人性化、服务队伍专业化、服务手段信息化等方面进行全面提升，以提高公共就业服务的效率和质量，提高求职者的满意度。

3. 培育社会组织提供就业服务

《中华人民共和国就业促进法》指出，"工会、共产主义青年团、妇女联合会、残疾人联合会以及其他社会组织，协助人民政府开展促进就业工作，依法维护劳动者的劳动权利"。这一规定本身就赋予了社会组织促进就业的权利和义务。因此，应抓住近年来国家大力发展社会组织的机会，积极培育有关社会机构提升自身的服务能力，参与到政府的促进就业工作中来。

社会组织参与促进就业工作，可以从三个方面入手：一是提供培训，一些专业的培训机构、行业协会都可以承担这样的责任；二是提供就业信息；三是发挥社会组织贴近百姓的优势，定期开展就业状况调研，为政府的决策提供参考。

4. 改善企业用工环境，加强文化建设，强化对劳动者的吸纳能力和留用能力

好的企业文化、人性化的管理有助于企业破解招工难题，也是在不同角度开展促进就业工作。应加强督促和指导企业规范用工行为，改善工作和生活等用工环境，加强人文关怀，提高劳动者就业的质量，吸纳和稳定劳动者就业。

（四）增加人员，确保就业服务工作有序开展

做好就业服务工作，首要条件就是有机构办事，有人办事。而基层就业服务机构人

员不足，工资待遇低，已经严重制约了公共就业服务效率的提高和创新。

目前，我区镇街配备的负责就业、培训、人才、残疾人就业培训和残疾人就业保障金年审等工作的相关人员总数仅为63人（含分管领导），人均服务对象约为23800人，大大高于每6000～8000人配备1人的标准。就业服务工作量之大、任务之繁重，人员之紧张，可想而知。

现实情况是大多数基层就业服务机构普遍存在着工作人员少、收入低、任务重、压力大的情况，随着生活水平的提高，基层工作人员的收入和付出不成正比，影响了其工作的积极性和稳定性，导致人员流动性大、专业性不强。

就业服务重在基层，合理配置工作人员是做好就业服务工作的基本前提。面对就业和社会保障工作量井喷式增长和群众客观需求日益强烈的新形势，原有的人员编制在一定程度上已不能满足现有工作的需要。建议要进一步明确基层就业服务机构的工作职能，根据工作的实际需要，增加专职工作人员的数量，并进一步提高薪酬待遇。通过建设一支稳定的基层就业服务工作队伍，确保就业服务和劳动保障工作的有序开展。

（五）落实就业优惠政策，促进创业带动就业

应进一步完善和落实各项就业优惠扶持政策，提高企业用人的积极性，促进各类就业困难人员就业。

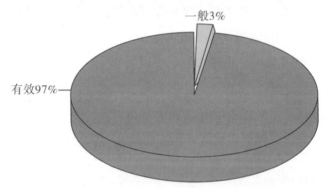

图15.12 未就业劳动力对现行就业政策有效性的看法

促进企业招用未就业劳动力的优惠扶持政策包括：①培训、鉴定补贴，包括未就业人员职业培训和鉴定补贴、应届高校毕业生职业培训和鉴定补贴、广东省户籍农村劳动力培训转移就业补贴、外省劳动力培训鉴定补贴，提升劳动力技能，增强就业竞争力；②新招用本区劳动力就业奖励金，鼓励企业招用本地劳动力就业；③社会保险补贴、岗位补贴，包括灵活就业社会保险补贴，招用困难人员社会保险补贴和岗位补贴、自主创业的高校毕业生社会保险补贴、招用高校毕业生社会保险补贴，鼓励灵活就业人员、就业困难人员、高校毕业生稳定就业；④创业补贴，包括创业培训补贴、创业培训后续服务补贴、创业资助、创业孵化补贴、创业孵化社保补贴、小额担保贷款及贴息，鼓励有条件的人员进行自主创业。

建议进一步充分发挥就业培训服务机构的作用，将创业服务的组织协调工作延伸到村居一级就业服务机构，对未就业人群进行无偿培训，通过建立创业基金，集中扶持部

分创业项目。可以考虑支持协助未就业劳动力成立互助经济生产组织，在农村城镇化过程中的相关经济领域提供下游服务，创造大批技能要求相对较低的就业岗位，帮助一批低端劳动力实现就业和创业。

（六）加强供求对接，提升就业服务工作水平

1. 提升政府就业服务的信息化水平

信息化是人类社会发展的一个高级进程，通过提高就业服务的信息化水平，可以及时、准确掌握第一手信息，延伸就业服务功能，拓展服务内容和领域，提高就业服务质量和效率。可以考虑利用现代信息技术平台和软件，如微信、微博、手机 APP（应用程序）客户端等，完善政策宣传体系，打通就业服务渠道。

2. 开展形式多样的劳资对接

未就业劳动力的能力、水平参差不齐，获得就业信息的方式也多种多样，因此，在就业促进过程中，政府部门也需要搭建形式多样的劳资对接平台。课题组的调查显示：有29%的受访者通过招聘会就业，这是失业者最主要的就业渠道。其次为政府人力资源部门推荐（25%）。排在第三的是亲友介绍（占21%）。亦有一定数量的受访者选择到企业门口（10%）以及电视、电台、网站（8%）寻找就业机会（见图15.13）。

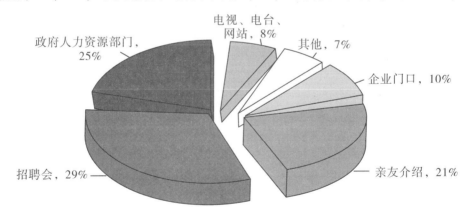

图15.13　未就业劳动力的求职渠道

可见，未就业劳动力的获取就业信息的渠道是丰富的，政府部门根据未就业劳动力习惯的求职方式，提供就业信息，有助于提高未就业劳动力就业的成功率。

（七）启动"乐业"工程，实现高质量的就业

1. 开展本土富余劳动力大培训

可以考虑建立适应未就业劳动力职业发展需要的培训制度。具体如下：

一是培训的内容要广泛。在培训的课程设置方面，要比较丰富，以能满足广大未就业劳动力的需求。

二是要区分培训的层次。在培训中,要以培训未就业劳动力的初级技能为主,政府可以承担大部分甚至全部费用。政府也需提供中级和高级技能的培训,由政府提供机会和平台,培训成本由受培训者自行负担,帮助未就业劳动力提升就业的空间。

三是要充分整合教育资源。与区域内高校合作,大力发展职业教育、成人教育和其他继续教育,逐步形成社会化的终身培训、终身教育体系。

2. 建立劳动力分层次提升体系

根据当前未就业劳动力拥有技能的现状,可以考虑对劳动力资源进行分层提升,建立"培训—培养—培育"的工作体系。"培训"针对的是那些劳动技能极低或基本无技能的对象。通过培训使其具备初级的劳动能力,能够从事一些技术能力要求相对不高的职位,如普工等。"培养"针对的是有一定技能基础的未就业劳动力。培养的目的在于提升,使培养对象可以具备更高级的工作技能,胜任更高要求的工作职位,如管理岗位等。"培育"主要针对从事社会服务,尤其是人力资源方面服务的社会机构或组织。通过对社会组织进行培育,提升其人才服务的能力。

推动老龄化事业全面协调可持续发展

——顺德人口老龄化发展趋势及对策研究

高钧　刘刚桥　师建华　温仲元　孙成喜

一、顺德区人口老龄化现状与特征分析

（一）顺德区人口老龄化现状分析

1. 顺德区人口老龄化程度分析

按照国际通用标准，确定一个国家或地区的人口是否进入了老龄化，通常是以一国或地区的老年人口系数、少年儿童系数、老少比、年龄中位数等指标来综合确定。当一国或地区的人口中65岁以上老年人的比重超过7%（或60岁以上老年人的比重超过10%），0~14岁少年儿童比重低于30%，老少比重在30%以上，年龄中位数大于30岁，这些指标中多数达到时就可以认为一国或地区的人口已经进入了老龄化，该地区的人口状态呈现为老年型，如表16.1所示。

表16.1　人口年龄类型的划分标准

	年轻型	成年型	老年型
年龄中位数（岁）	20以下	20~30	30以上
65岁以上人口比重（%）	4以下	4~7	7以上
0~14岁人口比重（%）	40以上	30~40	30以下
老少比（%）	15以下	15~30	30以上

因此，本文采用以上四个指标来衡量顺德区人口老龄化程度情况。

（1）顺德区人口年龄中位数已达到31.73岁。

年龄中位数是指位于按年龄大小排列的全体人口中间那个人的年龄，它可以把人口分为两半，一半在年龄中位数之上，一半在年龄中位数之下。一般来说，年龄中位数的提高，说明这个人口的年龄结构在向老龄化方向发展。年龄中位数达到或超过30岁，即可将这一人口看作老年型人口。顺德地区人口年龄中位数在2000年第五次人口普查时为27.71岁，到2010年已达到31.73岁，超过临界值30岁，说明顺德区已经达到了

老年型人口的年龄中位数的指标。短短十年间，年龄中位数就上升了4.02岁，增长14.5%，年均增速达到1.36%，其增长速度之快是显而易见的，而且随着低生育率的继续保持和预期寿命的增加，以后其上升的速度还要加快。

（2）65岁及以上老年人口占总人口的4.68%，60岁及以上老年人口占总人口的7.39%。

一般认为，当一个国家或地区60岁及以上年龄的人口超过总人口的10%，或65岁及以上年龄的人口超过总人口的7%时，其人口年龄结构就进入了老年型。根据顺德第六次人口普查数据显示，2010年顺德地区65岁及以上老年人口11.54万人，占总人口的4.68%，60岁及以上老年人口18.22万人，占总人口的7.39%；而2000年第五次人口普查数据显示，65岁及以上老年人口8.36万人，占总人口的4.92%，60岁及以上老年人口11.95万人，占总人口的7.05%。虽然从老年人口占总人口比重看，似乎并未达到国际规定的老龄化社会的标准值，但其规模总量以及老年人口增长速度正在进一步加快。

（3）0～14岁人口为29.76万人，占总人口比重为12.07%。

0～14岁人口占总人口的比例称为少儿人口比例或称为少儿系数。这一指标增大时，表明人口正在年轻化，而当这一指标缩小时，就从反面说明了人口老龄化，也称人口金字塔的底部老龄化。一般认为，少儿人口比例在30%以下为老年型人口。根据第六次人口普查数据显示，2010年顺德地区0～14岁人口占总人口比重为12.07%，2000年少儿人口比例为17.34%，这表明顺德人口金字塔的底部老龄化趋势非常明显，少儿人口比例已经降到了非常低的水平。

（4）老少比为38.78%。

老少比是老年人口数与少儿人口数之比。老少比的变动可反映出老年人口和少年儿童人口的比例变动，也可以用于分析人口老龄化是顶部老龄化还是底部老龄化。老少比高于30%的一般被看作老年型人口。2010年，顺德地区60岁及以上老年人口与0～14岁的人口之比61.22%，65岁及以上老年人口与0～14岁的人口之比38.78%，2000年顺德地区60岁及以上老年人口与0～14岁的人口之比40.69%，65岁及以上老年人口与0～14岁的人口之比28.38%。这说明，顺德在2000年时还处于成年型社会，而到了2010年老少比已经超过30%，顺德已经进入老年型社会。这10年间增长了10.4个百分点。

因此，按照人口年龄类型的划分标准，根据上述四项指标的动态变化，顺德区在2000年是典型的成年型人口；而2010年，顺德区有三项指标已经达到老年型人口的指标数，见表16.2。这表明老龄化程度看，顺德区已迈进了老龄化社会，而且发展趋势会越来越快。

表 16.2 顺德地区人口老龄化指标

指标类别 \ 年份	2010 年（第六次全国人口普查）	2000 年（第五次全国人口普查）
年龄中位数（岁）	31.73	27.71
65 岁以上人口比重（%）	4.68	4.92
60 岁以上人口比重（%）	7.39	7.05
0～14 岁人口比重（%）	12.07	17.34
老少比（%）（65 岁及以上人口数/0～14 岁人口数）	38.78	28.38

2. 顺德区人口老龄化速度分析

人口老龄化的速度指的是某一时期人口老龄化程度的进展或老龄化程度由某一程度（如 65 岁以上老年人口比例占 7%）提高到另一程度（如 65 岁以上老年人口比例占 14%）所需的时间。由于表达人口老龄化程度有不同指标，所以，反映老龄化速度也有一系列相应的指标。本文采用测度人口老龄化速度指标为一定时期（10 年）老年人口比例每年平均增加的百分点或增长速度与一定时期（10 年）每年平均增加的中位年龄（岁数）。

根据顺德区第六次人口普查数据显示，60 岁及以上老年人口为 18.22 万人，占全区总人口的 7.39%，与 2000 年第五次全国人口普查相比，60 岁及以上老年人口占总人口的比重上升了 0.34%，老年人口增长 52.45%，年均增速达到 4.31%，而老年人口比例达到 0.47%。

2010 年顺德区人口年龄中位数已达到 31.73 岁，相比 2000 年人口年龄中位数 27.71 岁，短短 10 年间，年龄中位数就上升了 4.02 岁，增长 14.5%，年均增速达到 1.36%，每年平均增加的中位年龄为 0.4 岁。

3. 顺德区人口老龄化社会经济影响指标分析

人口老龄化是社会经济发展的结果。反过来，这种人口年龄结构的变动又会对社会经济的进一步发展产生广泛的影响，其中最显著的影响之一就是使人口的抚养比出现很大变化。常用的测度人口老龄化的社会经济影响指标有：少儿人口抚养比、老年人口抚养比、总人口抚养比。

抚养比（age dependency ratios）是指人口中非劳动年龄人数对劳动年龄人数之比，一般以百分比表示，又称抚养系数。它表明，从整个社会来看，每 100 名劳动人口负担多少非劳动人口。抚养比的变化大致反映了人口老龄化过程中社会抚养负担的变化。

2010 年，顺德区 15～59 岁劳动年龄人口抚养 60 岁及以上人口的老年抚养系数为 9.18%，比 2000 年降低 0.15 个百分点；15～64 岁劳动年龄人口抚养 65 岁及以上人口的老年抚养系数为 5.62%，比 2000 年降低 0.71%，如表 16.3 所示。这主要是因为近 10 年，随着外来劳动力的数量增加，导致每 100 个劳动者需供养的老人数有所下降，随着老龄化程度的不断加重，未来顺德区的老年抚养比也会呈不断上升趋势。

表 16.3　2010 年与 2000 顺德区老年人口抚养系数比较（单位:%）

抚养系数	2010 年 （第六次全国人口普查）	2000 年 （第五次全国人口普查）
少儿抚养系数（0～14 岁）	14.99	22.93
老年抚养系数（60 岁及以上）	9.18	9.33
总抚养系数（0～14 岁，60 岁及以上）	24.17	32.26
少儿抚养系数（0～14 岁）	14.51	22.30
老年抚养系数（65 岁及以上）	5.62	6.33
总抚养系数（0～14 岁，65 岁及以上）	20.13	28.63

4. 顺德区人口金字塔分析

人口年龄金字塔是对人口性别年龄结构的形象刻画，在金字塔图形中，各年龄组由低到高、自下而上排列，纵轴的左右两边分别表示各年龄男性和女性人口所占的百分比。从图 16.1、图 16.2 可知，无论是 2000 年还是 2010 年顺德人口年龄金字塔，顺德人口年龄结构较明显地表现出"两头低，中间高"的特点，即少年人口和老年人口比重较低，而劳动力年龄段人口比重较高。其主要原因有两个：一是目前顺德区人口还处于"人口红利"期，劳动力年龄段人口多；二是有大量外来劳动力在顺德就业，拉高了顺德劳动力年龄段人口比重。

从两个人口金字塔的比较分析看，2010 年人口金字塔中劳动年龄人口段（14～59 岁）相对于 2000 年人口金字塔明显变厚，预计未来顺德很快迎来老年人口的高峰期。同时，2010 年人口金字塔相对于 2000 年人口金字塔，塔底更内敛，塔尖后钝，说明年轻人口比重下降，老年人口比重上升，老年化问题将逐步显现。

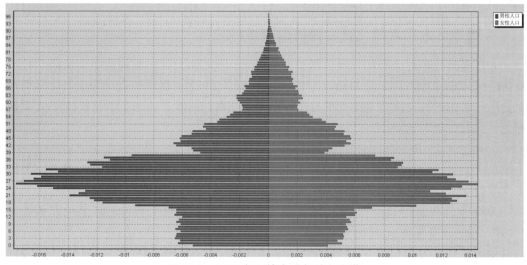

图 16.1　2000 年顺德人口年龄金字塔

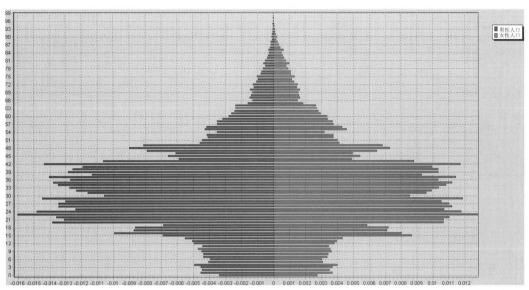

图 16.2　2010 年顺德人口年龄金字塔

（二）顺德区人口老龄化特征分析

1. 老年人口数量迅速增加，增长速度较快

根据 2010 年第六次人口普查数据，顺德区 60 岁及以上的老年人口达到 18.22 万人，如表 16.4 所示，比 2000 年第五次人口普查时的 11.95 万人增加 6.27 万人，增长 52.45%；60 岁及以上老年人口占总人口的比重为 7.39%，比 2000 年上升了 0.34 个百分点。从"五普"到"六普"的 10 年间，顺德区的总人口增加了 77.06 万人，增长 45.49%，而同期 60 岁及以上人口增长 52.45%，年均增速为 4.3%，65 岁及以上人口增长 38.45%，其中 80 岁及以上人口增长 54.46%，100 岁及以上人口增长 57.5%，每 10 万人中拥有百岁老人数从 2.36 人增加到 2.56 人。老年人口的增长幅度大大高于总人口的增长幅度，由此可见顺德区人口老龄化增长速度较快。

表 16.4　2010 年与 2000 年顺德地区老年人口比较

分年龄段	2010 年（第六次全国人口普查）			2000 年（第五次全国人口普查）		
	人数（人）	占总人口比例（%）	占 60 + 人口比例（%）	人数（人）	占总人口比例（%）	占 60 + 人口比例（%）
总人口	2464784	100.0	—	1694152	100.0	—
60 +	182195	7.39	100.0	119509	7.05	100.0
65 +	115411	4.68	63.34	83357	4.92	69.75
70 +	77781	3.16	42.69	54813	3.23	45.87
75 +	45584	1.85	25.02	31472	1.85	26.33
80 +	23755	0.96	13.04	15379	0.90	12.87

续上表

分年龄段	2010年（第六次全国人口普查）			2000年（第五次全国人口普查）		
	人数（人）	占总人口比例（%）	占60+人口比例（%）	人数（人）	占总人口比例（%）	占60+人口比例（%）
85+	9875	0.40	5.42	6400	0.37	5.36
90+	3093	0.13	1.70	1977	0.11	1.65
95+	749	0.03	0.41	386	0.02	0.32
100+	63	0.003	0.034	40	0.0024	0.033

注："60+"指60岁及以上，其他依次类推。

2. 顺德各镇街老龄化程度不一，地区差异较大

根据第六次人口普查数据显示，2010年各镇街60岁及以上老年人口数最大的是大良街道，达到33247人，占全区60岁及以上老年人口比重为18.25%，其次为容桂街道，达到30083人，占全区60岁及以上老年人口比重为16.51%，两镇60岁及以上老年人口占到全区的比重超过1/3，具体见表16.5。

其中，2010年各镇街60岁及以上老年人口占该镇街总人口比重前三位的依次是杏坛、陈村、均安，分别为11.06%、9.85%、9.08%，其他依次为大良、伦教、容桂、勒流、龙江、乐从、北滘，其中老龄化系数高于全区平均水平的镇街仅有杏坛、陈村、均安、大良。65岁及以上老年人口占该镇街总人口比重的排序与60岁及以上老年人口占该镇街总人口比重的排序基本一致，仅有乐从和龙江的第八与第九交换了位置，且北滘均排在最后一位。

2010年各镇街80岁及以上高龄老年人口占该镇街总人口比重前三位的依次是杏坛、均安、陈村，分别为1.75%、1.52%和1.26%；各镇街高龄老年人口占该镇街60岁及以上老年人口比重前三位的依次是均安、杏坛、北滘，分别为16.70%、15.80%和14.23%。

2010年全区百岁老人共计63人，每10万人中拥有百岁老人2.56人。拥有百岁老人前三位的依次是大良、龙江和伦教，分别有百岁老人16人、13人和8人，占全市百岁老人比重分别为25.4%、20.63%和12.70%。每10万人中拥有百岁老人数前三位的依次是龙江、伦教和杏坛，每10万人中分别有百岁老人5.86人、4.34人和4.15人。

表16.5 2010年顺德地区分镇街老年人口基本情况

地区	总人口（人）	60岁及以上			65岁及以上			百岁老人状况（人）		
		老年人口数（人）	占总人口的比率（%）	老龄化位次（位）	老年人口数（人）	占总人口的比率（%）	老龄化位次（位）	总人数	男性	女性
全区	2464784	182195	7.39	—	115411	4.68	—	63	9	54
伦教	184479	12766	6.92	5	7820	4.24	5	8	3	5

续上表

地区	总人口（人）	60 岁及以上			65 岁及以上			百岁老人状况（人）		
		老年人口数（人）	占总人口的比率（%）	老龄化位次（位）	老年人口数（人）	占总人口的比率（%）	老龄化位次（位）	总人数	男性	女性
勒流	252364	16679	6.61	7	10404	4.12	7	3	1	2
大良	404309	33247	8.22	4	21334	5.28	4	16	2	14
容桂	449687	30083	6.69	6	18970	4.22	6	2	0	2
陈村	135686	13364	9.85	2	8570	6.32	2	1	0	1
北滘	270310	15838	5.86	10	9927	3.67	10	4	0	4
乐从	259795	16753	6.45	9	10654	4.1	8	6	2	4
龙江	221881	14607	6.58	8	8838	3.98	9	13	0	13
杏坛	144537	15993	11.06	1	10086	6.98	1	6	1	5
均安	141736	12865	9.08	3	8808	6.21	3	4	0	4

3. 高龄老人的增长速度加快，比重上升

所谓高龄化是指年龄在 80 岁及以上的高龄老人占全体老年人口（60 岁或 65 岁及以上才）的比例趋于上升的过程。国际上常用低龄（60～69 岁）、中龄（70～79 岁）、高龄（80 岁以上）老人比重三个指标反映老年人口的年龄结构状况。从表 16.6 可知，2010 年顺德 80 岁及以上人口达 2.38 万人，比 2000 年增长 54.46%，年均增速为 4.44%，快于同期老年人口 4.31% 的年均增长率。其中百岁老人增加了 23 人，增长了 57.5%，80 岁及以上的高龄老人比重高达 13.05%，与 2000 年高龄老人比重 12.86% 相比，比重增加 0.19%，低龄老人比重由 2000 年的 54.13% 增加到 57.30%，比重增加明显，而中龄化比重下降 3.36%，预计在未来 5～10 年内，目前基数较大的中低龄老人将转变成高龄老人，顺德区将面临一个高龄老人急剧增长的高峰期。

表 16.6 顺德区老年人口年龄结构

年龄组	2010 年		2000 年		2010 年比 2000 年增长		
	人数（人）	%	人数（人）	%	人数（万人）	%	年均增长率（%）
合计	182195	100.0	119509	100.0	6.27	52.45	4.31
60～69 岁	104414	57.30	64696	54.13	3.97	61.39	4.90
70～79 岁	54026	29.65	39434	33.01	1.46	37.0	3.20
80 岁及以上	23755	13.05	15379	12.86	0.84	54.46	4.44
100 岁以上	63	—	40	—	23	57.5	4.67

4. 女性老年人口数量多于男性

从全国第六次人口普查数据显示,从人口性别比来看,男性人口占总人口51.27%,女性人口占总人口48.73%,男性多于女性,而在老年人口中,却是女性多于男性。2010年顺德区60岁及以上老年人口中,见表16.7所示,男性人口占43.91%,女性占56.09%,65岁及以上老年人口中,男性人口占42.53%,女性占57.47%,80岁及以上老年人口中,男性占34.13%,女性占65.87%,100岁及以上老年人口中,男性占14.29%,女性占85.71%,而且随着年龄段的升高,在老年人口中男女人口数量的差距越来越大。

表16.7 2010年顺德性别构成

分年龄段	合计（人）	男		女	
		人数（人）	占同年龄组人口比例（%）	人数（人）	占同年龄组人口比例（%）
60+	182195	80006	43.91	102189	56.09
65+	115411	49079	42.53	66332	57.47
70+	77781	31812	40.89	45969	59.11
75+	45584	17116	37.55	28468	62.45
80+	23755	8108	34.13	15647	65.87
85+	9875	2988	30.26	6887	69.74
90+	3093	851	27.51	2242	72.49
95+	749	212	28.30	537	71.70
100+	63	9	14.29	54	85.71

注:"60+"指60岁及以上,其他依次类推。

二、顺德区老龄人口发展趋势预测分析

在了解顺德目前老龄人口特征后,为了更好地考察老龄人口对经济社会发展的影响程度,有必要对顺德未来30～40年的老龄化程度做出趋势预测。本部分将以2010年第六次人口普查数据为基础,对部分数据进行整理并根据2000年第五次人口普查数据和需要予以修正,利用国家人口与计划生育委员会研究开发的中国人口预测系统软件(CPPS)对顺德2050年以前老年人口发展趋势进行预测,并对预测结果做了分析以发现顺德区人口老龄化进程中可能存在的问题。

(一) 基础数据的准备与数据质量评价

进行人口预测之前,先对一些不确定因素进行如下假设:①行政区域保持不变;②社会经济平稳发展;③未来人口的死亡模式不变;④总和生育率TFR(指一定时期,

通常是 1 年内各年龄妇女生育率的合计数）保持不变。

1. 基础数据的准备

用 CPPS 进行预测所需的数据包括分年龄、分性别人口数量，分年龄、分性别死亡率，分年龄别生育率。死亡模式和生育模式通常不会发生大的变动，因此分年龄、分性别死亡率，分年龄分性别生育率可直接从顺德区"六普"资料中提取使用。由于缺乏更为详细的资料，对于基础数据中 2010 年分年龄分性别人口，采用顺德区"五普"总各年龄各性别的比例，将 2010 年"六普"中年龄段的人口数折算成具体分年龄分性别人口数。同理，也折算分年龄分性别死亡率和生育率。

2. 基础数据质量评价

预测基础数据质量的好坏直接关系到预测结果的准确性。日常生活中以 0 和 5 结尾的年龄组容易产生年龄偏好和堆积现象，因此需要对基础数据的质量进行检验。人口数据质量的评估方法很多，如年龄偏好指数（IPA）、惠普尔指数（WI）等，本文采用的是惠普尔指数。计算公式如下：

$$WI = \frac{P_{25} + P_{30} + \cdots P_{50} + P_{60}}{\frac{1}{5}(P_{23} + P_{24} + P_{25} + \cdots P_{60} + P_{61} + P_{62})} \times 100\%$$

其中，P_i 为 i 岁人口数，$WI=100$，说明年龄分布均匀，不存在堆积现象；$100 \leqslant WI < 110$ 可以认为无明显年龄偏好，数据质量较好；$110 \leqslant WI < 130$ 说明存在年龄偏好，但数据质量可以接受；$WI \geqslant 130$ 说明年龄偏好严重，数据质量不可接受；$WI < 100$ 则说明年龄堆积现象没有发生，但存在年龄回避现象。

用惠普尔指数对预测基础数据进行检验，结果显示见表 16.8，预测基础数据的质量比较可靠，基本不存在年龄堆积的现象。

表 16.8 预测基础数据质量等级评价

指标	WI	数据质量
男性人口数	92.93	好，可用于预测
女性人口数	95.18	好，可用于预测
男性死亡率	105.72	好，可用于预测
女性死亡率	98.89	好，可用于预测
育龄妇女生育率	107.17	好，可用于预测

（二）参数的设定

本文采用高中低三种方案进行预测，分别设定高、中、低三种参数值，以预测人口老龄化发展趋势，并对三种方案的预测结果进行对比，选择实现可能性最大的一个方案预测结果进行分析。本文的预测参数主要包括育龄妇女的总和生育率、出生人口平均预期寿命、出生人口性别比、城镇化水平和人口迁移率等这五个参数。

1. 育龄妇女的总和生育率的设定

育龄妇女总和生育率能比较准确地反映现有的妇女生育水平，避免了育龄妇女构成的影响，也可以直接将其进行不同地区和不同时期的比较研究，是测量生育率方便准确的指标。

顺德区 2000 年"五普"统计资料显示，育龄妇女总和生育率为 0.83。而 2000 年全国总和生育率为 1.8，上述差距甚大，由此可看出"五普"的总和生育率值得商榷，2010 年全国维持在 1.54 水平上，广东政策要求控制在 1.78 以下，佛山市计生政策要求控制在 1.56 水平以下。在全国统一的计划生育政策下，各地生育率都相差不多，所以，顺德可以取 TFR = 1.4 保持不变作为低方案，由于这一生育水平很低，预测结果具有参照作用。

中方案，TFR = 1.6 即总和生育率为 1.6。由于未来独生子女夫妇会越来越多，符合二胎生育的育龄妇女也会增加，因而无论是城镇还是农村，妇女总和生育率将会提高。但提高幅度要受到人口自身发展规律和政府将来制定的人口生育政策这两个因素的影响。此时，现行计划生育不变，独生子女婚配生育二胎不明显，基本无不符合政策生育。

对于高方案总和生育率的估计，设定总和生育率参数为 1.8，并保持总和生育率 1.8 的水平不变。高方案总和生育率主要是考虑到当前人口政策生育率以及人口发展规律、未来人发展态势，设定这一参数能对未来人口发展起到警示作用。

2. 人口平均预期寿命的设定

人口平均预期寿命指标剔除了年龄构成的影响，是比较不同时期、不同地区死差异的最理想指标。

顺德区 2010 年人口平均预期寿命为 78.45 岁，其中男性为 75.71 岁，女性为 81.19 岁。根据联合国不同水平出生人口平均预期寿命的平均年增长步长经验值，2010—2020 年预期寿命年平均增加 0.1 岁，2020—2050 年按高龄步长递减原则，年平均增加 0.05 岁。设定人口平均预期寿命的高、中、低三个方案相同。

3. 出生人口性别比的设定

出生人口性别比也叫婴儿性别比，指的是一定时期内每 100 名出生女婴所对应的出生男婴数，人口学也将其称为第二性别比。一般在没有人为社会因素的干预下，出生人口性别比的范围在 103～107 之间。如果偏离这一范围，就是异常的，偏离程度越大，说明出生人口性别比的异常程度越深。

顺德区出生人口性别比的设定以"六普"登记的常住人口出生性别比 117.08 为基数，性别比已经呈现异常，为了防止未来总人口性别的失衡，预测中对出生人口性别比进行了一定的调整。2010—2020 年线性插值递减到 115.0，2021—2030 年线性插值递减到 113.0，2031—2050 年线性插值递减到 107.0。设定出生人口性别比的高中低三个方案相同。

4. 城镇化水平的设定

我国城镇化水平表现在统计指标上，通常用城镇常住人口占总人口的比重来表城镇化水平是与社会经济发展水平相适应的，反映了一个社会的经济社会发展水平，其对一个社会的人口生育水平和人口发展有着重大的影响。

顺德区统计年鉴显示，2000 年城镇化水平为 69.38%，到 2010 年为 85.9%。本文以 2010 年顺德城镇化水平 85.9% 为基数，根据《中共佛山市委、佛山市人民政府关于佛山市推进城镇化试点工作的实施意见》中要求，线性递增到 2020 年的 90%，并线性递增到 2050 年的 95%。

5. 流动人口规模的推算与设定

为了确定人口流动规模，本文采用王广州博士开发的人口预测软件（CPPS），暂时先预测不考虑人口流动这一因素的人口数。顺德区统计年鉴中公布的户籍人口数和预测的人口数如表 16.9 所示。

表 16.9　顺德区户籍人口和预测人口数比较

年份	户籍人口（人）	预测人口（人）	两者之差（人）
2000	1080300	1694152	613852
2001	1094751	1797899	703148
2002	1109563	1822693	713130
2003	1121873	1846422	724549
2004	1148658	1868708	720050
2005	1163056	1889366	726310
2006	1177747	1908296	730549
2007	1191426	1925412	733986
2008	1202700	1940733	738033
2009	1213243	1954407	741164
2010	—	1966643	—

数据来源：顺德区历年统计年鉴。

根据上表数据，2000—2009 年户籍人口与预测人口年平均相差 714477.1 人。综合分析可见，2000 年以来每年的流动人口规模、净流入人口数在 70 万人以上，这正好与流动人口（流动外来工）等级人数基本吻合。因此，将 2010 年净流入人口数修正为 72 万。本文考虑到未来顺德产业的发展情况，以及政府经济转型，由传统家电制造业向高新科技产业转型的过程中，外来人口不会再有所增加，所以本文设计了流动人口规模稳定在 72 万。

(三) 预测结果

1. 三个方案的年龄结构金字塔

根据三个方案的预测结果，分别绘制出2050年各方案的年龄结构金字塔，从中可以看出2050年人口年龄结构的状况。

比较低、中、高这三个方案2050年的年龄结构金字塔，可以发现三个方案2050年的人口年龄金字塔并不规则，凹凸不平，是由多个金字塔组合而成；底部都呈现缩短状态，三个方案中，40～55岁的年龄组缩短的更明显，而高年龄组的膨胀更突出；60岁及以上人口中，60～70岁的年龄组人口比重最大，在60岁及以上人口中，女性比例大于男性，特别是随着年龄的增长，这种趋势更明显。总之，三个方案2050年的年龄结构金字塔表明了顺德区人口老龄化的趋势越来越严重，老年人口中女性人口仍占主导地位。

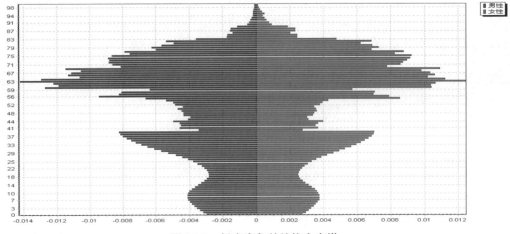

图16.3 低方案年龄结构金字塔

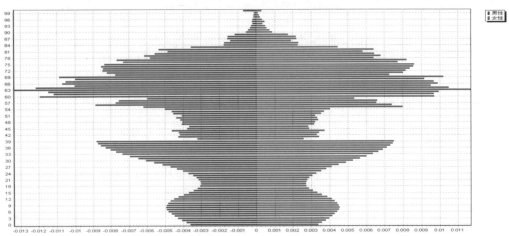

图16.4 中方案年龄结构金字塔

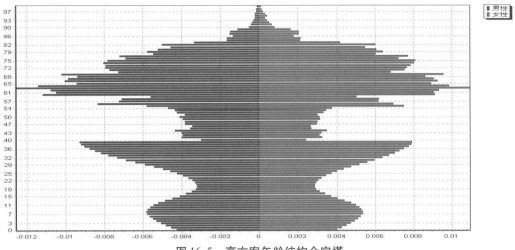

图 16.5　高方案年龄结构金字塔

2. 总人口规模预测结果

从表 16.10 和图 16.6 中可知，无论是低方案、中方案还是高方案，预测结果显示，顺德区从 2010 年开始未来总人口的发展趋势是平缓上升。这说明人口的增长是趋于稳定的态势，最大规模为 285 万多。三种方案分别预测到，在 2025—2030 年间顺德人口达到高峰期，然后逐渐回落。由此可以看出，顺德未来 15～30 年人口还在上升，有助于劳动密集型产业发展，但过了这个阶段，则会产生一系列的问题，所以，必须及时做出准备。

表 16.10　主要年份人口预测总数

年份	低方案 （TFR=1.4，单位：人）	中方案 （TFR=1.6，单位：人）	高方案 （TFR=1.8，单位：人）
2010	2483326	2489779	2495117
2015	2586802	2618081	2643812
2020	2675968	2733571	2780355
2025	2706527	2783579	2844880
2030	2689967	2781361	2852879
2035	2649967	2756438	2840858
2040	2604836	2734693	2844247
2045	2537373	2692647	2832991
2050	2426246	2600451	2767473

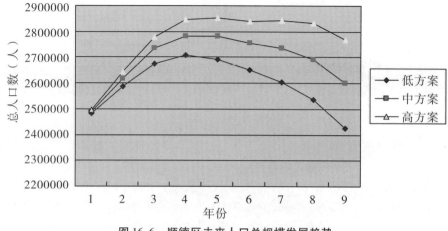

图 16.6 顺德区未来人口总规模发展趋势

3. 老年人口总规模变动趋势

通过对低中高三个方案常住人口规模的预测结果比较分析，低方案的预测结果比较符合顺德未来的人口发展态势。因而，本文选择低方案预测结果对未来顺德老龄化的变动趋势进行全面分析。

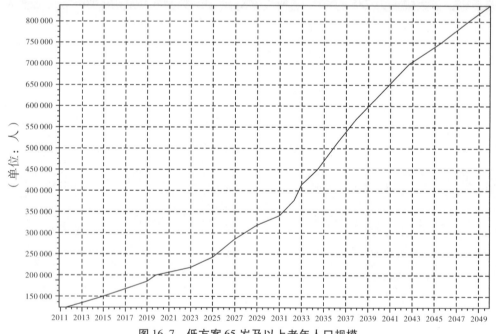

图 16.7 低方案 65 岁及以上老年人口规模

根据图 16.7 所示，我们看到 65 岁及以上老年人口规模随着时间的推移呈快速增长状态，直线上升，在 2030 年老年人口规模达到最大值。通过观察，可以看到 65 岁及以上人口规模呈上升态势，2036 年突破 50 万，到 2050 年达到最大值 837212 人。

表 16.11　主要年份人口年龄占总人口的比重（单位:%）

年份	低方案（TFR=1.4）			中方案（TFR=1.6）			高方案（TFR=1.8）		
	0~14岁	14~64岁	65岁以上	0~14岁	14~64岁	65岁以上	0~14岁	14~64岁	65岁以上
2010	12.51	82.58	4.91	12.69	82.39	4.92	12.88	82.21	4.91
2015	14.29	79.94	5.77	15.11	79.10	5.79	15.93	78.33	5.73
2020	15.85	76.71	7.44	17.24	75.29	7.47	18.63	74.02	7.35
2025	15.85	75.26	8.90	17.62	73.44	8.94	19.39	71.86	8.75
2030	11.91	75.75	12.34	13.18	74.48	12.35	14.45	73.51	12.04
2035	9.12	72.94	17.93	10.12	72.09	17.79	11.15	71.59	17.26
2040	8.75	67.14	24.11	9.99	66.40	23.61	11.31	65.99	22.70
2045	9.85	61.19	28.96	11.60	60.47	27.93	13.46	59.59	26.55
2050	10.69	54.81	34.51	12.80	54.44	32.75	15.02	54.20	30.78

由表 16.11 可见，65 岁及以上老年人口数量和比重自 2010 年后都呈直线上升趋势，上升的趋势是一致的。其人口比重在 2030 年超过 10%，2030—2040 年之间一直呈加速上升趋势，2040—2045 年上升缓慢，2045—2050 年又呈现快速上升状态，在 2050 年比重超过 30%。

2030—2040 年和 2045—2050 年人口老龄化的速度较快，根据预测结果计算可知，老年系数越来越高。2010—2050 年间，65 岁及以上老年人口年平均增长速度为 3.87%，高于同期总人口年平均增长速度。

可见，65 岁及以上老年人口数量随着时间推移会不断增加，老年人口规模越来越大老龄化的速度也越来越快，在 2010—2050 年老龄化水平加快的趋势仍在继续。随着老龄化速度加快和程度加深，老年人口数量的增加，他们对社会养老、医疗、精神需求等会增加，社会经济压力增大，大力发展老龄产业迫在眉睫。

4. 老年人口性别比

2010 年百岁及以上人口中，女性比例为 85.71%，未来女性老年人口仍略占主导。可见，老年人口性别比明显呈现出升高的趋势。老年人口中的女性比例高，他们对养老各方面的需求必然不同于男性老年人，需要特别重视老年女性人口的各种需求；但随着老年人口性别比越来越接近于正常水平，在关注女性老年人的同时，也不能忽视男性老年人的养老等需求。

5. 老少比

根据预测结果，老少比 2025 年为 56.14%，2030 年超过 100%。老年人口数远远超过少儿人口数，老少比快速上升。到 2030 年，老年人口数量将超过少儿人口数量，结合人口年龄金字塔，两者都表明少儿人口数很少，人口总体结构呈现减少趋势，这会对未来人口再生产和人口发展产生深刻的影响，不利于人口再生产的顺利进行，也不符合人口发展的规律,对当前和今后的计划生育政策产生了挑战。

6. 人口抚养比

根据预测结果,老年人口抚养比在2010年为5.62%,到2050年上升到62.96%,上升的速度很快,说明随着老年人口数量的增加,老年人口的抚养负担增加。由于老年人口抚养负担增加,相应地,社会对老年人口的抚养支出也会增加,必然会对社会经济的支付能力带来挑战。

总人口抚养比2010年为20.13%,2050年上升到82.45%,"人口红利"的优势逐渐消失。这说明总人口抚养比随着老年人口抚养比和老少比的升高而逐渐增大,这主要是由于老年人口抚养比上升的速度超过了少儿抚养比下降的速度。老年人口抚养比的大幅上升带来了总人口抚养比的上升。

由于"人口红利"的优势消失,人口老龄化对劳动年龄人口的就业问题必然会产生影响,如何处理并解决好两者的关系需要从长计议。

三、顺德区老龄化对经济社会发展的影响

(一)原有的老龄人口问题更加突出和明显

根据预测结果,未来30年内老年人口的比例将会大幅提高。随着老年人口比重的上升,老年人口问题将会日益成为社会的主要问题。老年人的经济赡养、医疗保健、生活的照料等需求将会在社会的各种角落里出现,呈现出一种大范围的比较普遍的要求。如果这些要求不能得到有效的解决,将会在较大范围内引起社会问题。

(二)老龄人口性别比问题将更加严重

从目前情况来看,老龄人口性别比已失调,在未来30年,由于人口规律即为男性寿命短于女性寿命,老龄人口性别比问题将更加严重。随着老年人口的大幅增加,老年人口中会产生越来越多的老年女性,甚至是高龄女性,这部分人的生活、心理调适将成为社会问题。

(三)养老负担愈发沉重

随着人口老龄化进程的加快,区老年人口数量不断增加,老年负担系数逐步上升,老年负担系数进一步上升,养老保障的负担正日益加重,社会财政负担将进一步加重。自20世纪70年代末推行计划生育、实施独生子女政策以来,本区的第一代独生子女现已陆续进入婚育年龄。家庭户规模的缩小,"四二一"的家庭模式已经出现并呈逐渐增多的趋势。一对夫妇在供养4位老人的同时,还要抚养1个孩子,而社会竞争的加剧让相当数量的子女在自身条件的限制和压力下,没有足够的时间或者能力照顾老人。这种"四二一"家庭结构的出现,传统的家庭养老模式已越来越不能适应社会发展的要求,必须要用完善的社会养老和医疗保险体系来替代,从而提出了新的挑战。

（四）社会将会由生产性社会向消费性社会转化

老年人口已经基本退出生产领域，成为消费人口，这部分人口比重的增大，不仅使社会总的抚养负担加重，更会将更多的生产成果用到消费上，这样会减少再生产的投入，从现阶段的财政投入也可以看到这一趋势。社会消费的很大一部分，将会用于老年人的医疗、保健，以及老年人口的娱乐和生活消费之上。这使得社会和家庭的抚养负担加重，影响总人口生活水平的进一步提高，同时也将给生产领域提供一个比较广阔的老年人口市场和产业前景。

（五）社会伦理问题将更加突出

社会伦理问题将更加突出，老年人维权问题将成为老龄工作的一大热点。由于老年人口的增加，资源需要在社会和家庭不同代与代之间重新分配和转移，这必然会在各代与代之间造成一系列冲突，进而冲击到我们社会原有的伦理体系。虐待老年人、遗弃老年人、子女不履行赡养义务、侵占老年人财产、干预老年人婚姻等涉老等案件会增多。问题将会集中在住房和赡养等方面，老年人权益受到子女或第三方侵害的问题，老年人因住房问题与子女纠纷问题，老年人因赡养费给付与子女发生纠纷问题，老年人因再婚问题与子女发生矛盾问题，等等。这些问题都从客观上反映出现有社会伦理环境的缺陷。

（六）受流动人口影响，老龄化进程受到一定程度的延缓

由于顺德区为国家家电制造中心，随着经济发展和产业不断的发展升级，在未来外来流动人口对未来人口老龄化的影响也应是考虑的主要内容之一。这部分人的频繁流动将会对我区的老龄化进程起到积极作用，会在一定程度上推迟老龄化的进程，降低顺德区的老龄化程度。

人口老龄化使得人口年龄结构老化，也使劳动年龄人口的数量和结构发生变化。随着顺德区人口老龄化趋势的发展，劳动年龄人口的年龄结构也会逐渐老化，社会劳动人口数量会逐渐减少，不能满足社会对劳动力的需求。近年来顺德以经济战略转型为主线，纵深推进结构调整，到2010年三次产业结构的比例为1.8∶63.2∶35.0，以工业、制造业为主的第二产业占主导地位，第三产业并不发达，还不具有吸纳更多劳动力的能力。但随着社会经济的发展，第三产业将需要大量的劳动力。根据前文预测，到2050年，15～64岁劳动年龄人口比例达到54.81%，劳动力需求缺口形势严峻。

总之，老龄问题既是重大的社会问题，也是重大的政治问题，涉及政治、经济、文化和社会生产等诸多领域，关系国计、民生和改革、发展、稳定的大局。胡锦涛同志曾经指出，对人口老龄化"这样一个重大社会问题，全国上下都要有充分认识，并积极研究制定相应的政策"。如何使老年人"老有所养，老有所医，老有所学，老有所为，老有所乐，老有所教"，是我们要予以关注和亟待解决的现实问题。根据对未来40年顺德区人口老龄化状况的预测，对本区的人口老龄化现状和发展趋势有了一个比较清晰的轮廓，根据人口老龄化发展变化的趋势和特点，更应居安思危，用战略的眼光，及早动手研究，并提出有利于本区经济和社会可持续发展，以及养老保障需求相适应的应对方案。

顺德全面建成小康社会解决短板问题研究

马瑞　高钧　刘刚桥　王璐　卢剑忱　黄锦淑

全面建成小康社会，是党的十八大提出的"两个一百年"目标中的第一个奋斗目标，也是我国在21世纪头20年的奋斗目标。按照2012年年末习总书记视察广东时提出的"三个定位，两个率先"期望，2018年为广东率先全面建成小康社会的目标年。2013年，顺德全面建成小康社会总体实现程度为93.99%，获评"中国全面小康十大示范县市"[①]。顺德与全面建成小康社会目标十分接近。

一、顺德全面建成小康社会监测评价结果分析

2013年10月，国家统计局提出了新的《全面建成小康社会统计监测指标体系》，该体系由经济发展、民主法制、文化建设、人民生活、资源环境等五个方面39个一级指标（两项指标目前尚未纳入核算）构成。鉴于各省市区经济社会发展水平基础的不同，分为东部、中部、西部地区来进行衡量。考虑到顺德所处地域，以及与同类区域的可比性，顺德按照东部目标值进行考量，从五大领域统计监测结果来看，实现程度均已超过90%，其中资源环境居于首位，实现程度为97.76%；人民生活、文化建设、经济发展实现程度分别为95.27%、92.38%、92.10%；民主法制略微偏低，完成程度为90.06%。

从具体指标实现程度来看，近半数指标实现程度达到100%。纳入统计监测的37项指标，2013年实现程度为100%的指标为28项，即7成以上的指标对总指数的提升空间已为零，实现程度在90%~100%的指标4项，80%~90%之间的指标1项，60%~70%之间的指标3项，50%~60%之间的指标1项。五大领域指标具体实现程度和特点如下。

（一）稳增长调结构，经济平稳较快发展

（1）2013年是顺德经济社会综合转型发展中重要的一年，顺德致力于调整结构、增强后劲，经济发展质量效益都得到了显著的提升。2013年顺德全面建成小康社会经济

---

① 顺德在"2013第八届中国全面小康论坛"上获评"中国全面小康十大示范县市"，也是第五次获此殊荣。

发展实现程度为92.10%，9项指标中有7项指标实现程度已达到100%（详见附表）。

顺德经济总量仍然领跑于全国十强县之首，经济实力进一步提升，2013年GDP达到2556.78亿元，年均增长10.2%，从近几年GDP的增长速度来看，2012年受金融危机的影响，增速有所放缓，其余几年一直维持在10%以上的平稳增长阶段（见表17.1）。若按照2018年比2010年翻番的目标测算，则未来5年内，GDP年均增长需达到8.83%，实现翻一番的目标，达到3902.12亿元。

表17.1　2006—2013年顺德GDP及增长速度

	2006年	2007年	2008年	2009年	2010年	2011年	2012年	2013年	2018年
GDP（亿元）	1065.58	1289.97	1501.25	1670.18	1951.06	2153.90	2317.33	2556.78	3902.12
增长速度（%）	—	18.0	15.5	14.1	14.5	11.6	8.0	10.2	—

注：按照2018年比2010年翻番的目标测算，则未来五年内，GDP年均增长需达到8.83%，预计2018年GDP达到3902.12亿元。

数据来源：2007—2013年佛山统计年鉴及2013年顺德统计公报。

按常住人口计算，2013年顺德人均GDP达到102542元，高于2012年广东省人均GDP水平（51885元）近1倍。与百强县市昆山、江阴、张家港、常熟相比，虽然GDP总量高于张家港与常熟，但由于近年顺德外来人口增多，人均GDP均低于其他4个县市（见表17.2）。

表17.2　2013年顺德、昆山、江阴、张家港、常熟五市经济发展情况对比（一）

	顺德	昆山	江阴	张家港	常熟
人均GDP（万元）	10.25	17.79	16.60	13.65	13.14
第三产业增加值占比（%）	45.2	41.2	42.0	43	45.02

数据来源：2013年顺德统计年鉴及2013年各地统计公报。

（2）顺德产业结构和需求结构不断优化，第三产业增加值占GDP比重上升，达到45.2%，比上年提高0.8个百分点，实现程度为90.5%，低于广东省8个百分点[①]。

多年来，顺德经济走在全国同类级别区域经济的前列，得益于工业经济的快速发展，顺德产业结构一直呈现"二、三、一"的发展格局，第二产业的快速稳定发展，成为推动顺德经济迈向新台阶的重要引擎。2010年以前，顺德地区产业结构调整呈现出第一产业比重逐渐下降，第二产业比重稳步上升，第三产业比重趋于下降的态势，其中，受2008年金融危机的影响，2009年第三产业比重有所下滑。2010年以后，在顺德产业转型升级五年时间里，第三产业占比逐渐上升，达到45.2%。第三产业增加值占比分别比昆山、江阴、张家港高出4%、3.2%、2.2%，与常熟基本持平（见表17.3）。可以看出，顺德产业结构在不断优化升级过程中，已渐趋合理，第三产业增加值占比高

---

① 广东省以2012年情况统计。

于同类其他县市区域。

表17.3　2006—2013年顺德地区三次产业结构比重

年份	GDP（亿元）	第一产业		第二产业		第三产业	
		产值（亿元）	比例（%）	产值（亿元）	比例（%）	产值（亿元）	比例（%）
2006	1065.59	28.11	2.6	665.10	62.5	372.38	34.9
2007	1289.97	27.88	2.2	822.38	63.7	439.71	34.1
2008	1501.25	33.84	2.2	945.41	63.0	522.00	34.8
2009	1670.18	32.16	1.9	1027.50	61.5	610.52	36.6
2010	1951.06	34.93	1.8	1202.73	61.6	713.40	36.6
2011	2153.90	38.62	1.8	1208.37	56.1	906.91	42.1
2012	2317.33	41.22	1.8	1246.47	53.8	1029.64	44.4
2013	2556.78	43.60	1.7	1356.51	53.1	1156.67	45.2

数据来源：2007—2013年佛山统计年鉴及2013年顺德统计公报。

（3）随着城市化进程的加快，城镇人口比重上升至98.51%，高于广东省31个百分点，分别比昆山、张家港、江阴去年同期高出28%、34%、54%（见表17.4）。可以看出，顺德城镇化发展道路不仅走在全省的前列，而且领先于东部沿海主要县市。

顺德经济发展后劲动力有所增强，R&D经费支出占GDP比重达到2.94%，不仅高于全省平均水平（2.17%），而且高于昆山、常熟近一倍（见表17.4）；每万人发明专利拥有量为9.4件，高于全省水平2件；信息化程度提高，互联网普及率为95.58%，远远高于全省2012年平均水平（62.6%）；劳动生产效率有显著提高，其中，农业劳动生产率为7.5万元/人，工业劳动生产率为17.76万元/人。以上指标实现程度均已达到100%。

表17.4　2013年顺德、昆山、江阴、张家港、常熟五市经济发展情况对比（二）

	顺德	昆山	江阴	张家港	常熟
城镇人口比重（%）①	98.51	69.88	44.45	64	64.05
R&D经费支出占比（%）②	2.94	1.52	2.31	1.87	1.29

数据来源：2013年顺德统计年鉴及2013年各地统计公报。

（二）讲民主倡法治，民主法治建设不断推进

顺德在稳步实现经济增长的同时，民主法制建设也在不断地推进。2013年，顺德全面建成小康社会民主法制实现程度为90.06%，尽管在5个监测指标中，实现程度最低，但仍然高出去年广东省近5%，其中，廉政指数为4.46人/万人，每万人口拥有律师数3.696人，两项指标实现程度均达到100%。

---

① 该指标昆山、江阴等四市以2012年数据统计。
② 同上。

由于社会结构的多样化，人口流动性较大，顺德基层民主参选率为90%，实现程度为94.97%。此外，安全生产形势比较稳定，安全生产防控和保障能力全面提升。2013年，顺德火灾事故、工伤事故、交通事故死亡人数均低于全国平均水平，与全国2000年的情况比较均已达标。但由于外来人口增多，社会安全隐患增加，刑事犯罪人数激增，达到5150人，致使社会安全指数降低，仅为69.81%，去年广东省社会安全指数平均为76.8%，顺德的社会安全问题尚有很长的路要走，降低刑事犯罪率工作任重道远。

（三）稳供给，促文化，文化教育事业稳步发展

多年来顺德文化教育事业稳步推进，全力打造"文化名城""教育强区"。2013年，顺德文化建设实现程度达到92.38%，顺德不仅加大了公共文化建设的投入力度，文化服务供给也在持续增加，文化场馆设施免费开放，公共文化设施网络服务功效不断增强。

从列入统计监测的5项指标观察，实现程度为100%的指标占4项，其中，城乡居民文化娱乐服务支出比重达到7.4%，文化产业增加值占GDP比重达到5.1%，有线广播电视入户率为96.83%，每万人拥有"三馆一站"公共文化设施建筑面积达到976平方米。涉及公共设施的以上4项指标实现程度都达到100%。但顺德人均公共文化财政支出仅为86元，低于目标值150元，实现程度仅为57.33%，而2012年广东省平均值已达到137.64元。与其他4个同类县市比较，总体上，顺德文化产业增加值占比高出江阴近1倍，但居民文化娱乐服务支出占比却远远低于其他几个县市，其中昆山该指标已经达到20.25%，高于顺德3倍左右。由此可以看出，当地居民生活质量进一步提高，乃至生活方式的变化尚需时日（见表17.5）。

表17.5　2013年顺德、昆山、江阴、张家港、常熟①五市文化建设情况对比

	顺德	昆山	江阴	张家港	常熟
文化产业增加值占GDP比重（%）	5.1	—	2.6		
城乡居民文化娱乐服务支出占家产消费支出比重（%）	7.4	20.25	10.27	18.47	18.63

数据来源：2013年顺德统计年鉴及2013年各地统计公报。

（四）提收入保质量，人民生活水平逐年提高

近年来，顺德始终围绕"共建共享幸福顺德"这一战略目标，着力改善民生，创建和谐社会，人民生活水平显著提高。2013年，顺德人民生活全面建成小康社会实现程度为95.27%，13项指标中有11项指标已经达标。收入水平提高速度超过经济增长速度（见表17.6）。城乡居民收入达到42748.73元，实现程度69.81%，比上年实际增长10.3%，高于10.2%的GDP增速。

---

① 昆山、江阴、张家港、常熟四市指标值以2012年数据统计。

与其他4个县市相比，顺德城乡居民人均收入水平远高于江苏省的4个百强县市，其中高于江阴、张家港、常熟10000元左右，比昆山多8000元左右（见表17.7）。按照2018年比2010年翻番的目标测算，则未来5年内，城乡居民人均收入年均增长需达到7.45%，2018年实现翻番目标（61236元）。

表17.6 2010—2013年顺德城乡居民人均收入及增长速度

	2010年	2011年	2012年	2013年	2018年
城乡居民人均收入（元）	30618	34262	38754	42748.73	61236
增长速度（%）	7.7	11.9	13.1	10.3	7.45

注：按照2018年比2010年翻番的目标测算，则未来五年内，城乡居民人均收入年均增长需达到7.45%，预计2018年城乡居民人均收入达到61236元

数据来源：2011—2014年顺德统计年鉴。

近年来，顺德城乡居民收入差距有拉大的趋势，2013年城乡居民收入比达到2.36%，2005—2013年，顺德城镇居民人均可支配收入和农村居民人均纯收入年均分别增长9.41%、8.64%，增长率相差0.77个百分点。城乡居民收入差距从2005年的2.23倍扩大到2013年的2.36倍（见表17.7）。虽然低于全省2012年平均水平（2.87%），但与其他几个县市经济相比，均高于其他地区，除张家港2013年城乡居民收入比达到2%，其他3个县市均低于2%（见表17.8）。可以看出，昆山、江阴、常熟等地收入差距严格控制在指标值以下，城乡收入差距缩小。而顺德在最近几年，该指标有不断上升的趋势，为了实现城乡协调发展，缩小城乡居民收入差距势在必行。

表17.7 2005—2013年顺德城乡居民收入比

年份	2005	2006	2007	2008	2009	2010	2011	2012	2013	平均增速
城镇居民人均可支配收入（元）	20818.92	22290.81	24454.69	26433	28417.05	30618.48	34262.29	38754.13	42748.73	9.41%
农村居民人均纯收入（元）	9331	9988	10637	11179	11850	12543	14148	16063	18111	8.64%
收入比	2.23	2.23	2.30	2.36	2.40	2.44	2.42	2.41	2.36	—

数据来源：2006—2014年顺德统计年鉴。

表17.8 2013年顺德、昆山、江阴、张家港、常熟五市文化建设情况对比

	顺德	昆山	江阴	张家港	常熟
城乡居民人均收入（元）	42748.73	34493	32513	32557.5	32425
失业率（%）	2.37	2.22	2.6	1.36	2.0
城乡居民收入比（%）	2.36	1.70	1.97	2.00	1.99
城乡居民家庭住房面积达标率（%）	100	100	100	100	100
平均预期寿命（岁）	77.57	81.87	81.37	82.01	81.12
基本社会保险覆盖率（%）	98.85	—	100	99.6	99.6

数据来源：2013年顺德统计年鉴及2013年各地统计公报。

就业情况较好，城镇登记失业率2013年为2.37%，与广东省去年平均水平基础持平，虽然高于昆山、江阴等其他4个县市，但实现程度已经达到100%。居民生活质量不断提高，衣食住行均有所改善。预期寿命稳步提高，根据人口普查数据预计2013年平均预期寿命达到77.57岁，略低于其他4个县市4岁左右；城乡居民恩格尔系数为31.02%；城乡居民人均家庭住房面积达标率（城镇人均住房面积为51.14平方米，农村人均住房面积为56.2平方米）为100%；公共交通服务指数为100%，其中每万人拥有公共电（汽）车数为22.64标台，行政村客运班车通达率为100%。农村自来水普及率为100%，卫生厕所普及率为99.45%，以上指标实现程度均已达标。

社会公共服务均等化程度需要进一步提升，2013年平均受教育年限为9.88年，与2012年广东省总体情况保持一致，实现程度94.1%；每千人拥有执业医师数为2.03人，基本社会保险覆盖率达到98.85%，实现程度为100%。

（五）高效率降能耗，环境质量有所改善

资源环境关系到一个地区的可持续发展问题，多年来，顺德在努力创建人与自然和谐发展的生态环境，实现"宜居顺德、智慧顺德、文明顺德、和谐顺德"。2013年，顺德资源环境实现程度为97.76%，高于2012年广东省平均水平2.3个百分点。其中反映资源利用的3项指标实现程度均已达标，表明资源利用效率相对较好。其中，单位GDP能耗为0.437吨标准煤/万元；单位GDP用水量为18.07立方米；单位GDP建设用地为0.0021公顷/亿元。与其他4个县市相比，单位GDP能耗除了比昆山略高之外，都低于其他3个县市，在警戒值范围以内。而江阴、张家港、常熟3个地区，2012年情况来看，该项指标尚不达标（见表17.9）。

表17.9 2013年顺德、昆山、江阴、张家港、常熟五市资源环境情况对比[①]

	顺德	昆山	江阴	张家港	常熟
单位GDP能耗（吨标准煤/万元）	0.437	0.142	0.879	1.627	0.59

数据来源：2013年各地统计公报。

---

① 昆山、江阴、张家港、常熟四市指标值以2012年数据统计。

环境质量有所改善，实现程度为99.67%。其中城市空气良好以上天数占全年天数的比例为84.2%，地表水功能区断面全年水质达标的断面数比例为100%，森林覆盖率为5.64%，城市建成绿化覆盖率为39.92%。可以看出，造成该项指标未达标的主要原因是森林覆盖率过低。

减排工作有效推进，主要污染物排放强度指数与广东省出入不大，为88%；城市垃圾无害化处理率达到100%，实现目标。

二、顺德全面建成小康社会面临的主要短板分析

顺德与全面建成小康社会的目标十分接近，但从指标体系来看，有些未达标指标完成难度较大，亟须更多的关注和推进，并且作为一个动态指标体系，还有很多不稳定因素存在。

（一）短板一：基层民主参选率与社会安全指数偏低

基层民主参选率是基层组织参加投票的选民与选民总数的比例，2013年顺德基层民主参选率达到90%，低出目标值5%。近几年来，随着我国加强基层民主建设，各地方虽然基层民主参选率有所提升，但仍存在小幅度差距。主要原因在于基层组织的选民没有实现全部参与投票，5%的选民放弃投票机会。

社会安全指数表示社会安全的状态，2013年顺德在交通安全、生活安全和生产安全方面的死亡率均低于全国水平，但社会安全指数仅为69.81%，是所有指标中评价值较低的，也是提升最缓慢的。主要原因是在社会治安方面，刑事犯罪人数比重较高，致使每万人口刑事犯罪率高出2000年全国水平4倍多，从而造成该指标与目标值相差近30%。

（二）短板二：人均公共文化财政支出水平偏低

2013年，人均公共文化财政支出仅有86元，远比目标值低150元，实现程度仅为57.33%，是所有指标实现程度最低的一项。该指标未达标反映了顺德公共财政在人均文化建设投入方面还存在一定不足，公共服务体系还有待加强。究其原因，主要是由于近年来顺德区外来人口的不断激增，尽管在公共文化财政支出的总量方面有所提升，但是增长幅度远远赶不上人口增加的速度，因而人均水平距小康水平相差甚远。除此之外，文化艺术领域的法定机构使得社会资金得以应用于公共文化建设。2013年，财政为文艺中心投入500万元，但文艺中心引入的社会资金近千万元，弥补了政府投入文化资金的不足，既减轻了财政负担，又增加了文艺中心的收益。

（三）短板三：城乡居民收入差异明显

2013年，顺德城乡居民收入比为2.36，比目标值低2.6，已经达标。但从顺德近年来城乡居民收入比发展趋势来看，顺德的城乡之间收入差距有不断拉大的趋势。如若二者年增速差距重新拉大，扩大至大于1%，那么这一指标在2018年将不达标。因此，城

乡居民收入比这一指标必须引起关注。

近年来，城镇居民人均可支配收入年均增速一直高于农村居民人均纯收入增速，其原因是复杂多样的。从宏观层面看，这是经济和社会转型的必然结果，顺德正处于转型期内，农民由于难以适应工业化和城市化对劳动技能的需求转变而失业，或者转而只能接受工资水平更低的体力工作。2009—2013年间，顺德城镇居民的工资性收入一直高于农村居民的工资性收入，虽然近年来二者差距有所缩小，但城镇居民的工资性收入一直为农村居民工资性收入的2.4倍左右。与城镇居民相比，农村居民所能找到的工作报酬相对较低。

（四）短板四：人才层次结构略显偏低

据2010年人口普查资料显示，顺德户籍人口的平均受教育年限为9.88年，比目标值低10.5年。从学历层次细分来看，造成没有达标的主要原因在于具有初中文化程度的占15岁及以上人口的比重达到45.41%，小学占到19.18%，二者合计超过60%。

但从顺德2003—2013年高中升学率来看，这一指标在2003—2009年期间已经接近90%，2010—2013年期间保持在95%（见表17.10），即在顺德户籍人口中，出生在1980年以后的"80后"及"90后"人群，其受教育年限是较长的。顺德户籍人口平均受教育年限低于目标值，主要是由于在1980年以前出生的户籍人口受教育程度较低造成的。

表17.10 2003—2013年顺德高中升学率

年份	2003	2004	2005	2006	2007	2008	2009	2010	2011	2012	2013
高中升学率（%）	88.6	88.6	88.6	89.51	89.98	88.93	89.66	96.71	95.84	94.33	95.59

数据来源：2004—2014年顺德统计年鉴。

（五）短板五：资源环境约束凸显

顺德经济增长过程中，资源环境付出了较大的代价。环境质量实现程度为99.67%，低于目标值0.33个百分点，该指数所包含的4个指标，3个指标不达标。一是城市建成区绿化覆盖率为39.92%，接近目标值40%；二是PM 2.5达标天数84.2天，低于目标值95天，其原因是受顺德近年来工业规模不断扩大、机动车保有量快速增长等因素的影响，导致PM 2.5超标率增加，造成环境空气质量优良天数下降；三是森林覆盖率仅有5.64%，离目标值23%相差较远，主要是因为顺德固有林地面积小，加之多年来经济的发展迅速，建设用地对林地草地侵占明显，由于林地属难以再生资源，森林覆盖率在短期内难以大幅度提高。另外，主要污染物排放强度指数参照2012年广东省数据，实现程度为88%，低于目标值100%，其原因主要是我区工业废气中氮氧化物以及工业污水以及生活污水排放量较大导致。这说明顺德经济增长的资源环境代价较大，环境质量指数已成为我区全面建成小康社会的"短板"和薄弱环节，资源环境约束凸显。

三、顺德全面建设小康社会的工作思路

（一）大力拓展第三产业发展空间，构建现代服务业体系

加强与周边地区的产业对接，拓展生产性服务业，增强跨行业、跨区域辐射能力；改善民生，拉动消费，扩展生活性服务业发展空间。把健康、信息、科技服务、养老等与民生相关的行业作为第三产业发展的重点。加大对大病救治、养老、低收入人口住房等方面的补贴；培育发展战略性新兴产业，重点发展光电显示、生物医药、电子信息、新能源、新材料等与顺德产业关联度高的产业；大力发展民营经济，将顺德建设成为广东民营经济总部基地，形成内聚型为主的总部经济体系；构建与制造业相配套、与城市化进程相协调、与城乡居民需求相适应的现代服务业体系。

（二）创新化解社会矛盾体制，维护社会安全秩序

在经济社会发展转型期，面对刑事案件高发、各种社会问题和社会矛盾多发等严峻形势，要维护健全社会和谐稳定长效机制，形成以人为本的社会治理模式，确保社会和谐稳定。一是创新有效预防和化解社会矛盾的体制，建立畅通有序的诉求表达、心理干预、矛盾调解、权益保障机制。二是加大违法犯罪惩处的宣传教育力度，做好新闻宣传工作，丰富宣传载体，正面引导和开展警示教育相结合，降低刑事犯罪率，提高社会安全指数。

（三）提高民众参选意识，完善选举机制

实现全面建成小康社会民主法制度方面的基层民主参选率达标，一是提升基层选民的参选意识，加强正确行使选举权的意识宣传，在每年的基层选举之前加大宣传力度，并透过一些激励手段，鼓励全体基层选民参选。二是完善基层选举机制。在基层选举时期，细化各项工作，定期把相关情况给全体村（居）民汇报，甚至走访每家每户，解释相关工作，介绍情况，加强基层选民的信心，从细节完善选举机制。

（四）树立"文化引领"理念，加强公共财政对文化建设的投入

根据《文化部"十二五"时期公共文化服务体系建设实施纲要》，到2015年，要保证公共财政对文化建设投入的增长幅度高于财政经常性收入增长幅度，提高文化支出占财政支出比例。顺德在各镇街公共文化设施方面应不断提高建设水平，实现有效覆盖。一是更新理念，将文化建设作为"城市升级引领转型发展，共建共享幸福顺德"的核心任务来抓，树立"文化引领"的理念，建立文化考核机制，切实提高公共文化服务的影响力；二是加大投入，健全公共财政体制，确保各级财政文化投入占财政总支出的合理比重，并逐年增加对公共文化建设的资金投入，切实提高公共文化服务的生命力；三是健全制度，制定一系列与经济发展型协调、与群众需求相适应、与城市地位相

匹配的文化政策，切实提高公共文化服务的带动力。

（五）提高农村居民收入，缩减城乡居民收入差距

解决城乡居民收入差距扩大，重点在于提高农村居民的工资性收入。建立就业补贴社保制度，鼓励农村居民，特别是"40后""50后"人员就业；综合运用各种就业促进政策，提高农村居民就业率。如以联合发展方式运作"社区工作坊"，为低技能、年长农村居民提供就业岗位；鼓励青年人提升学历层次，提高长远竞争力；加强对农村青年的职前培训和职业规划；开展农村青年创业扶持计划；完善农村养老保障体系，增加农村老年居民收入。进一步完善"新农保"制度，逐步提高全征地农民的老年津贴水平；深化农村集体资产管理制度改革，保障农村居民合法权益，增加农村居民的非工资收入。

（六）大力发展高等教育，实施人才强区发展战略

促进经济社会持续健康发展，科技是关键、教育是基础、人才是核心。要深入实施科教兴区战略，优先发展教育，全力打造人才高地，以创新城市升级和产业转型。要适度扩大本地普通高等教育规模；建立学历教育奖补制度，大力鼓励青少年提升学历；大力发展成人学历教育，构建终身教育体系；积极鼓励企业转型升级，建立企业员工培训奖补（税收优惠）制度；优化吸引人才的内部环境，制定和完善各领域人才引进政策，吸引和鼓励高层次人才和海外留学人员。严格实行就业准入制度，提高就业门槛。

（七）合理利用资源，保护生态环境

加快生态环境保护机制创新，积极推进生态环保制度建设。积极推进落实《顺德区改善环境空气质量工作方案（2013—2014）》《佛山市顺德区生态区建设规划（2012—2020）》，全面展开大气污染防治行动和水环境综合治理。推进规划环评，科学引导发展。加强产业规划，以调结构促转型为导向，实行污染物排放总量前置审核制度，健全规划环评和项目环评联动工作机制，强化节能减排工作责任制，建立和完善单位GDP能耗和能源消费总量双控管理机制，制定主要污染物总量减排行动计划。积极推进生态功能区建设和城市绿化进程。积极推进森林公园、风景名胜区、生态廊道、生态公园种植防护林、景观林、湿地生态功能保护区以及乡村"四旁"绿化等建设。加大环境监管力度，提升环境管理技术能力。

附表 **全面建成小康社会统计监测指标体系（东部地区目标值）**

	监测指标	单位	权重	东部地区目标值	2013年顺德完成值	2013年实现程度	说明
一、经济发展	1. GDP（2010年不变价）	亿元	4.0	比2010年翻一番	2556.78	61.29	2010年GDP 1951.06亿元，2013年GDP 2556.78亿元，若按照2018年比2010年翻番的目标测算，则未来五年内，GDP年均增长需达到8.83%，实现翻一番的目标，达到3902.12亿元
	2. 第三产业增加值占GDP比重	%	2.0	≥50	45.2	90.5	近年来第三产业占比的增长速度1%~5.5%，若每年占比以2%的速度递增，2018年第三产为产值占比将达到50.2%，即2066.44亿元，实现目标
	3. 居民消费支出占GDP比重	%	2.5	≥36	—	100	广东居民消费支出占GDP比重＝2302247百万/5706792百万＝40.34，达标 佛山居民消费支出占GDP比重＝213445百万/661302百万＝32.28，未达标 因为顺德没有按照支出法统计GDP，考虑到顺德居民消费支出占整个佛山比较高，所以，该指标按广东省情况统计，应该已经达标
	4. R&D经费支出占GDP比重	%	1.5	≥2.7	2.94	100	—
	5. 每万人口发明专利拥有量	件	1.5	≥4	9.4	100	—
	6. 工业劳动生产率	万元/人	2.5	≥12	17.76	100	规模以上工业企业核算11715300万/659737＝17.76
	7. 互联网普及率	%	2.5	≥55	95.58	100	—
	8. 城镇人口比重	%	3.0	≥65	98.51	100	—
	9. 农业劳动生产率	万元/人	2.5	≥2	≥7.5	100	—
		—	22.0	—	—	92.10	—

续上表

	监测指标		单位	权重	东部地区目标值	2013年顺德完成值	2013年实现程度	说明
二、民主法制	10. 基层民主参选率		%	3.5	≥95	90	94.74	—
	11. 廉政指数		人/万人	3.5	≤8	4.46	100	29/65018×10000=4.46，公务人员总数按城镇国有在岗职工人数统计
	12. 社会安全指数	每万人口刑事犯罪人数	%	4.0	100	69.81	69.81	全国万人刑事犯罪率5.06725 全国万人交通事故死亡率0.74045 全国万人火灾事故死亡率0.02393 全国万人工伤事故死亡率0.09251 本地万人刑事犯罪率5150/249.34=20.6545 本地万人交通事故死亡率180/249.34=0.7219 本地万人火灾事故死亡率0 本地万人工伤事故死亡率4/249.34=0.01604
		每万人口交通事故死亡人数						
		每万人口火灾事故死亡人数						
		每万人口工伤事故死亡人数						
	13. 每万人口拥有律师数		人	3.0	≥2.3	3.696	100	—
			—	14.0	—	—	90.06	—
三、文化建设	14. 文化产业增加值占GDP比重		%	3.0	≥5	5.1	100	—
	15. 人均公共文化财政支出		元	2.5	≥150	86	57.33	—
	16. 有线广播电视入户率		%	3.0	≥60	96.83	100	—
	17. 每万人口拥有"三馆一站"公共文化设施建筑面积		平方米	2.5	≥400	976	100	—
	18. 城乡居民文化娱乐服务支出占家庭消费支出比重		%	3.0	≥5	7.4	100	—
			—	14.0	—	—	92.38	—

续上表

	监测指标		单位	权重	东部地区目标值	2013年顺德完成值	2013年实现程度	说明
四、人民生活	19. 城乡居民人均收入（2010年不变价）		元	4.0	比2010年翻一番	42748.73	69.81	2010年30618元，2013年达到42748.73元，近几年来每年的增长率均在10%以上。按照2018年比2010年翻番的目标测算，则未来五年内，城乡居民人均收入年均增长需达到7.45%，2018年实现翻番目标（61236元）
	20. 地区人均基本公共服务支出差异系数		%	1.5	≤60	0	100	——
	21. 失业率		%	2.0	≤6	2.37	100	——
	22. 恩格尔系数		%	2.0	≤40	31.02	100	——
	23. 基尼系数		—	1.5	0.3~0.4	——	——	目前不纳入计算
	24. 城乡居民收入比		以农为1	1.5	≤2.6	2.36	100	——
	25. 城乡居民家庭住房面积达标率		%	2.0	≥60	100	100	城镇/农村人均住房面积51.14/56.2M3
	26. 公共交通服务指数	每万人拥有公共汽（电）车辆	标车	2.0	100	100	100	22.64/14×98.51% + 100/95×1.49%
		行政村客运班线通达率	%					
	27. 平均预期寿命		岁	2.0	≥76	77.57	100	——
	28. 平均受教育年限		年	2.0	≥10.5	9.88	94.1	按照2010年人口普查数据（顺德户籍）计算，(438×19 + 8000×16 + 15003×15 + 49119×12 + 93033×9 + 39298×6)/204891 = 9.88
	29. 每千人口拥有执业医师数		人	1.5	≥1.95	2.03	100	——

续上表

	监测指标		单位	权重	东部地区目标值	2013年顺德完成值	2013年实现程度	说明
	30. 基本社会保险覆盖率		%	3.0	≥97	98.85	100	—
	31. 农村自来水普及率		%	1.5	≥85	100	100	—
	32. 农村卫生厕所普及率		%	1.5	≥80	99.45	100	—
			—	28.0	—	—	95.27	—
五、资源环境	33. 单位GDP能耗（2010年不变价）		吨标准煤/万元	3.0	≤0.55	0.437	100	—
	34. 单位GDP水耗（2010年不变价）		立方米/万元	3.0	≤105	18.07	100	用水总量以"供水总量"核算，35255.42万/19510600
	35. 单位GDP建设用地占用面积（2010年不变价）		公顷/亿元	3.0	≤0.0055	0.0021	100	广东省进行该指标核算时，单位为"公顷/亿元"，而指标体系设置的单位为"公顷/万元"，根据反馈，将单位改为"公顷/亿元"
	36. 单位GDP二氧化碳排放量（2010年不变价）		吨/万元	2.0	—	—	—	目前不纳入计算
	37. 环境质量指数	PM 2.5达标天数比例	%	4.0	100	99.67	99.67	84.2/95×35 + 100/70×35 + 5.64/23×15 + 39.92/40×15
		地表水达标率						
		森林覆盖率						
		城市建成区绿化覆盖率						

续上表

监测指标		单位	权重	东部地区目标值	2013年顺德完成值	2013年实现程度	说明
38. 主要污染物排放强度指数	单位GDP化学需氧量排放强度	%	4.0	100	88	88	顺德无具体数据，按照广东省指标88%核算
	单位GDP二氧化硫排放强度						
	单位GDP氨氮排放强度						
	单位GDP氮氧化物排放强度						
39. 城市生活垃圾无害化处理率		%	3.0	≥90	100	100	—
		—	22.0	—	—	97.76	
总体情况		—	100	—	—	93.99	—

注：PM 2.5达标天数比例暂无数据，用城市空气质量良好以上天数占全年天数比例代替。

顺德法律援助事业发展研究

——基于法律援助工作调查分析

刘刚桥 高钧 黄锦淑 王婷彦 关浩宇 温仲文

一、顺德区法律援助的基本状况

(一) 顺德区基本社会状况

顺德区面积 806 平方千米，辖 10 个镇街，204 个村（社区）。2015 年末全区共有常住人口 253.53 万人，[①] 外来人口 125.04 万人，户籍人口中未成年人 23.9 万人，老年人口 20.9 万人，妇女 64.7 万人，城镇低保人口 7523 人，[②] 残疾人 437 人，这些人群构成了顺德区法律援助主要的潜在受援对象。

(二) 顺德区法援知晓度情况

近年来，顺德区法律援助处不断加强法律援助宣传，积极开展各类多形式法律宣传、咨询活动，比如一年一度的"法律援助宣传月"活动、利用《珠江商报》开设普法专栏、深入社区举办户外法律援助宣传咨询活动、利用电视与网络等媒体开展法律援助宣传，不断扩大法律援助工作社会影响力，提升基层群众的法律意识。根据对顺德区市民法援知晓度调查结果显示，超过一半的受访者表示了解"法律援助"且知悉提供法律援助服务的主体，了解渠道主要是电视、法律宣传活动与互联网，这不仅说明我区市民法援知晓度水平不断提高，而且法援处开展的各类法援宣传活动取得了很好的效果。

(三) 顺德区法援机构与人员基本情况

顺德区设立了区法律援助处，是参照公务员管理的事业单位，上级主管部门为区司法局，法律援助处核定人员编制 17 人（含雇员 2 人），实际工作人员 15 人，其中具有律师资格 12 人，占总人数的 80%。目前，区法律援助处、区公职律师事务所和"148"电话咨询服务中心实行"三个牌子，一套人马"，在区妇联、区残联、区总工会分别设

[①] 数据来源：2015 年佛山市顺德区国民经济和社会发展统计公报。
[②] 数据来源：顺德区社会保障事业发展"十三五"规划。

立了妇女儿童权益部、残疾人权益部和职工权益部。

区法律援助处依托镇（街）司法所下设10个法律援助工作站，专职工作人员共17人，依托村（社区）建立204个法律援助联系点，聘请法律援助联络人员300多名，已经建成区、镇（街）、村（社区）三级法律援助服务网络，初步实现法律援助服务网络全覆盖。

（四）顺德区法援服务人员基本情况

截至2015年年底，顺德全区共有法律援助机构1个，律师事务所69家（含1家公职律师事务所），其中个人所22家，占比为32%，律师事务所主要分布在大良、乐从、容桂，其中大良街道有律师事务所43家，占比为62%，陈村目前还没有律师事务所进驻，具体分布如图18.1所示。同时，顺德区有基层法律服务所10家，基层法律服务工作者32名；① 面向社会的司法鉴定机构5家，司法鉴定人员34名。

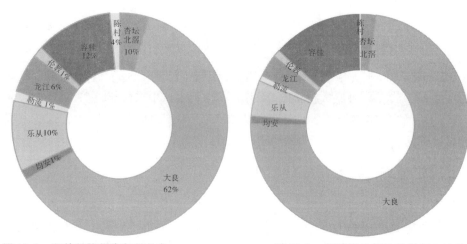

图18.1 顺德区律师事务所分布　　　图18.2 顺德区律师按律所所在地分布

截至2015年年底，顺德区登记在册的社会执业律师478名（含兼职律师6名），公职律师26名。从镇街分布看，大良街道有348名社会律师，占比达73%，容桂有63名，占比为13%，杏坛与陈村分别为1名和0名。从律师执业时间看，执业年限在5年以下的有155名，占比为32%，职业年限10年以下的有281名，占比为59%。从律师年龄看，30岁及以下的社会律师有72人，占比为15%，35岁及以下的社会律师有165名，约占顺德区社会律师的1/3。2015年顺德区法律援助志愿律师队伍人数为104名，② 占顺德区社会执业律师人数比为22%（见图18.3、图18.4）。

---

① 数据来源：佛山市顺德区公共法律服务体系建设"十三五"规划。
② 数据来源：顺德区司法局网站，http://zfsf.shunde.gov.cn/data/main.php?id=13884-7280065。

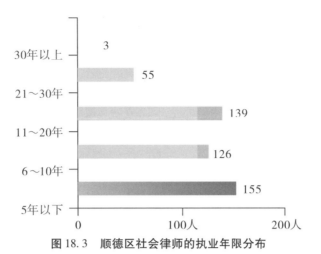

图 18.3 顺德区社会律师的执业年限分布

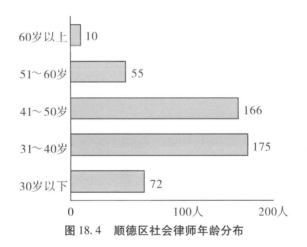

图 18.4 顺德区社会律师年龄分布

(五) 顺德区法援服务范围与流程

顺德区法律援助服务范围主要包括日常接待来访来电的法律咨询、接待法律援助热线咨询、承办各类符合法律援助条件的法律援助诉讼或非诉讼案件等。根据 2016 年 4 月实施的最新修订的《广东省法律援助条例》（第 52 号公告）以及广东省委办公厅发布的《关于完善法律援助制度的实施意见》，法律援助服务实行法律援助受理登记制，将进一步扩大顺德区法律援助覆盖面和法律援助事项范围，如公益诉讼、追索赡养费、抚养费、扶养费等。

顺德区法律援助服务的基本流程，首先由申请人提出法律援助申请，经过区法援处或镇（街）法援工作站审查、审批后指派给案件承办人员办理，案件承办人员与受援人签订法律援助协议后进入正常司法程序，最终结案归档，并接受法律援助机构的监督，并形成了系列规范化的制度与文件（见图 18.5）。

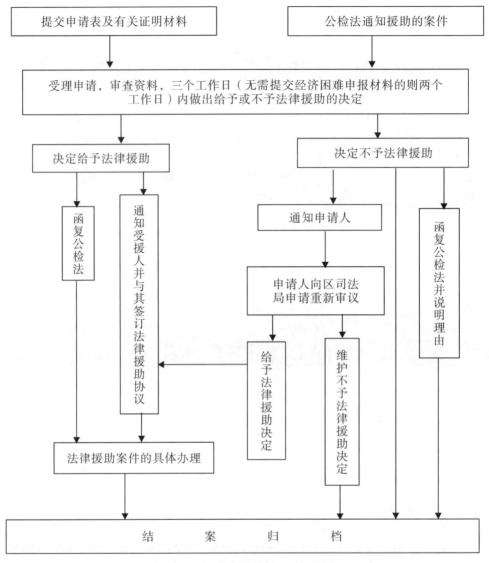

图 18.5　顺德区法律援助服务流程

（六）顺德区法援案件办理情况

根据区法援处统计数据显示，自 2011 年以来，全区共办理各类援助案件 4712 件，其中民事案件 2108 件、行政案件 25 件、刑事案件 2579 件，全区通过前台、网络、"148"专线等方式，共为 54162 人次的群众提供了免费法律咨询服务，受援人次达到 26828。从图 18.6 所示，"十二五"期间，全区办理法援案件中民事案件数量保持相对稳定，受新《中华人民共和国刑事诉讼法》修改的影响，刑事类法援案件数量增速较快，年均增长 23%，受援人次年均增长 28%，尤其是群体案件，从 2011 年的 30 宗增长到 2015 年的 141 宗，增长约 5 倍。从案件办理的缘由分，民事案件主要集中在劳资纠纷、交通事故等类型，刑事案件主要集中在盗窃、抢夺、故意伤害等类型。

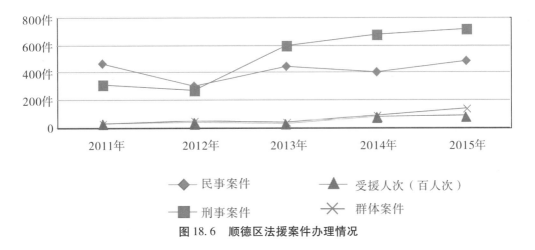

图 18.6 顺德区法援案件办理情况

（七）顺德区法援服务质量情况

2009年区司法局出台《民事法律援助案件专人跟案的实施意见》（顺司字〔2009〕17号文），全面实施民事法律援助案件专人跟案制度，对每宗法律援助案件指派一名监督人员，负责对案件进行全程跟踪监督，协助解决案件承办过程中遇到的难题，并对跟踪案件进行事后质量评估，对法援案件的办理质量提供了制度上的保证。同时，区法援处根据《广东省法律援助案件质量检查办法》制定了《法律援助案件质量评估表》，对法援案件实施量化考核并强化奖惩制度。通过以上有效措施，区法律援助工作服务质量与承办案件质量水平持续提升，根据课题组对受援人的电话调研结果统计显示，90%的受访者选择了"满意"，说明受援人对区法律援助服务工作的总体满意度高，区法律援助工作切实有效地维护了受援人的合法权益。

（八）顺德区法援经费保障情况

近年来，随着顺德区办理法援案件数量的不断增长，顺德区政府将法援经费纳入财政预算的同时，也不断加大法律援助经费的投入。2013—2016年，法援经费财政预算投入从101.96万元增长到160万元，年平均增长率达到16.2%。另外，顺德区案件补贴率也大幅提高，根据《关于印发佛山市市级法律援助处办案补贴标准的通知》（佛司〔2015〕11号），自2015年7月1日起，顺德区法援案件办案补贴标准比原补贴标准提高了近一倍，大大提高了律师参与法律援助案件的积极性。

二、顺德区法律援助工作面临的问题

（一）主管部门对法援工作的宏观指导有待加强

2016年4月1日起施行新的《广东省法律援助条例》，条例降低了法律援助服务的申请门槛，同时扩大了法援案件的受理范围，大大方便了有接受援助需要的市民。然而，新条款的推行也在以下两方面给法援工作带来挑战。

1. 新增案件类型的操作需要统筹解读

新条例规定"社会组织依法对污染环境、破坏生态等损害社会公共利益的行为向人民法院提起民事公益诉讼的,法律援助机构根据其申请可以提供法律援助"。而根据《中华人民共和国环境保护法》的描述,环境保护的内容包括保护自然环境和纺织污染和其他公害两个方面。因此,各镇街法援站点在接待新型案件的时候将面临以下困难:环境保护等新型法援案件的事项范围与申请条件如何界定、新条例的实施如何执行等。这些问题需要区法援处统一统筹解读。

2. 援人权益保障与法援资源合理利用的关系需要进一步协调

新条例规定,符合法律援助事项范围和政府制定的经济困难标准的公民都可以获得法律援助。这其中,还有相当一部分人员情况可以免交经济状况申报材料,只需提供相关证件或者证明材料。那么,经济困难申报内容是否属实,以及一些非本地户籍申请人的申请情况是否属实成为审核难点,存在滥用法律援助资源浪费公共财政的隐患。如何贯彻落实新条例同时保证公共资源合理分配是需要研究分析的议题。

法律援助的受理门槛降低,同时可能引起以下问题,如群众的法律素质跟不上,可能会以取得法律援助为由要求律师为其主张不符合诉讼规则或纠纷处理规则的诉求,可能造成律师承办案件面临立案难、说服当事人变更权益主张方式难、调整诉讼请求难等状况,造成法律援助资源滥用和浪费。法援站点在实际工作中如何处理受援人权益保障与法援资源合理利用的关系,需要主管部门进一步指导。

(二) 法援工作的保障体系有待完善

在新政策出台的背景下,法援站点、办案律师和受援人对于法律援助服务的需求也有所改变,因此相关的人力、财政等保障体系有待更新、完善,以便进一步提高工作质量。

1. 现有人员配置未能满足工作需求,工作职责需进一步厘清

各镇街法律援助工作站均配备两名专职工作人员具体开展法律援助工作,同时街道各联系点配备一名兼职法律联络员,负责相关案件的跟踪。其中,各专职人员通常身兼数职,投入法援事务的精力有限,部分工作站出现人员空缺(如均安法援站目前没有专职人员),导致法援工作,尤其是管理监督环节的实施落实缺乏保障。

此外,各镇街工作站、村居均通过社会购买服务实现专职律师坐班咨询,调研发现坐班专职律师服务群众的效果较好,但由于各镇街对于法援服务的需求不一,统一标准的坐班专职律师制度难以满足不同地区人民群众的需求。

2. 经费支持力度需进一步加大,以保障各镇街法援工作的顺利开展

各镇街法律援助工作站的经费主要由三部分构成:各镇街财政拨款、区财政补贴和区财税局发放的法援个案金额补贴。经调研发现,各镇街在法律援助服务上的财政拨款

受地方财政收入的影响,拨款标准不一,年度拨款额波动较大,总体金额相差较大。这一地域差异使得部分经费较少的镇街工作站在配备全职工作人员、开展工作和服务群众上面临挑战。

3. 法援案件的补贴发放制度落实有待完善,以提高办案律师的积极性

调研过程中,办案律师普遍反映补贴标准应实现差异化,使补贴标准能够体现办案投入的精力。而在补贴的发放阶段,存在发放不及时、发放时无提醒、补贴难以对应具体案件等问题,导致相关办案律师对补贴制度及发放流程理解不清晰,影响办案积极性。

(三)案件委派方式的操作有待优化

根据现行法援流程,有需要申请法律援助服务的受援人士主动寻求法援站点的帮助,法援站点正式受理后进行办案律师的委派。根据调研结果,现行的法援案件中,律师委派使用点援方式的约占50%,多为民事案件;使用指派方式的约占50%,多为刑事案件。同时,根据调研组对顺德区10个镇街的职业律师进行的220份问卷调查数据,受访律师在2015年平均办理法律援助案件为3件,有21.9%的律师没有承办法援案件,有67.1%律师承办法援案件在1~5件,有3.7%律师承办法援案件在6~10件,有7.3%律师承办法援案件在10件以上(见图18.7)。

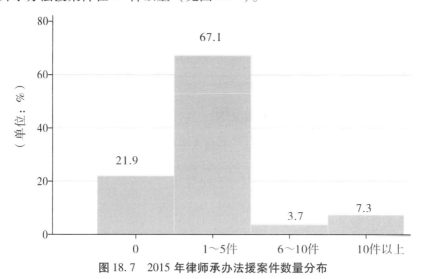

图18.7 2015年律师承办法援案件数量分布

在委派方式的具体操作上,面临以下问题:

1. 点援制的操作指引缺乏足够的信息沟通

据调研,受援人在使用点援制选择办案律师时,仅能从律师名册中提供的有限信息进行选择,使得受援人在抉择时多偏好按照律师的执业年限或籍贯,而不是依据律师的专业领域进行选择。缺乏信息沟通的点援方式不利于保障受援人的利益,不利于给年轻律师提供办理法援案件的机会,亦容易导致同一名律师一年内承办法援案件过多的情况

(7.3%的受访律师过去一年承办法援案件在10件以上)。

2. 案件直接指派到律所的方式有待商榷

改善案件委派方式的办法是多样的,其中讨论较多的是案件直接指派到律所,由律所分配这一形式。这种委派操作的改变无疑能够简化案件委派的流程,为法援工作提高前期的便利性。然而,问卷调查的结果显示,只有12.8%的受访律师倾向于"指派到律所,由律所分配"的方式。究其原因,案件直接指派给律所,容易导致后续的案件跟进、质量监控和补贴发放等环节出现潜在问题(如案件跟踪监督工作由谁负责、办案质量标准由谁制定与监管、发放给办案律师的补贴发放时限和数额如何保障等),增加完成法援工作的困难度。

(四) 法援工作的办案环境有待改善

办理民事法援案件与刑事法援案件的程序不尽相同,但两者在以下三方面均存在有待改善的地方。

1. 调查取证便利性低

在法援案件,尤其是刑事或涉及异地调查的案件中,律师调查取证的流程复杂、程序烦琐,所花费的时间精力较大(据问卷调查,47.9%的受访律师反映法援案件办理中,耗时最多/最麻烦的环节是取证)。如法援律师至本地法院、看守所等机构,甚至进行跨地域调查取证时,往往不能因为办理的是法律援助案件而获得取证便利,需要在停车、安检、信息查询、复印等过程中花费较多精力,不利于律师办案积极性的提高,容易影响案件办理质量。

2. 相关费用减免缓的制度实施困难

目前,法援案件相关的鉴定、诉讼、公证等费用的减免缓制度没有明确的减免幅度与审批标准,受援人申请相关费用的减免大多未能通过审批,相关制度的标准透明度与实施可能性有待提高。

3. 归档工作不及时

案件归档是办理法援案件的重要一环,关系到案件办理质量及其完整性。经统计,2006年至2015年间共有858宗未归档的法援案件,其未归档的原因主要有以下几点:办案律师未及时归档(638宗,占74.4%),执行案件未办结等办案机关因素(65宗,占7.6%),律师已收补贴、案件已撤销等内部流程问题(65宗,占7.6%),法援处与工作站衔接问题(34宗,占4%)。因此,要完善归档工作,关键在于规范办案流程、提高律师的归档积极性、加强法援处的内部流程管理及完善本部与工作站的衔接制度。

(五) 跟案人员的管理监督作用有待强化

据调研发现,各镇街法援工作站均配有法援案件联络员,负责法援案件的跟踪、与办案律师的沟通联系等工作。由于该案件联络员多为兼职人员，在实际工作中无法对每件案件全面做到"全程跟踪、旁听庭审、电话回访、质量评估"的工作，导致部分办案律师表示难以通过案件联络员接受必要的案件流程提醒、制度规范告知和补贴发放通知，影响案件办理进度、办案质量与律师办案积极性。

（六）法援工作质量评估体系有待完善

现行的法援服务设有《法律援助工作征询意见表》，面向受援人进行质量调查与考核，由于现实因素制约，该意见表并未能很好地体现案件办理质量，不能较好地发挥作用。此外，法援工作现存有简单的案件质量评估标准，但没有实施落实，有效的质量考核体系的缺失使得法援工作质量难以监控、法援服务难以扩大宣传、律师办案积极性难以提高。而不同的法律援助案件依其性质、涉及面与难易程度区别，难以制定统一、公认、有效的评估标准。因此，制定多主体、多维度的质量评估考核体系并实施相关的激励方案是现阶段提高法援工作质量的重点。

（七）法律援助的宣传力度有待加强

根据随机问卷调查结果显示，顺德区市民对于法律援助的知晓度普遍较低、理解不深入，具体表现如下：

一是顺德市民对法律援助服务的知晓程度不高。当问及"是否听说过'法律援助'这个词"时，有55.4%的受访者表示听说过。但进一步调查受访者对"法律援助"的具体了解时，只有38.5%的受访者认为法律援助是"为请不起律师的当事人提供法律服务"，其余受访者均将"法律援助"的概念与"减免缓交诉讼费用""调节社会矛盾"等认知混淆。

二是顺德市民对法律援助服务的理解不深入。受访对象中只有9.2%的人明确知晓法律援助的申请事项，超过一半受访者（64.6%）不能正确选择法律援助热线电话，明确知道附近法律援助工作站（点）的受访者也只有14.6%。

市民对法律援助缺乏正确认知与深入了解，将不利于法律援助服务的推广与受益人群的扩大，不利于有法律援助需求的群众顺利寻求帮助。此外，问卷调查显示，33.8%的受访者认为当前法律援助工作的不足在于"民众对法律援助知悉情况不足"，21.1%的受访者认为是"宣传不到位"。因而，加大法律援助的宣传力度、普及申请法律援助的相关事项、提高广大群众对法律援助的知悉程度是提升法律援助工作质量的重要内容之一。

（八）法律援助信息化建设需要加强

现时顺德区法律援助处与法律援助工作站均使用司法部案件管理系统，由于该系统对浏览器的要求比较局限，多数律师反映案件管理系统无法操作、难以查询与录入信息等意见，据问卷调查，在承办法援案件时，仅有24.2%的律师使用过该系统。同时，现使用的案件管理系统功能与使用权限无法覆盖案件处理全过程（案件从法援处流转至工作站、律所、承办律师的过程），难以达到"链接法援机构、律师以及受援人等主体"的功能,也不便于办案律师进行案件信息的查阅、电子归档等操作,使得法援工作在流程处理、效率提高等方面缺乏信息化的支持。

三、顺德区法律援助工作质量提升对策

(一)完成相关制度的更新,奠定法援工作的保障

法援机构、办案律师、受援人是法律援助工作的三大主体,提升法援工作质量,完善法援工作的相关制度设计是基础。特别是2016年4月1日起施行新的《广东省法律援助条例》,新的法律条例的实施以及逐渐外显的法援工作存在的问题,究其根源在于相应的制度设计有待进一步更新。

1. 开展对新条例等政策解读的培训和建立事后核实制度

新法援条例实施后,对于新条例仍存在一些执行不明的规定,例如受理标准的后续审核、环境保护等新型法援案件的事项范围与申请条件的界定等,需要法援处统一统筹解读,为镇街一级的法援工作站的工作人员、办案律师开展对新条例解读等相关培训。

对于新条例当中出现一些仍不明确的规定,像受理范围扩大后,为避免公共资源的浪费,可建立事后核实的制度,包括激励、举报、处理、惩罚等措施,有助于工作站的合理审批,以及办案律师的后续跟时处理。这在一定程度上保证了公共资源的合理使用。

2. 优化法援工作站人员配置,实现专人专职

形成专职法援工作人员建制,确保法援工作人员各司其职,有效开展工作,减少或避免法援工作人员身兼多职的现象,加强工作站对法援的宣传工作,增加专职律师的坐班时间,以便更好为镇街、村居市民提供便民的公共法律服务。

3. 提高法援工作的经费保障,尝试多渠道筹资

配备全职工作人员、开展公共法律咨询和服务、法律援助的宣传等工作需要相应的经费保障。各镇街在法律援助服务上的财政拨款受地方财政收入的影响,拨款标准不一,因此,区财政要每年评估并增加对各镇街法援的拨款,提高法援工作的经费保障,并积极争取地方财政对法律援助的倾斜,争取更多的法律援助经费。

尝试建立法援经费的多渠道筹措机制,各镇街法援工作可尝试与社会组织机构合作,探索新型的筹资形式,包括基金会福利会、社会捐助,扩大法援工作的资助力度和辐射范围。

4. 要规范现有的制度文件,并强化落实力度

在新法援条例实施后,并针对现存法援工作的问题,进一步完善现有的相关制度文件和加强执行力度。包括《专人跟案制度》《顺德区关于调整法律援助补贴制度的意

见》《法援处办事流程图》等，告知法援工作站、办案律师、律所、受援人等相关主体，不断落实并定期完善相关制度文件。

尝试设计《法律援助案件操作手册》，问卷结果显示了律师对手册所需要包含内容的倾向，包括说明各项法律文书资料和要求（86.4%）、法援案件流程图（68.2%）、重大疑难案件双倍补贴申请（63.2%）、跨省办案补贴申请（9.1%）等相关程序说明，方便办案律师的工作和调动他们的积极性，提高法援案件的处理。相关规定的制度化，有助于为法援案件工作的实施奠定基础保障。

（二）完善办案补贴发放制度，建立动态调整机制

在调研过程中，大部分律师反映了对法援案件补贴标准过低或是不清晰标准多少的问题。提高法援工作质量，需要进一步完善法援案件补贴的发放制度，及时肯定接案律师的付出。

1. 明确办案补贴标准，并及时通知办案律师

要严格参照佛山市市级法律援助处办案补贴标准执行，并且将具体的补贴标准和补贴发放的要求（例如归档后一个月发放补贴等）通知每一个办案律师，确保律师知晓。

2. 建立重大疑难案件补贴标准，设立动态调整机制

要建立起重大疑难案件的判断标准和提高补贴比例。结合问卷调查和访谈的结果，多数律师反映应对重大疑难案件提高补贴标准，可以结合案情的难易程度、花费时间和工作量等方面考虑，建立重大疑难案件的判断标准和相应的补贴标准，肯定办案律师的付出。

3. 限时发放补贴，并告知办案律师具体明细

把补贴标准以及相应的案件号利用短信或 QQ 等方式通知每一个法援律师，使办案律师知晓补贴制度及发放流程（如归档后一个月内发放等要求）。在问卷调查中，有 38.6% 的律师表达有这一需求，这也有利于律师及时知晓补贴详情。

（三）案件指派方式多元化，维护受援人合法权益

办案律师的态度、资质、经验都会影响法援案件的效果和受援人的权益能否得到保障。在现有的民事案件多为点援、刑事案件多为指派的方式进行完善和实现多元化操作，尽可能保障受援人的合法权益。

1. 先点援，在无点援时可以指派到律所的方式

点援的方式一定程度上尊重了受援人的意愿选择。问卷结果显示，44.3% 的律师倾向选择点援制，但需实现点援方式的优化，包括工作细化，可尝试利用信息化系统建立按专业、从业年限、案件难易程度等维度生成律师名单进行滚动制点援，并且兼顾年轻律师。

在无点援时采用指派到律所的方式（问卷结果显示占比42.5%），将律所纳入法援案件承办的工作环节，不能将其架空。可尝试按照类别、区域等就近原则实施指派到律所，由律所统筹分配办案律师，通过"政府购买服务"方式，法援处可以与律所签订法援服务工作协议，规范双方的责任和权利、义务。

无论是点援制还是指派到律所，都应通知律所，律所应承担起一定的监督作用。并可将日后对律所的考评与其律所所承办法援案件的质量挂钩。

尝试采用多样化律师组团合作方式，对于一些复杂及重大疑难案件，可采用律师组团合作的方式，由有经验的律师带领年轻律师，协同办理，组团律师最好是从同一家律所中选择。

2. 指派时尽可能平均化分配案件

无论是点援还是指派到律所，对法援案件的承办数量应控制在一定数量内，避免某个律师或律所承担的案件过多，导致分配不均。可收集自愿办理法援案件的律师和律所的名单，在名单范围内进行法援案件的点援和指派，点援时控制在一定数量内，并尽可能实现律师的平均化分配。指派到律所时可以采取轮流制度。

3. 建立法援律师专家库，发挥决策咨询作用

组建法律援助律师专家顾问团，发挥法援律师专家库的决策引领咨询作用，推动法援工作创新发展。

一是筛选有责任心、自愿参与的资深执业律师，根据专家顾问的理论及实务专长，对各专家进行分类，编制小组。二是组织专家对各个领域的律师进行专门的培训。三是建立重大疑难案件集体审议制度，遇到复杂疑难的案件，由专家库专门领域的律师集体讨论，集思广益，提高办案质量。

4. 辅助项目尝试"政府购买服务"，更优质服务受援人

透过"政府购买服务"项目运作方式，将法援工作落实得更优质全面。例如受援人的心理咨询和情感支持，可通过政府购买社工服务，引入专业社工人才，在受援人处理法援案件时同时得到心理等层面的服务，间接能够协助办案律师更有效处理案件，提高法援案件处理效率，受援人也能够得到全面有效的服务和实现自我援助。

（四）为办案律师提供支持和便利，畅通办案程序

律师办理法援案件体现了社会责任感，为办案律师提供相应的支持和便利，缓解律师办案掣肘，有助于法援律师能集中精力专心办案，使更多的律师和律所更主动承办法援案件。

1. 加强与公检法的沟通协调机制，为法援案件开设"绿色通道"

要为律师在承办法援案件开设绿色通道，律师在处理法援案件和社会案件可以区别开来。

法援处要统筹与公检法部门的沟通协调,为承办法援案件的律师出具公函,律师可凭公函在办理法援案件时享受办案便利(可参考南海法援处的做法),这一建议也在问卷调查中得到高达76.4%的律师支持。比如解决到法院出庭时的停车、看守所的优先会见、公检法部门查阅资料手续简化等。

建立异地协作法律援助机制。法援处要为法援律师在跨地域调查取证时提供协助,节约办案时间,提高办案效率。法援处可设计《法援案件业务操作手册》,列出与法援案件处理相关的流程和制度,为律师提供尽可能多的办案便利。

2. 为法援律师提供交流和培训的机会

要制订法律援助案件承办人员专项培训计划,将培训计划纳入年度法援工作规划中,为法援律师提供交流培训学习的机会。问卷调查显示,对现有法援业务培训的满意度为64.7%,还需要进一步加强这方面的业务培训,提高法援律师的业务能力和素养。

在培训主题的选择上,结合统计分析,可以定期开展常见法援案件的解读和办案技巧(问卷结果显示占比69.7%)、新型案件的分析研究(68.1%)、重大疑难案件/优秀案件的分析和学习(63.9%),以及新法法规(52.9%)的学习。

在最适合的培训方式的选择上,受访律师倾向于选择专题业务研讨会(占比73.1%),其次是集中听讲座(51.3%)。

在培训的授课老师的选择上,大多律师更愿意接受具有更多实战经验的授课教师。选择最多的是资深法官/检察官、警官(占比87.4%),其次是资深律师(占比62.2%),第三是资深专家教授(占比52.9%)。

并且,通过老带新,由专家顾问团带领学习,促进经验交流,邀请优秀的法援案件承办律师分享交流,也能够帮助年轻的法援律师更快速成长,形成律师参与法援案件的学习研讨氛围。

3. 完善法援案件归档工作制度

要完善法援案件的归档制度,提醒律师归档和做好交接工作。法援处应可建立信息系统或跟案人员分阶段提醒律师做好归档工作,或者与律所对接,加强律所对法援律师归档工作的监督。在法援处或法援工作部接收律师的案件归档时,要建立完整的交接签收手续,确保法援案件归档资料的完整。

要提高法援归档文件的后期处理效率。在归档后的工作处理,可以通过"购买服务"方式,引入专业机构对法援文件归档程序进行处理,通过签订保密协议确保法援文件的保密性,这样可以优化法援处的工作效率,并且缓解人手不足的困境。

(五)落实并完善跟案人员制度,兼顾服务与监督

区法援处的跟案人员制度独具特色,要继续进一步落实并完善。在跟案人员制度中,从指派开始到归档结案工作以及案件监督回访过程,跟案人员都发挥着非常重要的作用。

1. 增加专人跟案的人手安排

区法援处要加强专人跟案的人手安排。好制度的有效执行需要相应的人手。目前区法援处在专人跟案制度上呈现出人手不足而难以全程跟进法援案件等困难，需要进一步解决。

2. 明确跟案人员的具体职责，做好接案律师和受援人的服务工作

要继续明确工作人员在跟案时的具体职责。在律师指派时，跟案人员可将原告/被告双方信息一起告知律师，避免存在利益冲突的情况，问卷调查中也有63.6%的律师表达这一需求；跟案人员在第一次会面时，联系受援人和代理律师到法援机构办理相关手续（占比83.6%）；在案件办理过程，主动定期与律师沟通，给予行政帮助与支持（占比80%）；提醒律师在结案时进行归档工作，检阅相关文件（占比65.9%）；对重大节点（开庭时间、案卷材料归档等）进行提醒（占比51.4%）。而在联络时间上，84.5%的律师希望采用分阶段（指按案件办理阶段）的跟踪联络方式，在这个过程中，跟案人员既体现做好服务工作，也在过程中发挥监督的作用，在程序过程中做好质量管理。

3. 推行案件回访制度

由跟案人员对案件进行回访。一是包括归档时检查卷宗资料。二是回访当事人，不定期通过电话或面谈方式征询受援人对承办人员办案情况的意见，进行满意度调查，这样比接案律师简单让受援人填写回执单更有效。三是走访检、法机关。定期走访听取检察和审判机关对法律援助承办人员的意见和建议，及时改进工作方法，提高办案质量。

（六）巩固法援案件质量评估，建立积极奖惩制度

1. 完善法援案件质量评估制度，适当引入第三方评估

具体形成法援案件质量评估制度，包括具体化法援案件质量评估指标和设计相应实施指引。建立归档卷宗评估标准，形成质量评估的指标体系应公正公开，与律师达成共识。

推动参与评估主体多元化。在实施质量评估过程中，邀请多元的相关主体参与评估与监督，包括律师同行、受援人、相关行政机构（如公检法），引入第三方机构或社会组织进行，使法援案件的质量评估制度真正落地并发挥实际作用。

区法援处可以每年组织1~2次法援案件质量评估，采取随机抽查、自荐、律师推荐等方式进行案件评估审查，由各评估主体组成的评审委员会进行综合打分，评出优秀法援案例给予嘉奖，对于抽查出的效果不佳的法援案件进行警示。

2. 建立积极的奖惩制度

要建立起积极的奖惩制度，保证法援案件的质量和法援工作的持续有效，多方位调

动律师的积极性和能动性。律师在承办法援案件彰显了社会责任感,对于优秀的法援律师,为其嘉奖获得社会荣誉感,有助于发挥引领和辐射作用。这一建议无论是在问卷调查还是现场走访谈中,都有多数律师提及。

可以设立"法援激励基金",为评优评先给予一定的物质奖励(问卷结果占比73.6%)、每年评选十大优秀法援律师/十大法援优秀案例/支持法援案件的优秀律所(占比70.9%)、对评优评先加强宣传,包括电视/报纸/网络/专刊/微信/新媒体等渠道(占比49.5%),或每年精选优秀或典型法援案件材料出版书籍(占比46.8%)。

对于办案马虎了事的案件,或由于办案不认真尽责使受援人合法权益得不到应有维护的,应当采取相应的惩罚措施,如自我检讨,或向律师管理机构反映,与律师年审挂钩等惩罚措施。

(七)提升宣传形式和力度,扩大法律援助知晓度

当前法律援助工作的不足主要表现为"民众对法律援助知悉情况不足""宣传不到位"与"维权程序过于复杂"。提高法律援助的知晓度仍是重中之重。

1. 普及法律援助申请的相关事项,并采取针对性宣传策略

从需求出发,提高法律援助的宣传针对性。加大对困难群众的法律援助服务力度,法律援助宣传咨询活动应重点围绕困难群众展开。宣传内容要有所聚焦,专注于与服务对象有关的常见法律问题。

将申请法律援助的相关事项,包括申请条件、申请事项、申请渠道、维权程序等内容,通过精简、有趣的方式制作成容易携带的宣传小册子,面向全社会发放,提高广大群众对法律援助的知悉程度。面向困难群众开展《法律援助绿卡》发放活动,让贫弱群众以最直观的形式了解法律援助,知道在何种情况可以申请法律援助以及申请的渠道和流程等内容。

2. 法援宣传手段要多元化、提高宣传频率

拓宽法援宣传的渠道,采用多元化的方式,将法律援助的宣传覆盖电视、互联网等媒体,提高宣传频率,利用线上线下结合的形式推广。

要充分运用好电视、广播、报纸等传统媒介和微博、微信等新兴媒介的作用,如举办法制讲座、法制竞赛、文艺演出等;要结合"3·15""12·4"法律宣传日等活动开展大型法律援助进村居、进社区、进企业、进学校活动,并在主要街道、社区悬挂过街横幅、标语及制作法律援助宣传栏,让全社会了解法律援助制度。

定期开展法援主题宣传活动,如"三八妇女维权周""企业工人法律援助服务""党员义工法律援助志愿服务"等,将法律援助知识融入相关主题活动中,宣传力度更深入。

积极与电信、移动、联通短信息平台取得联系,借助通信公司的广覆盖面,将法律援助公益广告和法律援助常识编辑成短信息发送给手机用户,不断拓宽宣传渠道。

采取与普法宣传相结合的方式,组建法援宣讲团,深入村居和社区主动提供法律援

助宣传服务。要积极探索通过大学生志愿者、送法进村、法援讲座、法律诊所、法律咨询等多种形式，灵活有效地开展面向困难群众的免费法律援助教育工作。

充分利用各种社团组织、工作单位。逐步建立起以单位、社会团体、公益组织为依托的法律援助宣传网站，增加网站宣传力度。盘活法律援助网状组织，进一步加强与工、青、妇、残联等组织的法律援助站的沟通与协调，扩大法律援助的宣传面。

（八）推进法律援助信息化建设，进一步提质增效

法律援助机构作为法律援助的组织实施机构，处于法律援助工作的中心环节。法律援助机构既负责法律援助申请的受理、审查、审批和组织办理，又负责对本行政区域的法律援助工作实施监督管理，业务涉及大量案件信息、工作信息和社会信息。法律援助信息建设的任务就是要利用科技手段，将这些信息有效地组织利用起来，使大量以往必须由行政人员手工作业的工作，可以在网络状态下进行，从而有效地降低行政管理成本，提高法律援助工作效率和服务质量，促进法律援助机构工作的规范化。